LE PIGEON MESSAGER

OU

GUIDE

POUR L'ÉLÈVE DU PIGEON VOYAGEUR

ET SON APPLICATION A L'ART MILITAIRE

PAR

V. LA PERRE DE ROO

OFFICIER DE L'ORDRE DU MÉRITE NAVAL D'ESPAGNE
DÉCORÉ DE LA CROIX D'OR SURMONTÉE DE LA COURONNE DE L'ORDRE
DU MÉRITE MILITAIRE D'AUTRICHE
CHEVALIER DE L'ORDRE ROYAL DU CHRIST DE PORTUGAL
GRANDE MÉDAILLE D'OR ET MEMBRE DE LA SOCIÉTÉ D'ACCLIMATATION
MÉDAILLE DE VERMEIL ET MEMBRE DE LA SOCIÉTÉ PROTECTRICE DES ANIMAUX
MÉDAILLE DE PREMIÈRE CLASSE ET MEMBRE DE L'ACADÉMIE NATIONALE DE PARIS
DIPLÔME DE MÉRITE DE LA SOCIÉTÉ D'AVICULTURE DE VIENNE, ETC.

PARIS

E. DEYROLLE FILS, ÉDITEUR

23, RUE DE LA MONNAIE, 23

—

Tous droits réservés.

LE PIGEON MESSAGER

OU

GUIDE POUR L'ÉLÈVE DU PIGEON VOYAGEUR

ET SON APPLICATION A L'ART MILITAIRE

1203.76. — BOULOGNE (SEINE). — IMP. JULES BOYER.
Admin.: 11, rue Neuve-Saint-Augustin, Paris.

LE
PIGEON MESSAGER

ou

GUIDE

POUR L'ÉLÈVE DU PIGEON VOYAGEUR

ET SON APPLICATION A L'ART MILITAIRE

PAR

V. LA PERRE DE ROO

OFFICIER DE L'ORDRE DU MÉRITE NAVAL D'ESPAGNE
DÉCORÉ DE LA CROIX D'OR SURMONTÉE DE LA COURONNE DE L'ORDRE
DU MÉRITE MILITAIRE D'AUTRICHE
CHEVALIER DE L'ORDRE ROYAL DU CHRIST DE PORTUGAL
GRANDE MÉDAILLE D'OR ET MEMBRE DE LA SOCIÉTÉ D'ACCLIMATATION
MÉDAILLE DE VERMEIL ET MEMBRE DE LA SOCIÉTÉ PROTECTRICE DES ANIMAUX
MÉDAILLE DE PREMIÈRE CLASSE ET MEMBRE DE L'ACADÉMIE NATIONALE DE PARIS
DIPLÔME DE MÉRITE DE LA SOCIÉTÉ D'AVICULTURE DE VIENNE, ETC.

PARIS
E. DEYROLLE FILS, ÉDITEUR
23, RUE DE LA MONNAIE, 23

—

Tous droits réservés.

INTRODUCTION

Après avoir adressé à M. le ministre de la guerre et publié dans le *Bulletin de la Société d'acclimatation* de nombreux rapports sur l'installation de colombiers militaires dans toutes les forteresses de la France, en vue de rétablir, à l'aide de pigeons voyageurs, les communications interrompues en cas de nouveaux siéges, et après avoir eu l'honneur de faire don à l'État de tout mon colombier et de quatre cents pigeons de race de long cours, qui avaient été mis, à cet effet, à ma disposition par MM. Georges d'Hanis et le commandant Florent Joostens, d'Anvers, je reçus de M. Albert Geoffroy Saint-Hilaire, le savant directeur et réorganisateur du Jardin d'Acclimatation du Bois de Boulogne, les lignes suivantes :

« M. A. Libon, directeur général des postes et
« des colombiers militaires, me demande un guide
« pour l'élève du pigeon voyageur et son application
« à l'art militaire. Cet ouvrage n'existe pas et est à
« faire. Vous qui possédez la question à fond, et qui

« avez le temps d'écrire le guide que M. le directeur
« général me demande, il faudrait rendre ce nouveau
« service au pays, qui en sera reconnaissant.

« *Signé*, A. Geoffroy Saint-Hilaire. »

M. D. Valcher de Molthein, consul général de S. M. l'Empereur d'Autriche et M. le colonel de Codolitsch, attaché militaire à l'ambassade, me réclamèrent le même guide.

Son Excellence M. le Ministre de la marine d'Espagne, désirant appliquer le pigeon voyageur aux bateaux garde-côtes, envoya à Paris M. Mariano de la Paz Graells, professeur au Muséum d'histoire naturelle de Madrid, pour étudier la question, et j'eus l'honneur d'avoir avec l'illustre professeur plusieurs conférences sur ce sujet.

M. Mariano de la Paz Graells avait eu la patience de traduire en espagnol tous mes travaux sur les pigeons messagers, qui avaient été publiés dans le *Bulletin de la Société d'acclimatation*; et, lorsqu'il me quitta, il me pria également, au nom de son gouvernement, de bien vouloir lui adresser, à Madrid, un travail complet sur l'élève du pigeon voyageur et son application à l'art militaire.

Finalement, je reçus de la Légation du Portugal la lettre suivante :

« Monsieur,

« Je vous serais bien obligé si vous vouliez bien

« avoir l'amabilité de m'envoyer les renseignements
« nécessaires au sujet de l'entraînement, de l'alimen-
« tation et de tout ce qui a rapport au pigeon voya-
« geur. Vous me mettriez ainsi à même de satisfaire
« à la demande qui m'a été adressée du ministère de
« la guerre à Lisbonne, par l'intermédiaire de M. le
« Ministre des affaires étrangères.

« Veuillez agréer, etc.

« *Signé*, Baron DE SANTOS. »

Hésitant entre le désir de me rendre utile et la crainte de trouver la tâche au-dessus de mes forces, j'invitai successivement plusieurs colombophiles distingués à écrire le guide qui m'était réclamé, en quelque sorte officiellement, par les représentants de quatre gouvernements à la fois; mais tous me répondirent par une fin de non-recevoir, prétextant que leurs nombreuses occupations leur laissaient trop peu d'heures de loisir, ou qu'ils n'avaient pas la plume assez exercée, pour entreprendre d'écrire un livre.

Entre-temps, les gouvernements d'Autriche, d'Espagne et de Portugal, la Société zoologique d'acclimatation de Paris, la Société d'aviculture de Vienne, l'Académie nationale et la Société protectrice des animaux, me comblèrent d'honneurs et me décernèrent des décorations et des médailles d'or et d'argent, pour mes travaux incomplets sur les pigeons voyageurs et leur application à l'art militaire.

Dès lors, une plus longue hésitation eût été taxée d'ingratitude, et je me mis vaillamment à écrire le Guide que j'offre aujourd'hui au lecteur.

L'avalanche de demandes de renseignements sur l'instinct d'orientation, le dressage, l'alimentation et mille autres détails relatifs à l'éducation des pigeons, que les débutants colombophiles et les officiers français et étrangers m'adressèrent, pendant que je publiais des articles sur les pigeons dans le journal l'*Acclimatation*, ont puissamment contribué à me renseigner, d'une façon précise, sur ce qu'il était indispensable d'apprendre aux directeurs des colombiers militaires, et m'ont ainsi tracé le cadre que j'avais à remplir.

Ce volumineux dossier de questions m'a démontré aussi, jusqu'à l'évidence, que quelques notions de physiologie et d'histoire naturelle étaient indispensables à la bonne réussite des colombiers militaires. C'est pour cette raison que j'ai commencé mon travail par faire, sous une forme concise, l'histoire naturelle du pigeon, etc.

Afin d'inculquer aux soldats la passion des pigeons voyageurs, sans laquelle ils ne seront jamais des colombophiles sérieux, je m'appesantis, avec préméditation, sur la poste aux pigeons dans l'antiquité et sur les précieux services qu'ils ont rendus aux malheureux assiégés de Harlem, de Leyde et de Paris.

Les principes d'élevage et d'entraînement, appuyés

sur la méthode pratiquée par la Société colombophile de Paris, occupent naturellement la plus grande place de mon guide.

Je m'étends aussi longuement sur le mystérieux instinct d'orientation qui guide le pigeon messager à travers l'espace, comme s'il fût muni d'une boussole dont l'aiguille aimantée lui indique constamment la route qu'il doit suivre, et je démontre par des faits appuyés sur les savantes observations météorologiques de M. Gaston Tissandier, que les perturbations atmosphériques le désorientent et l'empêchent de poursuivre sa course.

Je termine mon ouvrage par le revers de la médaille : les maladies.

Dans un travail sur les colombiers militaires, qui a été publié dans le *Bulletin de la Société d'acclimatation*, il y a quelques années, je dis qu'il faut éviter avec soin d'établir des foyers de contagion dans les pigeonniers de l'État, et que le pigeon voyageur, ayant si peu de valeur et multipliant si rapidement, doit être supprimé et sacrifié sans hésitation dès qu'il montre des symptômes sérieux de maladie, parce qu'on ne sait jamais s'il ne recélerait pas le germe de quelque maladie épizootique et, partant, si l'on ne risquerait pas de les perdre tous, par la contagion, en essayant de guérir un seul malade.

L'illustre savant qui, l'année dernière, faillit être victime de son dévouement à la science, dans une ascension aérostatique, par suite de l'explosion suivie de la chute vertigineuse de l'aérostat, M. le colonel du génie Laussedat, président de la commission d'aérostation militaire, dans une instruction adressée aux directeurs des colombiers de l'État, recommande aussi de supprimer instantanément tout pigeon qui boude, a les plumes hérissées, se pelotonne dans un coin et montre des symptômes non équivoques de maladie.

M. Graëlls, professeur au Muséum d'histoire naturelle de Madrid, et M. Gayot, auteur d'un excellent ouvrage intitulé *le Pigeon*, qui vient de paraître, me blâment d'être trop sévère, et disent qu'un bon pigeon voyageur vaut bien la peine d'être soigné quand il est malade.

L'application de cette attendrissante théorie aux grandes agglomérations de pigeons voyageurs qu'on devra nécessairement concentrer dans les forteresses, *où toutes les maladies prendront promptement le caractère épizootique*, n'est pas admissible. D'abord parce qu'elle est éminemment dangereuse et ensuite, parce qu'elle n'est d'aucune utilité ; puisque le gouvernement, à cause de la surprenante fécondité du pigeon voyageur, aura constamment à sa disposition des *milliers* de pigeonneaux qui ne demanderont qu'à vivre, à remplacer les invalides, et qui, faute d'emploi, devront être livrés à la consommation de l'armée. Or, à quoi bon perdre son temps à essayer de guérir un sujet malade, au risque de le voir communiquer la contagion à mille autres de ses congénères, quand, pour le remplacer avantageusement, il n'y a qu'à choisir dans les boulins un pigeonneau fort, vigoureux, bien constitué et de bonne descendance ? Cependant, j'admets qu'un amateur passionné, dont le colombier ne se compose que de quelques sujets de choix, essaie de guérir un sujet précieux, et c'est pour lui venir en aide que j'ai consulté les principaux *recueils de médecine vétérinaire*, où j'ai puisé un grand nombre de bonnes et utiles recettes. Malheureusement les livres de médecine vétérinaire donnent plus de descriptions détaillées des nombreuses maladies qui affectent le pigeon, que de remèdes à leur opposer, ce qui prouve que les ressources de la science sont loin d'être inépuisables.

V. La Perre de Roo.

Paris, le 1ᵉʳ janvier 1877.

LE PIGEON MESSAGER

Le Pigeon

Le pigeon et l'oie ont été les premiers oiseaux que l'homme ait réduits à la domesticité. La Genèse nous représente Noé donnant la liberté, à la fin du déluge, à une colombe qui revint le soir à l'arche, portant dans son bec un rameau d'olivier symbolique ; ce qui prouve que, dès avant le déluge, l'homme s'était déjà rallié le pigeon et connaissait son attah ement au colombier.

Homère, le plus ancien des poëtes, nous cite plusieurs villes de la Grèce où l'on élevait des pigeons en quantité considérable.

Aristote en parlait comme d'un oiseau domestique fort utile, et lui donnait jusqu'à deux couvées par an.

On retrouve aussi des preuves de la domesticité des pigeons chez les Assyriens et chez les Égyptiens.

Les Hébreux sacrifiaient tous les jours des pigeons dans le temple de Jérusalem.

Les anciens poëtes l'ont consacré à Vénus et en ont fait le sacrifice le plus agréable à la déesse de l'amour. Il était considéré comme l'emblème de la tendresse et de la fidélité conjugale.

Les Romains, après la conquête de la Grèce, construisirent des pigeonniers propres à loger jusqu'à cinq mille couples de pigeons ; mais la première mention qui est faite dans Pline de l'usage de pigeons comme porteurs de messages, c'est au siége de Modène (l'an 43 avant Jésus-Christ), lorsque Brutus, assiégé par Marc-Antoine, demanda du secours à ses amis du dehors à l'aide de pigeons.

Au moyen âge, le droit de colombier était un des priviléges de la noblesse.

Aujourd'hui, le pigeon est universellement répandu ; on le trouve au château comme à la chaumière et dans toutes les fermes.

Le pigeon est granivore et appartient à l'ordre des gallinacés.

Les gallinacés sont, pour la plupart, polygames et ont peu d'aptitudes pour le vol ; le pigeon, cependant, est monogame et est doué d'une grande puissance de vol ; mais quoique disent les poëtes de leur constance, de leur tendresse et de leur fidélité conjugale, ils n'en ont pas moins les mœurs extrêmement légères et ils sont très-querelleurs entre eux.

Ils sont loin d'être doux, car, au colombier, les mâles se livrent constamment bataille entre eux, et s'accablent mutuellement de coups de bec et d'aile. Les femelles ne sont guère douées de sentiments meilleurs, ni plus sociables les unes envers les autres.

Ils sont loin aussi d'avoir les mœurs pures qu'on leur attribue ; car les mâles ne se gênent pas du tout pour faire des infidélités à leur compagne, même en sa présence.

L'infidélité conjugale est moins rare chez la femelle ; mais il arrive, néanmoins, quelquefois, qu'elle accepte gracieusement les prévenances d'un autre mâle que celui avec lequel elle est régulièrement accouplée.

La durée de la vie du pigeon est, comme dans toutes les autres espèces d'animaux, proportionnée à la durée de son accroissement : le pigeon croît pendant trois ans et peut vivre six à sept fois autant, c'est-à-dire dix-huit à vingt ans.

Organisation générale du Pigeon.

Organes de la nutrition ; digestion. — On trouve chez le pigeon trois dilatations stomacales ; c'est d'abord sur le trajet de l'œsophage, une première poche nommée le *jabot;*

puis, un peu plus loin, une légère dilatation à parois épaisses et glanduleuses, et qu'on appelle le *ventricule succenturié;* enfin, tout à côté de celui-ci, une troisième cavité très-musculeuse et très-forte, désignée sous le nom de *gésier.*

Le *jabot* sert de réservoir aux grains avalés par le pigeon : le *gésier* sert à triturer ces matières que le pigeon ne peut soumettre à une mastication buccale. On y trouve de petites pierres qu'il avale pour faciliter cette opération.

Quant au *ventricule succenturié*, c'est lui qui sécrète le suc gastrique, et représente à ce point de vue le véritable estomac.

L'intestin qui complète le canal digestif du pigeon, aboutit dans un cloaque, c'est-à-dire une poche où viennent s'ouvrir en outre les urétères qui amènent l'urine (1), et le canal qui conduit les œufs au dehors. L'urine se mêle aux matières excrémentitielles qui proviennent de l'intestin, et est rejetée avec elles au dehors.

Quant aux annexes de l'appareil digestif, il suffit de dire que chez les pigeons les glandes salivaires sont petites et fournissent un liquide peu abondant, épais et très-visqueux ; le foie est assez volumineux ; mais le pancréas est surtout très-développé, tandis que la rate est très-petite.

Circulation. — L'appareil circulatoire n'offre aucune différence importante par rapport à celui des mammifères. Le sang est un peu plus chaud et contient des globules elliptiques d'assez petites dimensions.

Respiration. — La respiration s'effectue par des poumons que l'on trouve à la partie postérieure et supérieure de la poitrine, fixés contre les côtes, et maintenus en dessous par une membrane résistante que des muscles font mouvoir pour opérer l'inspiration et l'expiration. Ils sont percés de trous qui permettent à l'air de se répandre dans toutes les parties du corps, même dans les cavités des os. L'air est amené dans ces organes par un canal aérien fort long et dont la trachée-artère et les bronches possèdent des anneaux cartilagineux complets. Mais la disposition la plus singulière de l'appareil respiratoire du pigeon est l'existence de grands sacs dans la poitrine et le bas-ventre, par le moyen desquels ils peuvent s'enfler considérablement, ce qui facilite leur vol, et produit chez les petits oiseaux ce grand volume de voix qui nous étonne quelquefois.

(1) L'urine des oiseaux est toujours concrète, composée d'acide urique et d'urâtres divers, elle forme dans la fiente, la partie blanche

Sans doute, ces nombreuses vésicules remplies d'air chaud à quarante degrés allégent le corps du pigeon au milieu de l'atmosphère ; mais on n'oserait affirmer que ce soit leur seul usage.

Organes des sens. La peau du pigeon est couverte de plumes. Une plume se compose d'une tige dont la base est creuse et plongée dans le bulbe, et de barbes qui, elles-mêmes, portent des barbules à peine visibles à l'œil nu. Ces appendices tégumentaires sont très-propres à conserver la chaleur du corps.

Les plumes couvrent trop bien la peau du pigeon pour lui permettre un toucher délicat, et la langue est le seul organe qui puisse servir à l'exercice de ce sens.

Les narines sont percées à la base du bec, et le sens de l'odorat est d'une grande finesse chez le pigeon. — Le goût doit, au contraire, être peu développé, si l'on en juge par la rigidité de la langue, par la rareté et la consistance visqueuse de la salive.

La vue du pigeon voyageur est très-perçante et se prête également à bien distinguer les objets de près et de loin. Le globe de l'œil est protégé non-seulement par deux paupières à mouvement vertical, comme on en voit chez les mammifères, mais aussi par une troisième, nommée membrane clignotante, qui naît de l'angle interne de l'œil et peut se tirer de dedans en dehors, au-devant de l'œil.

L'oreille du pigeon et des oiseaux, en général, présente déjà, comparativement à celle de l'homme et des mammifères, des imperfections dignes de remarque. Le labyrinthe, ou oreille interne, n'a qu'un limaçon rudimentaire ; la chaîne des osselets est remplacée dans l'oreille moyenne par un osselet unique. Enfin, l'oreille externe est un simple canal très-court.

Appareil locomoteur. — La tête se compose d'un crâne relati-

qui se détache de la partie foncée représentant la véritable matière excrémentitielle.

vement volumineux et d'une face presque réduite aux mandibules du bec, la saillie du nez étant nulle. La mâchoire supérieure doit à un mode particulier d'union avec le crâne une mobilité qu'elle n'a pas chez les mammifères. Le cou est très-flexible et l'on y compte un grand nombre de vertèbres. Le tronc est, au contraire, peu mobile; les parties dorsale, lombaire et sacrée de la colonne vertébrale forment un axe à peu près inflexible, sur lequel s'articule un bassin entièrement immobile, et une cage thoracique formée par des côtes dont la portion vertébrale et la portion sternale sont également osseuses et s'articulent vers la partie moyenne des flancs. Le sternum est une vaste plaque osseuse capable de fournir une large insertion aux muscles moteurs de l'aile; cette surface est encore augmentée par une lame saillante qui, sous le nom de *bréchet*, se développe sur toute la ligne médiane du sternum, et par l'étendue plus ou moins grande que prennent, suivant la puissance du vol, les pièces latérales antérieures ou postérieures. Le coccyx est court et se continue par de fortes pennes au nombre de douze, qu'on nomme *pennes rectrices;* elles complètent l'appareil voilier de l'aile et jouent, dit-on, dans le vol, un rôle important, mais cela ne me paraît pas prouvé.

Le membre antérieur est conformé en aile, et pour cela l'épaule est renforcée par un double appareil claviculaire, la *fourchette* et l'os *coracoïdien*, qui repose sur le sternum. Le bras et l'avant-bras n'offrent rien de remarquable; mais la main est allongée en un moignon où l'on distingue encore un pouce et deux doigts plus ou moins rudimentaires. Ce squelette, mû par des muscles puissants, fournit la base d'un instrument de locomotion réellement constitué par les plumes. Sur leur bord postérieur, la main, l'avant-bras et le bras portent les plumes de l'aile, dont la force et les dimensions diminuent à mesure qu'on se rapproche du corps. A la main sont fixés dix *pennes* ou *rémiges*, nommées *primaires;* elles sont longues, élastiques, étroites et coupantes par leur bord externe. Les pennes de l'avant-bras ou *pennes secondaires* sont moins fortes, et ont leurs barbes plus égales d'un côté à l'autre ; enfin, des plumes moins fortes encore, attachées au bras, s'appellent *scapulaires*, et quelques autres, adhérentes au pouce, ont reçu le nom de *pennes bâtardes*.

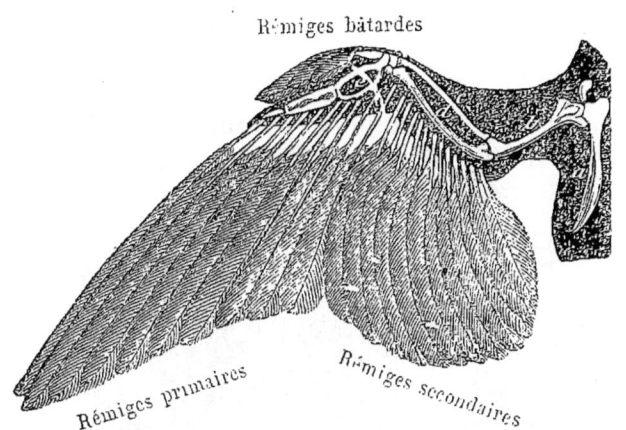

Le membre postérieur est conformé pour le percher ou la marche, et se compose d'une cuisse courte, suivie d'une jambe également courte ; puis viennent non pas un tarse et un métatarse distincts, mais un seul os nommé *os du tarse*, qui représente ces deux parties et donne inférieurement attache aux doigts. Ceux-ci sont au nombre de quatre, trois en avant et le pouce en arrière. Le nombre des phalanges mérite d'être noté ; le pouce en a deux et les doigts en comptent trois. Tous ces doigts sont allongés, pour mieux assurer, dans la marche, une base de sustention au pigeon. L'appareil musculaire du membre est d'ailleurs disposé de façon que le simple poids de l'oiseau fléchit ses doigts, ce qui lui permet de dormir perché sur un seul pied.

L'origine du pigeon voyageur belge.

Le pigeon messager belge est incontestablement le résultat d'une infinité de croisements qu'il serait extrêmement

difficile de définir avec exactitude. Il nous fournit trois variétés, que je désignerai sous les dénominations de *race liégeoise*, *race anversoise* et *race mixte*.

Les deux dernières variétés tendent à se confondre au

point de s'identifier et ne forment plus guère qu'une seule et même espèce.

Le *pigeon liégeois* se distingue des autres types, par ses formes mignonnes, par les plumes retroussées qui, en guise de jabot, ornent sa poitrine et lui donnent un cachet coquet et distingué. Il a le bec petit et très-court, orné à sa base de caroncules blanches peu développées. Ses yeux vifs et saillants sont encadrés d'un petit filet charnu blanc et ils brillent comme des rubis. Sa tête est convexe comme dans

Pigeon voyageur Liégeois.

tous les pigeons voyageurs belges, qui ont rarement la tête déprimée des pigeons carriers anglais. Il a le cou court et amplement garni de petites plumes longues et étroites à reflets métalliques. Ses ailes sont fort longues et reposent par leur extrémité sur une queue étroite et resserrée, composée de douze pennes rectrices superposées de façon à ne laisser à la queue que la largeur d'une seule penne.

Le *pigeon liégeois* jouit, en Belgique, d'une réputation justement méritée et, sous le rapport de l'élégance et des qualités instinctives, il n'a absolument rien à envier aux autres variétés.

Le *pigeon voyageur anversois* diffère principalement du pigeon liégeois par sa grande taille, et par son bec qui est plus fort et plus long, les morilles de son bec sont aussi plus développées et plus tuberculeuses, ainsi que la membrane charnue qui entoure ses yeux. Sa large poitrine et la grande envergure de ses ailes, dont les rémiges s'étendent presque jusqu'à l'extrémité de sa queue, sont l'indice d'un

Pigeon voyageur Anversois.

vol puissant et soutenu ; car plus la carène du sternum d'un pigeon voyageur est développée, plus il vole facilement.

Ce pigeon se distingue particulièrement par sa résistance à la fatigue pendant les voyages de long cours.

Sa tête convexe, large entre les yeux, se détache d'un cou vigoureux amplement garni de plumes à reflets soyeux, et sa queue étroite lui donne le cachet du vrai pigeon volant des anciens.

La *race mixte*, forme un groupe, dont chaque sujet exigerait une description spéciale; car il serait extrêmement difficile d'en trouver six sur cent qui aient l'exacte parité des formes. Cependant, ils se ressemblent tous plus ou moins, et ne diffèrent entre eux que par le bec, plus long et plus fort dans un sujet que dans l'autre ; par les caroncules nasales un peu plus, ou un peu moins tuberculeuses ou développées ; par la taille et par la coloration des yeux et du plumage.

Pigeon voyageur de race mixte.

Tous ont les mêmes caractères distinctifs du pigeon voyageur : formes arrondies et élégantes ; plumage lisse et serré ; bec orné à sa base de caroncules charnues plus ou moins développées ; yeux vifs et entourés d'un filet de chair blanche qui en rehausse encore l'éclat ; tête convexe ; tarses courts ; grande envergure des ailes et queue étroite.

Les extrémités démesurément longues, à l'exception de celles des ailes, sont considérées comme des défauts dans le pigeon voyageur belge. Il résulte de cette observation qu'un oiseau de race pure doit avoir la queue, les pattes et le bec plutôt courts que longs. Une queue large est considérée également comme un défaut. Les ailes doivent être vigoureuses, et, lorsqu'on les lui déploie, l'oiseau de race les replie avec force. Les caroncules nasales et les membranes charnues qui encadrent les yeux ne doivent être ni tuberculeuses ni rouges ; plus elles sont blanches et unies mieux elles sont appréciées, et les amateurs aiment surtout que

Pigeon voyageur *court-bec*.

le ruban charnu autour des yeux, soit partout de même largeur, et fasse bien le tour de l'œil.

La coloration des yeux est très-variée, tant dans le pigeon liégeois que dans le pigeon anversois et dans le pigeon mixte. Il y en a qui ont l'œil de feu, rouge vif et ardent ; d'autres ont l'œil orangé, brun foncé ou pâle ; il y en a qui ont les yeux perlés ou blancs sablés de rouge, et par une singulière bizarrerie de la nature, le pigeon blanc à l'œil tout noir.

Plus l'iris de l'œil est de nuance pure, et sans mélange, plus il est estimé. Il ne faut pas qu'il soit sablé de blanc ou de jaune ; il faut qu'il soit d'un rouge vif ou foncé et que la teinte jaune ou blanche qui règne toujours tout autour de la pupille, se réduise à une bordure étroite, nettement dessinée. Plus le globe de l'œil roule dans l'orbite à droite et à gauche, plus il dénote de la vivacité dans le pigeon ; il est souvent l'indice d'une vue presbyte et d'un instinct d'orientation très-développé.

La coloration du plumage offre encore une plus grande variété que celle des yeux ; mais les nuances dominantes sont le bleu uni, le bleu maillé de noir, le rouge maillé, le gris ou meunier, etc., etc.

La nuance des yeux et du plumage n'est d'ailleurs d'aucune importance et n'exerce absolument aucune influence sur les qualités instinctives des pigeons voyageurs. Les colombophiles belges les mieux entendus se préoccupent peu de la couleur de leurs pigeons et, dans les colombiers les plus renommés et les mieux composés, on trouve généralement un mélange de toutes les nuances. Il n'y a que les épreuves d'entraînement auxquelles les pigeons ont été soumis, qui permettent de juger, avec certitude, des qualités instinctives du pigeon messager.

Les différences des formes du corps et du bec, ainsi que les diverses nuances des yeux et du plumage, démontrent que les pigeons voyageurs belges ne forment pas une race fixe et qu'ils sont le résultat d'une multitude de croisements.

C'est, dit-on, en Belgique, le *Pigeon biset* (Columba livia), qui est la souche des pigeons voyageurs belges. Le pigeon biset a le caractère farouche ; il a le tarse court et se tient constamment accroupi ; il a le bec long et mince, dépourvu de morilles, et n'a aucune membrane charnue autour des yeux, dont l'iris est brun foncé.

Il y a trois variétés de pigeons bisets : 1° le *biset fuyard* (Columba livia fugiens) ; 2° le *biset sauvage* (Paleias des Grecs) ; 3° le *biset de colombier* (Onas des Grecs).

La seule qualité que je leur connaisse, consiste en leur remarquable aptitude à trouver leur nourriture aux champs, lorsqu'elle fait défaut au colombier.

Pigeon biset.

La légende dit que le pigeon biset a été croisé d'abord avec le *pigeon carrier* (mot anglais qui signifie messager), appelé vulgairement le *gros bec anglais*.

Pigeon biset sauvage.

Le *pigeon carrier anglais* (Columba tuberculosa) est d'origine orientale, et répond exactement au *pigeon messager persan*, dont le général Nazare Aga, ministre plénipotentiaire de S. M. le shah de Perse, a eu l'amabilité de me faire le portrait. J'ai vu, du reste, dans mes voyages, un grand nombre de pigeons persans à Smyrne, en Asie, et au Caire, en Égypte, dont la gravure suivante est un portrait exact.

Le pigeon carrier persan a le bec long et fort, un peu

Pigeon carrier persan.

crochu à l'extrémité lorsqu'il se fait vieux ; ses caroncules nasales sont très-tuberculeuses et extrêmement développées dans les sujets de race ; un large ruban de chair encadre ses yeux, dont l'iris est rouge comme le feu ; sa tête, qui est généralement déprimée, se détache d'un cou mince et long ; ses ailes ont une grande envergure, et il a les épaules prononcées comme dans les vautours.

Son caractère dominant est la ténacité et un grand amour pour le toit natal.

Le carrier anglais, ou plutôt le pigeon messager persan, m'a dit le ministre de Perse, a l'instinct d'orientation très-développé, et, depuis des siècles, il est employé régulièrement par le gouvernement persan au transport des dépêches officielles d'une extrémité de l'empire à l'autre. En Angleterre, on ne fait jamais voyager le pigeon carrier qui, par suite de cette longue oisiveté, ne forme plus qu'un oiseau de luxe sans mérite. Il ne faut pas confondre le pigeon persan, dont il n'existe pas un type pur en France, avec ces prétendus carriers abâtardis qu'on rencontre partout ici et en Belgique, car ils ne se ressemblent point.

Toujours, d'après la légende, ce métis aurait été croisé en suite avec le *pigeon cravaté* (Columba turbita). Le pigeon cravaté est le plus répandu dans la province de Liége ; il a incontestablement contribué à former le type liégeois qui lui doit les formes mignonnes du corps et du bec, et le jabot.

Pigeon cravaté.

Le pigeon cravaté a le bec extrêmement petit et court ; comme le pigeon messager, il a la tête convexe, les yeux saillants et entourés d'un léger petit filet charnu ; il a le vol direct et soutenu, et, malgré sa petite taille, sa poitrine a beaucoup d'ampleur et est ornée de petites plumes redressées et frisées en jabot.

La tradition attribue l'œil perlé ou blanc, sablé de rouge à un quatrième croisement avec le pigeon volant (*Columba tabeliaria*).

Le *pigeon volant*, appelé vulgairement le pigeon hirondelle, à cause de la rapidité de son vol et de la hauteur incommensurable à laquelle il tournoie dans les airs durant plusieurs heures, a les formes sveltes et la taille petite. Son bec est recouvert à sa base de deux membranes blanches peu prononcées ; un mince filet charnu entoure ses yeux, dont l'iris est d'un blanc d'émail, de teinte bleuâtre dans les sujets de race, et moins il est sablé de rouge, mieux l'oiseau est apprécié. Son plumage est le plus souvent blanc, ou jaune uni, et, quelquefois, blanc à cou rouge ; il y en a du reste de toutes les couleurs.

Ce sont ces quatre variétés de pigeons qui, *d'après la tradition*, auraient contribué, par leurs croisements mutuels, à former les diverses races de pigeons voyageurs belges qui jouissent aujourd'hui, à juste titre, d'une renommée universelle, et sont recherchés par toutes les puissances européennes, comme reproducteurs, pour peupler les colombiers militaires de leur progéniture. Abstraction faite de toute considération scientifique, il est incontestable que les colombophiles belges ont obtenu un résultat pratique des plus importants ; mais je n'hésite pas à ajouter, sans crainte d'être démenti, que ces divers croisements sont tout simplement l'œuvre du hasard, et se sont accomplis dans les basses-cours, dans les fermes, dans des circonstances entièrement indépendantes de la volonté des éleveurs ; je crois même ne rien hasarder en affirmant que ces croisements sont plutôt le résultat de l'insouciance que de l'action des éleveurs, et se sont effectués principalement au moment où l'introduction en Belgique des télégraphes électriques fit perdre au pigeon voyageur toute son importance, comme messager employé par les financiers et par le commerce, pour la transmission d'une ville à une autre des fluctuations de bourse et des marchés. Dès lors, il fut généralement négligé, jusqu'à ce que des Sociétés colombophiles se formèrent sur tous les points du royaume, et le retirèrent de l'oubli où il était tombé.

Je n'attache, au surplus, aucune importance aux divers croisements fantaisistes que la légende se plaît à lui accorder. Le pigeon liégeois tient manifestement du pigeon cravaté, comme sa poitrine ornée d'un jabot le démontre d'une façon si accentuée; mais le type original a subi tant de modifications, qu'il serait difficile aujourd'hui de le retrouver, dans toute sa pureté, dans nos colombiers.

Quant aux autres variétés, elles ont subi tant de croisements, qu'il serait complétement impossible de les rapporter avec certitude à une race quelconque. Les différences physiques entre divers sujets ne sont pas toujours très-appréciables à première vue; mais, lorsque l'œil du connaisseur les examine de près, il les trouve, au contraire, très-tranchées : ce qui prouve jusqu'à l'évidence une infinité de croisements avec des races inconnues.

Ce qui, à mon avis, a le plus contribué à développer les qualités précieuses et l'instinct d'orientation de ces charmants oiseaux, c'est l'intelligence avec laquelle les colombophiles belges dirigent leur colombier et l'éducation de leurs pigeons.

Les chemins de fer, par leurs grandes facilités de transport, ont aussi puissamment secondé les efforts des amateurs belges; car autrefois il fallait huit jours pour porter les pigeons de Bruxelles à Paris, tandis qu'aujourd'hui on les transporte, par chemin de fer, en six heures.

Outre qu'il coûtait fort cher, il y a cinquante ans, de faire transporter les pigeons au loin, soit en cabriolet, soit par des hommes faisant le trajet à pied, ces modes de transport avaient le grand inconvénient de fatiguer les oiseaux par les lenteurs du voyage et par le cahotage des charrettes et de la hotte.

L'administration des chemins de fer, non-seulement se

charge, aujourd'hui, du transport des pigeons à de grandes distances ; mais les chefs de gare des stations intermédiaires se prêtent même à mettre les pigeons en liberté aux heures indiquées par leurs propriétaires. Ce concours gracieux des employés du chemin de fer permet aux colombophiles belges d'apprendre à leurs pigeons, relativement à petits frais, à franchir les grandes distances par des étapes progressives et répétées, dont la pratique constante a contribué considérablement à ce développement rapide de l'instinct d'orientation du pigeon voyageur belge, qui étonne tous les amateurs étrangers, et qui, dès aujourd'hui, est une qualité acquise dont l'hérédité dotera la progéniture.

Beaucoup d'étrangers, qui m'ont demandé des renseignements sur les pigeons messagers, ont essayé, sans succès, de

Pigeon turc.

croiser les pigeons voyageurs belges avec des pigeons de races de leur pays, et, n'ayant trouvé aucune utilité pratique à persévérer dans cette voie, ils l'ont abandonnée. D'autres s'attacheront probablement aux mêmes tentatives et ne seront, je crains, pas plus heureux.

Le point essentiel à faire ressortir dans ce qui précède, c'est que le pigeon voyageur belge est fait, et qu'on doit l'améliorer par lui-même, sans avoir recours à des croisements avec des races étrangères, souvent sauvages, qui ne possèdent à aucun degré le merveilleux instinct d'orientation dont le développement est l'idéal rêvé par tous les amateurs ; tandis que des croisements avec des races sauvages mèneraient en droite ligne au pôle opposé et ne seraient qu'une source de déceptions.

Du reste, l'histoire intéressante du pigeon voyageur se réduira toujours à de simples conjectures, et, admettant qu'il soit le résultat d'une multitude de croisements ou de dégénérescences de races primitives connues, il me paraît absolument impossible de suivre le chaînon des croisements qui le rapporte au pigeon biset ou au pigeon fuyard. Plusieurs auteurs sont même d'avis que le pigeon biset n'a pas contribué du tout à former le pigeon voyageur belge.

Le docteur Chapuis pense que le pigeon voyageur belge résulte du croisement du pigeon cravaté français avec le pigeon camus, et dit que la forme de son bec court et voûté empêche de supposer que le pigeon fuyard et le pigeon anversois aient contribué à former ce produit.

M. Félix Posenaer, membre de la Société colombophile Pomme de Grenade, d'Anvers, n'est pas de cet avis et dit : J'admets que le pigeon voyageur actuel tient des trois races que jadis on désignait sous les dénominations de : Pigeon liégois ou *court bec ;* pigeon irlandais ou *bec anglais ;* pigeon anversois ou *culbutant*, parce que, en dehors de ces trois variétés, aucune autre espèce ne réunissait autant de conditions essentielles.

Cependant, ce n'est là que de la pure théorie, inapplicable de nos jours, parce que les races primitives se sont perdues, et, partant, que leur croisement est devenu impossible dans la pratique.

Le pigeon liégeois, appelé vulgairement le *court bec*, s'est évidemment conservé le mieux ; mais il n'en est pas moins vrai qu'autrefois il était de plus grande taille qu'aujourd'hui.

Le petit *smerle* ou pigeon cravaté de Liége et de Verviers n'est plus de race pure ; j'en ai essayé plusieurs spécimens

Pigeon cravaté de race pure.

et je n'ai obtenu que des résultats négatifs, justifiant complétement la méfiance qu'ils m'avaient toujours inspirée. Ce n'est certes pas par un recours à cette variété que nous atteindrons le but que nous poursuivons.

Le *Pigeon carrier irlandais* et le *Pigeon culbutant* n'existent plus à l'état de race primitive. Ces espèces abandonnées

Pigeon carrier irlandais.

depuis longtemps par les amateurs, ont trouvé un refuge dans nos basses-cours, où de nombreux croisements les ont transformés en pigeons de fantaisie. Mêlées à cent espèces différentes, on n'en retrouve plus que des métis s'éloignant considérablement du type original.

Aucun amateur sérieux n'oserait tenter le croisement de ces espèces, quelque pures qu'elles pussent paraître, avec des pigeons voyageurs qu'il estime, en vue d'en améliorer la race.

Il n'existe plus guère, en Belgique, de races locales de pigeons voyageurs ; tous les anciens types tendent à disparaître pour se confondre en une seule race qu'on appelle à l'étranger la *race belge*.

Je ferai une exception pour la province de Liége qui a conservé une race spéciale ; mais là aussi la fièvre des croisements a fait irruption, comme partout ailleurs, et d'année en année le type liégeois tend aussi à disparaître.

Les amateurs du pays wallon considèrent tout pigeon qui a l'iris blanc comme un pigeon anversois. C'est à mon avis,

Pigeon culbutant.

une profonde erreur. L'œil perlé accuse en effet un reste de sang du pigeon culbutant ; mais il serait difficile de définir tous les croisements qu'il a subis et de rapporter avec exactitude les caractères dominants du sujet à une race quelconque.

Or, j'arrive à la conclusion pratique que le *Pigeon voyageur belge* est fait; c'est par lui-même qu'on doit l'améliorer et nullement par le recours à des races inconnues marquées du sceau de la dégénérescence. Y a-t-il, à cet effet, des règles fixes à suivre? C'est difficile à dire, car les colombophiles les mieux entendus se perdent sans cesse dans les nuages de la contradiction et de l'hypothèse; le hasard déjoue le plus souvent les meilleures combinaisons et l'on ne doit accepter que sous bénéfice d'inventaire les méthodes nouvelles aujourd'hui proposées.

Pigeon voyageur belge.

L'usage du Pigeon dans l'antiquité et les temps modernes

Après Noé qui lâcha une colombe pour s'assurer de l'état où les eaux du déluge avaient laissé la terre, les habitants de Sodome et des villes que le feu du ciel consuma, se servirent, dit Michel Salbach, de colombes pour s'envoyer réciproquement leurs messages ; c'est du moins ce que l'on assure sur l'autorité d'Ebn-Sofyan-Thauri : mais cet usage cessa avec la destruction de ces peuples, qui furent exterminés par la vengeance céleste.

Les monuments de l'antique Egypte attestent que du temps des Pharaons les mariniers de l'Egypte, de Chypre et de Candie, se servaient de pigeons voyageurs, quand ils approchaient de terre, pour annoncer leur arrivée à leurs familles.

Les anciens historiens, dit M. Bourgin, parlent d'un pigeon qui franchit, en quarante-huit heures, l'espace qui sépare Babylone d'Alep, espace qu'un bon marcheur ne parcourait pas en moins d'un mois.

Pline, raconte « que Decimus Simius Brutus, pendant le siège de Modène, envoyait au camp des consuls des lettres qu'il attachait aux pattes des pigeons. Que servaient à Antoine la profondeur des retranchements, la vigilance des soldats, les filets tendus dans toute la largeur du fleuve, quand le courrier prenait sa route par le ciel ? Bien des gens se passionnent même pour ces oiseaux. Ils leur bâtissent des tours au-dessus de leurs maisons. Ils racontent la généalogie de chacun d'eux. On en cite un exemple déjà bien ancien. Varron écrit qu'avant la guerre civile de Pompée, Axius, chevalier romain, vendait ses pigeons quatre cents deniers paire (360 fr.). La Campanie s'honore même du renom qu'elle a de produire des pigeons de la plus grande espèce » (1).

Frontin, auteur d'un traité spécial sur les *stratagèmes*, raconte le même fait, avec de nouveaux détails et une légère variante : Hirtius (l'un des deux consuls qui s'efforcaient de délivrer Brutus) tenait dans l'obscurité des pigeons qu'il privait en même temps de nourriture; puis il leur attachait au cou des dépêches par un fil de soie, et il les lâchait le plus près possible des remparts de la ville. Les pigeons, avides de lumière et de nourriture, s'abattaient sur le haut des édifices où Brutus les faisait recueillir. Il était ainsi informé de toutes choses, surtout depuis qu'il avait pris soin de leur disposer de la nourriture en des lieux déterminés (leurs colombiers) où ils avaient l'habitude de s'abattre.

Les gladiateurs romains les utilisaient pour annoncer à leurs amis qu'ils sortaient victorieux de l'arène.

Pline ajoute que Cécina de Volaterre, entrepreneur de chars pour la course, emportait des hirondelles à Rome, et les renvoyait pour annoncer à ses amis le succès des courses: elles revenaient à leurs nids, et la couleur dont ils les avait fait peindre, indiquait la faction victorieuse.

Fabius Pictor écrit, dans ses annales, que des troupes romaines étant assiégées par des Liguriens, on lui apporta une hirondelle prise sur son nid, afin qu'en lui attachant une ficelle à la patte, il fit connaître aux assiégés, par le nombre des nœuds, dans combien de jours ils seraient secourus, et quand ils devraient faire une sortie.

---

(1) Quin et internuntiæ in rebus magnis fuere, epistolas adnexas earum pedibus, obsidione Mutinensi in castra consulum Decimo Bruto mittente. Quid vallum, et vigil obsidio, atque etiam retia amne prætenta profuere Antonio, per cœlum eunte nuntio? Et harum amore insaniunt multi: super tecta exædificant turres iis, nobilitatemque singularum et origines narrant, vetere jam exemplo. L. Axius eques romanus ante bellum civile Pompeianum denariis quadrigentis singula paria venditavit, ut M. Varro tradit. Quin et patriam nobilitavere, in Campania grandissimæ provenire existimatæ.

Ne ressort-il pas des révélations de Pline que les armées romaines utilisèrent, selon toute probabilité, les pigeons voyageurs comme estafettes. En effet, comment expliquer autrement cette surprenante rapidité avec laquelle Jules César fut informé des insurrections de la Gaule, ce qui lui a souvent permis de descendre des Alpes avec ses légions, au premier signal de soulèvement des Gaulois contre sa domination.

En l'année 1146 (1) de Jésus-Christ, le sultan Emad-Eddin-Zenghi, père d'Almélic-Aladel-Nour-Eddin-Mahmoud, assiégeait la forteresse de Djaber, et avait avec lui son fils. Un matin le sultan Emad-Eddin fut trouvé mort dans son lit, ayant été assassiné par ses eunuques. Nour-Eddin prit aussitôt le parti de lever le siége de la forteresse de Djaber ; il partit suivi de toute l'armée, vint assiéger Alep, et s'en rendit maître ; de là il alla camper devant Damas, où commandait alors un lieutenant du sultan Tadi-Eddanla-Toutousch-Abou-Saïd-Seldjouki. Après avoir tenu cette ville assiégée pendant quelque temps, Nour-Eddin la prit et en fit la capitale de ses Etats ; puis il soumit les villes voisines, telles qu'Emesse, Hamat et autres. Après cela, il commença à administrer toutes les affaires de la cour de Bagdad, et fit reconnaître sa domination à plusieurs places du pays de Roum, comme Bahsana, Marasch et autres ; il conquit aussi plus de cinquante places fortes sur les Francs, du nombre desquelles étaient Harem, Egaz et Panéas. Nour-Eddin avait alors à sa suite Almélic Almansour-Schircouh, oncle de Salah-Eddin lui-même ; il le chargea de trois expéditions successives en Egypte, dont le résultat fut que Nour-Eddin devint maître de l'Egypte, et enleva ce pays à Schawar, vizir des Khalifes Fatémis.

Lorsque la puissance de Nour-Eddin fut solidement établie

---

(1) Abou'lféda fixe la date à l'an 1171 de J.-C. — Reiske cite des exemples de l'usage de pigeons voyageurs par les Mahométans, antérieurement à cette époque. (*Annales Mosl.*, t. III, p. 645 et 765).

dans cette nouvelle conquête, il se vit maître d'un vaste empire ; la monnaie était frappée à son nom, et, dans toutes les chaires musulmanes, depuis les frontières de Nubie jusqu'à Hamadan, il était nommé dans la prière publique. Il jouissait ainsi de ses succès paisiblement et sans rival. Ce prince, considérant quelle était l'étendue de son empire, et désirant recevoir avec la plus grande célérité les nouvelles de tout ce qui se passait dans les diverses provinces qui lui obéissaient, ordonna que l'on entretînt des pigeons voyageurs dans tous les châteaux et dans toutes les places fortes de ses domaines ; et il imagina de les faire dresser, en sorte qu'ils portasssent des lettres à la plus grande distance, dans le plus court espace de temps, et qu'après s'être rendus au lieu où on les envoyait, ils revinssent le trouver. Il mit beaucoup d'ardeur à l'exécution de ce projet qui eut un plein succès tant qu'il vécut.

En 1167 il créa un service de poste par pigeons voyageurs, reliant Bagdad à toutes les principales villes de l'empire de Syrie ; le calife Achmet compléta cette organisation et étendit à l'Egypte les communications par stations de pigeons messagers.

Un service régulier était établi au Caire, entre l'Egypte et la Syrie. Des études approfondies avaient été faites sur les races de pigeons messagers, et des fonds spéciaux étaient affectés, sur le budget de l'Etat, à l'entretien des stations postales et de leur personnel, tant en hommes qu'en pigeons et en mulets.

Après la mort du sultan Nour-Eddin, la poste aérienne fut abandonnée jusqu'en l'an 1179 de Jésus-Christ, lorsque le Khalife Abbasi-Ahmed-Naser-Liden-Allah renouvela la poste aux pigeons : il était si passionné pour les pigeons, qu'il donnait un nom à chacun de ces oiseaux en particulier ; et quand il envoyait une lettre par l'un d'eux, il marquait exactement dans sa dépêche le nom du messager ailé, *un tel, fils d'un tel*, ou bien *une telle, mère d'un tel*. Cette organisation eut le plus grand succès par ses soins : il entretenait ainsi une correspondance active et passive avec les provinces les plus reculées de son empire. La mode en devint si commune de son temps, qu'elle fit monter le prix de ces pigeons à un taux exorbitant; et quoique le nombre en fût très-grand, parce que beaucoup de personnes en élevaient et en dressaient, on en vendait une paire bien dressée jusqu'à cent pièces d'or.

L'usage d'employer des pigeons à ce service se conserva après la mort de ce prince jusqu'au règne du khalife Abbasi-Mostasem-Billah fils de Mostanser. Celui-ci, qui occupait le trône en 1242, était excessivement passionné pour les pigeons voyageurs, comme on lit dans la Chronique de Grégoire Abou'Efaradj. (Voyez *Hist. dynast.*, p. 482 du texte arabe et 318 de la traduction et Gregor. Albuphar., chron. syr., p. 504 du texte syriaque et 522 de la traduction.)

La chose resta donc sur le même pied jusqu'à l'année 1258, que du vivant même du khalife Mostasem, mais par les intrigues criminelles et la trahison de son vizir Mowayyid-Eddin-Alkami, les Mogols vinrent à Bagdad, la prirent, tuèrent le khalife, massacrèrent les hommes, et firent les femmes captives. Bagdad perdit alors tout son éclat; et par suite de cette funeste révolution, qui se fit sentir dans toutes les provinces, et pesa sur tous les habitants, l'établissement des pigeons fut totalement abandonné.

M. de Volney donne les renseignements suivants sur la poste aérienne de l'Egypte:

Colombiers des pigeons de message. Ces colombiers sont établis dans des tours construites de distance en distance sur toute l'étendue de l'empire, dans l'intention de veiller à la sûreté et à la tranquillité publique.

C'est à Moussel que l'on a commencé de se servir de pigeons pour porter des lettres. Ces lettres, appelées bataïq, contenaient l'avis pur et simple; elles s'attachaient sous l'aile: elles étaient datées du lieu, du jour, de l'heure. On expédiait par duplicata: à l'arrivée de l'oiseau, la sentinelle le portait au Sultan même qui détachait l'écrit. Les pigeons bien dressés étaient hors de prix. Ces établissements étaient fort coûteux, mais très-utiles. On appelait les pigeons les *anges des rois*. Lorsque les Tâtmites envahirent l'Egypte, ils y établirent ces postes aériennes, et ils y attachèrent un si vif intérêt, qu'ils assignèrent des fonds propres à une régie spéciale à cet objet. Parmi les registres de ce bureau, en était un où se trouvaient classées les races de pigeons reconnues les meilleures. Le vertueux Madj-el-dîn Abd-el-Daher a composé sur cette matière un livre curieux, intitulé : *Tamâîm-el-Hàmâîm : amulettes des pigeons*.

Depuis longtemps les colombiers de *Saïd* sont détruits par suite des troubles qui ont ruiné le pays; mais ceux de la basse Egypte subsistaient (en 1450), et en voici l'état ainsi que pour la Syrie.

N. B. Les distances ont été ajoutées par le traducteur d'après d'Anville et d'après ses propres connaissances.

§ Ier. Correspondance du Kaire avec Alexandrie.

Château de la Montagne (au Kaire)...............	0
Monouf-el-oulia............	39
Damanhour-el-ouâhech....	45
Skanderié (Alexandrie)....	36
	120 milles.

§ II. Du Kaire à Damiette.

Château de la Montagne...	0
Tour de Beni-obaid........	36
Echmoun-el-rommán......	36
Doumiât................	30
	102 milles.

§ III. Du Kaire à Gazzah.

Du Kaire à Bilbais.......	27
De Bilbais à Saléhié.......	27
De Saléhié à Qâtia........	42
De Qâtia à Ouarrâdé......	48
De Ouarrâdé à Gazzé......	81
	225 milles.

§ IV. De Gazzé à Jérusalem.

1 colombier............	81
A Nablous, 1 colombier....	36
	117 milles.
De Gazzé à Habroun.......	30
A Safié, sur un ruisseau de ce nom................	45
A Karak................	48
	123 milles.

§ V. De Gazzé à Safad.

A El qods (Jérusalem).....	48
A Djenin...............	30
A Bisan................	24
A Safad................	24
	126 milles.

§ VI. De Gazzé à Damas.
(7 colombiers).

De Gazzé à Jérusalem, 1 colombier...............	48
	48 milles.

A Génin	30	l'Euphrate	66
A Bisân	24	A Qalát-el-Roum	27
A Jafès	30	A Behesna	45
A El-Sânemain	24		138 milles.
A Damas	30		
	186 milles.		

De Damas à Balbeck.

1 colombier............ 48 milles.

§ VII. De Damas à Halab
(7 colombiers).

A Damas	
A Cara	45
A Hems	36
A Huma	24
A Màrra	30
A Kantounâm	30
A Halab	28
	193 milles.

§ VIII. De Halab à Behesna
(4 colombiers).

A Halab..................
A El-Biré, sur la rive Est de

§ IX. De Halab à Rahabé
(3 colombiers).

A Halab	0
A Qâbâqib	75
A Tadmour (Palmyre)	75
A El-Rahábé	108
	258 milles.

§ X. De Damas à Tarabolos
(5 colombiers.)

A Damas	0
A Saïda	63
A Bairout	24
A Terbélé	30
A Tarábolos	24
	141 milles.

Tels sont les colombiers entretenus dans l'empire pour la célérité des dépêches. Chaque colombier a son directeur et ses *veilleurs,* qui attendent, à tour de rôle, l'arrivée des pigeons ; il y a en outre des domestiques et des mules à chaque colombier, pour les échanges respectifs des pigeons. La dépense totale ne laisse pas que d'être considérable.

Cependant après l'invasion de la Perse par Témour, souverain des Tartares et ensuite par les Turcs, les riches seigneurs persans continuèrent à se servir de pigeons voyageurs pour le transport des messages et continuent à s'en servir de nos jours. (Abou'lféda raconte, sous l'année 637 de l'hégire, un trait remarquable relativement à l'usage des pigeons pour porter des lettres. (*Annal. Mosl.*, t. IV, p. 443.)

On sait que cet usage subsiste aujourd'hui à Alexandrette, et Pietro della Valle l'a vu pratiquer au Caire. (Voyez les *Voyages de Pietro della Valle*, traduction franç., *lettre* XII, t. I, p. 415 ; *Mémoires du chevalier d'Arvieux*, t. V. p. 496 ;

Alexander Russel, *Natural History of Aleppo*, 2ᵉ édition, tom. II, p. 203 et 429, etc.

Makrizi et de Soyouti racontent que l'on attachait quelquefois les lettres à une plume de la queue du pigeon au lieu de l'attacher sous l'aile. On employait pour écrire ces lettres, un papier particulier qu'on nommait *papier d'oiseau*. On n'y mettait pas ordinairement la formule *Au nom du Dieu clément et miséricordieux :* on ne laissait point de marge ; on datait du jour et de l'heure, mais l'usage le plus commun était d'omettre l'année ; on omettait au commencement de la lettre le préambule ordinaire, *Louanges à Dieu*, etc., mais on mettait à la fin la formule *Dieu nous suffit*, etc., pour que cela portât bonheur au messager. On envoyait ordinairement la lettre par *duplicata*, et l'on en faisait mention expresse. On n'écrivait point d'adresse sur la lettre, à moins qu'elle ne fût destinée à être réexpédiée à un lieu très-éloigné. Dans ce cas, chacun de ceux par la main desquels elle passait, devait marquer sur le dos de la lettre qu'il l'avait reçue et expédiée. Les pigeons employés au service du Sultan étaient marqués sur les pattes et sur le bec. C'était le Sultan lui-même qui détachait les lettres à leur arrivée.

Du temps de Makrizi, on n'entretenait plus de pigeons voyageurs en Egypte qu'à Katia, à Bilbéis et au château du Caire.

Les personnes qui désireraient de plus grands détails sur cette matière pourront consulter les écrivains arabes que j'ai indiqués. L'Ayen Achéri fait aussi mention des pigeons propres à porter des lettres. (Voyez l'édition de Londres in-8º, t. I, p. 253.)

Un autre auteur arabe dit : « Dans l'Orient, surtout en Syrie, en Arabie et en Egypte, on dresse des pigeons à porter des billets sous leurs ailes et à rapporter la réponse à ceux qui les ont envoyés. »

Le Mogol fait nourrir des pigeons qui servent à porter des lettres dans les occasions où l'on a besoin d'une extrême diligence. Les caravanes qui voyagent en Arabie font savoir leur marche aux souverains arabes avec qui elles sont alliées, par le même moyen. Ces oiseaux volent avec une rapidité extraordinaire, et reviennent avec une nouvelle diligence, pour se rendre dans le lieu où ils ont été nourris, et où ils ont leur nid. On voit quelquefois de ces pigeons couchés sur le sable, le bec ouvert pour se rafraîchir et reprendre haleine.

En l'année 1249, saint Louis et les croisés s'embarquèrent au port de Limisso, dans l'île de Chypre, sur cent vingt gros vaisseaux et seize cents bâtiments plus petits; deux mille huit cents chevaliers, vingt mille hommes d'armes et une foule de simples pèlerins couvraient le pont des navires.

L'expédition, d'abord contrariée par les vents, fut en vue de Damiette le 4 juin 1249.

« Quand le bon roi Loys, dit Joinville, vit l'enseigne Saint-Denis (l'oriflamme) à terre, il n'attendit pas que son vaisseau fut près du rivage : il se jeta à la mer et fut dans l'eau jusqu'aux épaules, puis il s'en alla aux païens l'écu au cou, le heaume en tête et le glaive au poing. »

Les croisés avaient suivi son exemple, les Sarrasins furent repoussés et les habitants de Damiette s'enfuirent en désordre.

A ce moment, le ciel fut obscurci par une nuée d'oiseaux qui attirèrent l'attention de saint Louis et des croisés : c'étaient des pigeons voyageurs, porteurs de messages, que l'émir Fakir-Eddin, qui commandait l'armée égyptienne, avait lâchés pour informer le sultan Malek-Saleh-Neym-Eddin du débarquement de saint Louis sur les côtes d'Afrique et de la défaite des Sarrasins.

Joinville dit : « Les Sarrazins annoncèrent au Soudan, par *coulons messagers*, par trois fois que le Roy était arrivé. »

Voltaire raconte « que c'était une pratique commune en Asie », et le général Nazare Aga, ministre plénipotentiaire de S. M. le Shah de Perse, m'a affirmé que cette ancienne pratique est encore en usage de nos jours en Perse, en Arabie, et dans les autres contrées de l'Asie, où il n'y a pas de télégraphe.

John Moore dit, en effet, que c'est de Bagdad que les marins hollandais importèrent en Europe, les premiers pigeons messagers qu'ils appelaient en leur langue *bagadetten*, d'après Bagdad ; et il est probable que ces pigeons persans (*Columba tuberculosa*) furent la souche des pigeons voyageurs belges.

Le 11 décembre 1572, Frédéric de Tolède assiégea Harlem. L'armée espagnole, composée d'abord de douze mille hommes, s'accrut rapidement jusqu'au nombre de trente mille vétérans. Avant son investissement, le prince d'Orange, avait fait entrer dans la ville des munitions et des vivres; la garnison se composait de cinq mille hommes de troupes régulières et de deux cents cavaliers, sans compter les habitants. Wibald de Riperda, gentilhomme frison, était commandant de la place. Les Espagnols perdirent d'abord beaucoup de monde, car ils devaient repousser en même temps les sorties vigoureuses de la garnison, et les attaques multiples du prince d'Orange, qui avait établi son quartier-général à Delft, d'où il conseilla aux habitants de Harlem, *par messages envoyés par pigeons voyageurs*, de se défendre jusqu'à la dernière extrémité. Frédéric de Tolède, voyant qu'il ne pouvait pas s'emparer de la place par la force, résolut de la réduire par la famine ; il fallut en effet des combats journaliers sur la mer de Harlem, entre les navires hollandais et espagnols, pour introduire quelques secours dans la ville étroitement bloquée. Mais les habitants, dont le prince d'Orange continua à soutenir le courage par des promesses de secours envoyées *par pigeons voyageurs*, étaient décidés à se défendre à outrance ; car après sept mois de siége opiniâtre la ville résistait encore, bien qu'elle ne fût plus qu'un monceau de ruines ; ses murs étaient percés de dix mille trois cents boulets, et ses meilleurs guerriers étaient tombés sous les balles ennemies. La famine et le fer espagnol avaient moissonné environ treize mille habitants ;

ceux qui avaient survécu ne se nourissaient plus que d'objets immondes et dégoûtants ! Dans cette horrible extrémité, quelques citoyens se rendirent au camp de Frédéric de Tolède et lui demandèrent une capitulation supportable ; mais il répondit que la ville devait se rendre à discrétion. Alors, le prince d'Orange envoya un nouveau message à Harlem, par *pigeons voyageurs* et conseilla à Riperda de former un bataillon de tous les hommes encore en état de supporter le poids de leurs armes, de placer au centre les femmes, les vieillards, les blessés et les malades, et de fondre sur le camp ennemi. Tout le monde applaudit à cette proposition héroïque ; elle allait être mise à exécution, lorsque Frédéric de Tolède envoya le comte d'Everstein dans la ville avec une lettre, portant « qu'il pardonnerait aux assiégés, s'ils voulaient se rendre, et que personne ne serait puni, que ceux qui jugeraient eux-mêmes l'avoir mérité. » D'Everstein proposa ensuite aux habitants de payer une amende de deux cent quarante mille florins, et promit qu'à ce prix ils auraient la vie et les biens saufs. Ces conditions ayant été acceptées, la ville se rendit le 13 juillet 1573. Mais alors, Frédéric de Tolède joignit de nouveau la perfidie à la cruauté ; non-seulement il n'exécuta pas les conventions qu'il avait ratifiées, mais il donna de sang-froid, sous prétexte de justice, les ordres les plus sanguinaires pour punir les assiégés de leur héroïque résistance. Le vaillant commandant Riperda eut la tête tranchée ; une partie de la garnison fut renfermée dans un château, pour y périr de faim et de soif ; d'autres militaires, ainsi que tous les habitants qui avaient occupé des emplois pendant le siège, les ministres réformés, et tous les protestants ou périrent par le glaive, ou furent précipités dans la mer de Harlem.

En 1574, la ville de Leyde (Hollande), assiégée par les Espagnols, fut plus heureuse et fut sauvée par des pigeons voyageurs.

Francisco de Valdès, après avoir tenu la ville bloquée pendant tout l'hiver, résolut de la réduire par la famine et l'environna de soixante forts, au moyen desquels il coupa toutes ses communications. Francisco de Valdès, découragé par l'héroïsme que montraient les habitants, envoya un héraut aux assiégés pour leur proposer une capitulation honorable, disant que le défaut de vivres les forcerait tôt ou tard à se rendre. Le moment était, en effet, favorable pour parler de reddition : la famine était devenue affreuse. Quatre onces de pain et huit onces de cheval ou de chien formaient la nourriture quotidienne des soldats et des plus riches habitants. Enfin la populace, décimée par la peste et la faim, se souleva. Des hommes hâves et décharnés, des femmes exténuées et les habits en lambeaux, des mourants envahirent tumultueusement la place publique, et, se jetant sur le passage du bourgmestre Van der Werff, lui demandèrent, avec des vociférations, du pain ou la reddition de la ville. Le digne magistrat tira alors de sa poche une dépêche du prince d'Orange qu'il avait reçue par *pigeons voyageurs*, portant que les digues de la Meuse et de l'Yssel venaient d'être rompues, par ordre des Etats, et que l'amiral de Zélande, M. Louis Boisot, approchait de Leyde avec une flottille de bateaux plats chargés de vivres pour secourir les assiégés ; et le courageux bourgmestre ajouta : « Je serai fidèle au serment que j'ai prêté à Dieu et à la patrie. Du pain, je n'en ai pas à vous offrir. Mais, si ma mort peut vous soulager, prenez mon corps, coupez-le par morceaux, et partagez-le entre vous. »

Tel fut l'effet produit par l'annonce de la délivrance prochaine, que les assiégés répondirent au héraut envoyé par le général Waldès, qu'avant de se rendre, ils mangeraient leur bras gauche, si la faim les y poussait, et qu'ils défendraient ensuite leurs murs du bras droit.

Bientôt les eaux de la Meuse et de l'Yssel, poussées par un vent favorable vers le lieu de détresse, submergèrent les Espagnols dans leur camp, et l'amiral de Zélande, Boisot, accourut au secours de la ville avec huit cents matelots et plus de cent pièces de canon. Enfin Francisco Valdès fut contraint, dans la nuit du 4 octobre 1575, de lever le siége de Leyde, et le prince d'Orange, en reconnaissance des services importants que les pigeons voyageurs lui avaient rendus pendant ce siége à jamais mémorable, ordonna que ces pigeons fussent nourris aux frais du Trésor public et qu'on les embaumât, après leur mort, pour être conservés à l'hôtel de ville (1).

En 1672, M. le chevalier d'Arvieux, envoyé extraordinaire du roi Louis XIV à la Porte, consul d'Alep, d'Alger, de Tripoli et autres échelles du Levant, dit dans son mémoire au roi : Messieurs Michel et Raisson m'informèrent que le capitaine du vaisseau de guerre anglais était froissé de ce que je ne l'avais pas salué à mon entrée dans le port, d'autant plus que les navires marchands, suivant l'usage, saluaient toujours les vaisseaux de guerre. Il leur avait promis sur parole que, si mon navire le saluait, il me rendrait le salut.

Je renvoyai ces messieurs lui dire que je lui étais très-reconnaissant de sa politesse, mais que je n'en étais pas moins d'avis que les deux nations étaient complètement libres de se saluer ou de ne pas se saluer, sans que cela portât la moindre atteinte aux bons rapports qui existaient entre elles, et que cette question avait été ainsi réglée par un traité entre nos rois. J'ajoutai qu'un navire marchand anglais n'avait pas jugé convenable de saluer un vaisseau de guerre français à Céphalonie, sur lequel il y avait un ambassadeur de Sa Majesté. Je lui fis observer finalement que, si les vaisseaux anglais de son escadre n'avaient prétendu saluer que le vaisseau français, ils n'auraient tiré qu'un seul coup de

---

(1) Les pigeons du siége de Paris n'ont pas eu un sort aussi heureux et il est probable qu'après leur mort, ils ne figureront ni à l'hôtel de ville ni même dans un muséum, car voici ce qu'on lit dans un journal de Paris : « Une vente très-intéressante vient d'avoir lieu au dépôt du mobilier de l'État, rue des Écoles. Il s'agissait *des pigeons voyageurs qui nous rendirent tant de services pendant le siége*, en nous apportant des nouvelles de la province. Eh bien! malgré les souvenirs que rappellent ces messagers fidèles, ils ont été adjugés, pour la plupart, à des prix bien modestes : 1 fr. 50 en moyenne. Toutefois, deux pigeons, qui avaient fait trois fois le voyage, ont été assez vivement disputés et rachetés au prix de 26 francs pièce, par leur propriétaire!!! »

canon; tandis qu'ils en avaient tiré neuf, ce qui était une preuve évidente qu'ils avaient reçu ordre de saluer ma personne, tout le monde sachant que le représentant d'un roi ne doit pas saluer les vaisseaux, mais que c'est aux vaisseaux à le saluer.

Messieurs Michel et Raisson portèrent ma réponse au capitaine du vaisseau de guerre anglais. Il s'en contenta et nous nous envoyâmes faire des compliments et des offres de service réciproques.

Mais M. Beste, vice-consul anglais à Alexandrette, dont le nom répondait très-bien à l'esprit, ne se contenta pas de mes explications. Il s'imagina qu'il y allait de l'honneur du roi, son maître et de la nation, à se ressentir de l'affront que j'avais fait à leur pavillon. *Il dépêcha des pigeons* à Alep avec des lettres qui trouvèrent des gens aussi sots que ceux qui les avaient écrites. Ils donnèrent à corps perdu dans ses idées, et renvoyèrent d'autres courriers porter des ordres à leurs vaisseaux de ne pas me saluer quand je débarquerais.

C'est une pratique très-commune en Orient, ajoute M. le chevalier d'Arvieux, de se servir de pigeons pour envoyer des lettres d'Alep à Alexandrette et *vice versa*.

En 1745, M. Pietro della Valle, dans ses voyages en Palestine, dit : *La poste par pigeons voyageurs* existe encore aujourd'hui en Egypte exactement comme le Tasse la décrit dans la Jérusalem délivrée. Il y a quelques jours un *chiaoux* reçut ordre du premier visir qui réside à Alep, de se rendre au Caire, pour demander au Pacha des troupes pour renforcer l'armée qui avait été expédiée en Perse; mais le *chiaoux* tomba malade en route, à six journées de marche du Caire, et, ne pouvant aller plus loin, il envoya les lettres au Pacha par un Arabe qui y alla à pied; en même temps, le gouverneur de la ville envoya au Caire une dépêche par un pigeon qui fit le trajet en un seul jour, tandis que le courrier arabe n'arriva qu'après huit jours de marche.

Comme j'avais été témoin oculaire de ce que je viens de

raconter, je voulus connaître tous les rouages de cette poste aérienne et, informations prises, j'appris que les Egyptiens avaient des colombiers exprès dans chaque ville, et que celui du Caire était installé au château du Pacha. Ces pigeonniers étaient dirigés par des hommes spéciaux qui en avaient un grand soin. Ils envoyaient leurs pigeons enfermés dans des cages aux villes d'où ils désiraient recevoir des nouvelles ; là ils étaient tenus en captivité jusqu'à ce que les affaires de l'Etat exigeassent de s'en servir pour envoyer des messages au Caire, ou à une autre ville quelconque. Ils écrivaient les dépêches sur un petit morceau de papier très-léger, le pliaient très-adroitement, l'enduisaient de cire afin de le mettre à l'abri de l'humidité, et le liaient sous l'aile du pigeon, auquel ils avaient soin de servir à boire et à manger avant de le mettre en liberté.

A son arrivée au colombier le gardien le prenait et le portait immédiatement au Pacha ou au gouverneur de la ville, qui détachait lui-même la dépêche, la lisait et donnait ordre que le pigeon fut remis au pigeonnier.

En 1815, M. de Rothschild fit usage de pigeons voyageurs à Waterloo, pour informer sa maison, à Londres, de l'issue de la mémorable bataille.

C'est ainsi que la maison de M. de Rothschild, informée trois jours avant le gouvernement anglais de la défaite de Napoléon à Waterloo, eut le temps de faire des achats à la bourse sur une vaste échelle, à des prix de guerre, et réalisa des bénéfices fabuleux lorsque la nouvelle tomba dans le domaine public et provoqua une hausse générale sur tous les fonds.

M. de Rothschild, les banquiers, les agents de change et les négociants continuèrent à se servir de pigeons voyageurs, pour la transmission d'une ville à une autre des fluctuations des marchés, jusqu'au moment de l'introduction des lignes télégraphiques dans les divers pays de l'Europe.

M. Félix Bogaerts, dans l'*Histoire civile et religieuse de la colombe*, dit : « C'est en 1828, que les fluctuations des fonds espagnols, exploités par un agiotage astucieux et éhonté, donnèrent naissance à un fatal et frénétique espoir de s'enrichir du jour au lendemain ; et la fureur avec laquelle on se livra à cette fièvre brûlante, renouvela l'épisode des malheureux Mississipiens, mystifiés par le trop fameux Law. Chacun se félicita de se réveiller quelque matin riche comme M. de Rothschild, tout au moins. Pour arriver à ce résultat, la condition principale, la seule pour mieux dire, consistait à avoir connaissance, avant tous les autres adorateurs du veau d'or, de la hausse et de la baisse que ces fonds éprouvaient à chaque instant dans les grandes villes d'Europe, à Paris surtout. »— On comprend qu'aussi longtemps qu'un heureux privilégié demeurait seul possesseur de ce secret, il pouvait exploiter à son aise et à coup sûr, les craintes et les espérances des crédules victimes à qui la nouvelle des changements survenus brusquement dans la valeur conventionnelle de ces traîtres papiers, ne devait arriver que plusieurs heures plus tard par la voie ordinaire de la poste.

Pour se procurer cet inappréciable avantage, plusieurs spéculateurs eurent recours aux pigeons voyageurs ; chaque jour ils en faisaient porter à Londres, à Paris, à Bruxelles ; et ce fut ainsi que cet oiseau acquit tout à coup une importance extraordinaire dont nos colombophiles surent profiter, en louant leurs pigeons à des prix très-élevés.

En 1849, Venise assiégée par les Autrichiens, fit un usage régulier de pigeons voyageurs pour communiquer avec le dehors.

Le Siége de Paris 1870-1871 (1).

« Lorsqu'ils partent chargés d'un message, leurs ailes transportent à travers les airs les billets dont on les a chargés, comme si c'étaient de secondes ailes ajoutées à celles que la nature leur a données. Les nouvelles qu'ils portent sont l'armée de celui qui les dépêche; la plume qui les a tracées, ses armes offensives. Ils apportent les nouvelles avec la discrétion d'un homme qui les tiendrait renfermées dans le secret de son esprit; et en un clin d'œil, en déployant leurs ailes, ils parcourent les plus grandes distances. Ils s'approchent des astres, et sont eux-mêmes autant d'astres élevés. Ils atteignent leur but, comme s'ils étaient des flèches du destin. On pourrait les prendre pour des anges, puisque ce sont des messagers auxquels Dieu a donné le talent de franchir de grandes routes dans le temps le plus court. Ils méprisent la distance des lieux, et les rapprochent par la vitesse de leur course qui égale la rapidité de l'éclair. Quand on les regarde, il semble que l'on voie les étoiles de la constellation du bonheur. Ils méritent entre tous les oiseaux le titre de prophète, d'envoyé, de messager véridique, qui ne manque point à sa mission et ne trahit point la vérité.

« FADHEL. »

Le 2 septembre 1870, j'eus l'honneur d'écrire M. le Ministre de la Guerre la lettre suivante :

Monsieur le Ministre,

Les journaux anglais le *Times* et le *Daily Telegrapn* affirment, Monsieur le Ministre, que les Prussiens viennent sur Paris à

(1) Voir le *Bulletin de la Société d'Acclimatation* (n° d'octobre 1872).

marches forcées, et que bientôt l'immense capitale se verra cernée par les armées allemandes et aura ses communications avec le reste de la France complétement coupées !

Je ne sais pas, Monsieur le Ministre, si les journaux anglais, qui paraissent être très-hostiles à la France, disent la vérité et si Paris peut être investi régulièrement de façon à avoir ses communications avec le dehors complétement coupées.

Je prends néanmoins la liberté de rappeler à l'attention de Votre Excellence l'usage qu'on fit autrefois en Belgique de Pigeons voyageurs pour la transmission des dépêches d'une ville à l'autre, et qu'en cas de siége ces intéressants messagers ailés pourraient peut-être être utilisés.

En ce cas, Monsieur le Ministre, il n'y aurait pas une minute à perdre, et je recommanderais à Votre Excellence de prendre immédiatement les mesures suivantes :

1º De réquisitionner tous les Pigeons voyageurs appartenant aux membres des Sociétés colombophiles de Paris, moyennant de leur accorder une indemnité ;

2º De faire sortir de Paris les susdits Pigeons avant l'arrivée des Prussiens ;

5º De réquisitionner à Lille et à Roubaix tous les Pigeons voyageurs appartenant aux membres des Sociétés colombophiles des susdites villes ;

4º De faire rentrer dans Paris ces Pigeons avant l'arrivée des Prussiens.

A l'aide des Pigeons de Paris, vous pourrez, Monsieur le Ministre, faire rentrer des dépêches dans la ville après son investissement, comme à l'aide des Pigeons de Lille et de Roubaix vous pourrez en faire sortir.

Je ne sais pas, Monsieur le Ministre, combien il existe de Sociétés colombophiles à Paris ; mais je sais *positivement* qu'il en existe ainsi qu'à Lille et à Roubaix, car j'ai lu souvent les résultats de leurs concours de Pigeons dans un petit journal de Bruxelles, l'*Épervier*, qui ne s'occupe que de Pigeons voyageurs.

Agréez, Monsieur le Ministre, l'assurance de ma haute considération.

Votre très-humble et dévoué serviteur,

V. La Perre de Roo,
Avenue des Marronniers, grille d'Orléans.

Montretout, le 2 septembre 1870.

Le surlendemain, le Gouvernement impérial fut renversé, et ma lettre resta sans réponse.

Le Gouvernement impérial avait-il pris immédiatement ma proposition en sérieuse considération et y avait-il eu commencement d'exécution de mon programme avant sa chute, ou est-ce le Gouvernement de la défense nationale qui avait commencé à mettre mon idée en pratique, lorsque les Prussiens arrivèrent sous les murs de Paris ?

Je l'ignore complétement ; mais ce que je puis affirmer, c'est que huit cents Pigeons voyageurs appartenant à diverses Sociétés colombophiles du département du Nord, furent introduits dans Paris, avant son investissement, et furent enfermés dans les volières du Muséum d'histoire naturelle.

Je me demande pourquoi le Gouvernement exécuta la moitié de mon programme, et négligea de réquisitionner tous les Pigeons voyageurs appartenant aux Sociétés colombophiles de Paris, pour les faire sortir de la ville avant qu'elle fut bloquée.

C'est alors que les Prussiens arrivaient sur Paris à marches forcées que la Société colombophile l'Espérance, de Paris, prit la décision d'offrir généreusement ses Pigeons et les services personnels de divers membres de la Société au Gouvernement de la défense nationale.

M. Ed. Cassiers, le président de la Société, se présenta lui-même au cabinet de M. le gouverneur de Paris, pour lui offrir ses services et ses Pigeons ; mais, en l'absence de M. le général Trochu, il fut reçu par un officier subalterne qui accueillit les propositions de M. Cassiers par des éclats de rire, lui disant qu'il était le soixante-deuxième qui venait lui parler de Pigeons et qu'il espérait qu'il serait le dernier !

Mais voici les Prussiens sous Paris. Bientôt l'immense capitale est investie, et, malgré les soixante-deux propriétaires de Pigeons voyageurs qui avaient offert gracieusement leurs Pigeons au Gouvernement de la défense nationale, pas un seul de ces intéressants messagers ailés n'avait été expédié hors de Paris, à l'arrivée de l'ennemi sous ses murs.

Le Gouvernement de la défense nationale ne peut pas plaider comme circonstance atténuante qu'il ignorait complétement les merveilleuses aptitudes des Pigeons de course et les services précieux qu'ils pouvaient rendre en cas de siége, puisqu'il avait pris la précaution de faire rentrer huit cents Pigeons à Paris, avant son investissement, ce qui prouve sa parfaite connaissance de leur importance.

Ces lignes étaient écrites, lorsque j'appris que M. Steenackers, directeur général des télégraphes, avait chargé M. Traclet, membre de la Société colombophile l'Espérance, de Paris, de faire sortir de la ville quelques Pigeons voyageurs, avant son investissement.

M. Traclet, dont j'ai eu l'honneur de recevoir la visite, n'a pas pu me préciser la date exacte à laquelle il avait reçu les ordres de M. Steenackers; mais, cela n'infirme pas que M. Gustave Traclet arriva à la gare d'Orléans avec quatre paniers de Pigeons voyageurs, dans l'intention de se rendre à Tours, après que la ligne du chemin de fer eût été coupée par les Prussiens et que tous les trains eussent cessé de marcher.

Vers la même époque, le 13 septembre, M. Ségalas se présenta au cabinet de M. Geoffroy Saint-Hilaire avec une lettre de M. Steenackers, priant M. le directeur du Jardin d'acclimatation de bien vouloir remettre au porteur du billet tous les pigeons voyageurs qu'il possédait, sans autres explications!

M. Geoffroy Saint-Hilaire ne possédait pas un seul pigeon voyageur, et conséquemment n'en avait pas à offrir à M. Ségalas.

Je n'ai donc rien à retrancher de mes précédentes appréciations, qui sont malheureusement confirmées dans toute leur étendue par les incidents Traclet et Ségalas, et dont le résumé est : que M. Steenackers aurait dû s'y prendre plus tôt et aurait dû réquisitionner tous les pigeons des membres des diverses Sociétés colombophiles de Paris, avant l'investissement.

Paris ne tarda pas à être régulièrement investi, à la grande consternation des malheureux Parisiens, et en dépit de toutes les allégations des journaux, qui n'avaient cessé d'écrire que l'immense métropole ne pouvait être cernée efficacement par les forces dont disposait l'ennemi.

Ces illusions ne furent pas de longue durée. Quelques courriers, porteurs de dépêches de M. le général Trochu, essayèrent de traverser les lignes ennemies ; mais ils revinrent bientôt annoncer aux Parisiens que la ville était régulièrement bloquée et entourée d'un cercle de fer infranchissable.

Paris allait donc être enfermé durant cinq mois comme dans une tombe, lorsqu'il vint à M. Rampont, directeur général des postes, l'ingénieuse idée de communiquer avec le dehors à l'aide de ballons.

Cette idée lumineuse fut aussitôt mise en pratique.

Dès le 23 septembre, à huit heures du matin, un premier ballon s'éleva des buttes Montmartre, aux applaudissements frénétiques de la population assiégée : ce fut *le Neptune*, commandé par l'aéronaute Duruof. Il emporta 123 kilog. de dépêches.

Mais, vers le soir, l'inquiétude et le découragement succédèrent aux transports de joie du matin.

Le ballon était parti ; on l'avait accompagné des yeux jusqu'à perte de vue ; on avait espoir qu'il eût franchi, sans accident, les lignes ennemies ; mais on n'en savait rien. Cette absence de nouvelles de l'aéronaute était poignante pour les Parisiens et les replongeait dans l'abattement le plus profond.

Paris, grâce à l'idée de M. Rampont, avait trouvé le moyen de parler à la France et au monde entier, en dépit du cercle de baïonnettes dont ses geôliers l'avaient cerné ; mais il n'avait pas encore trouvé le moyen de faire rentrer des dépêches dans son enceinte.

Le même jour, un Belge, qui avait assisté en observateur au départ du ballon, résolut le problème.

Ce fut M. Louis Van Rosebeke, vice-président de la Société colombophile l'*Espérance*, de Paris, qui conçut l'idée intelligente de faire sortir ses pigeons voyageurs par ballon, et de réparer ainsi la négligence du Gouvernement de la défense nationale qui n'avait pas fait sortir de Paris ces intéressants volatiles avant son investissement.

M. Van Rosebeke fut trouver immédiatement M. le général Trochu et lui communiqua son idée. M. le gouverneur de Paris la comprit, l'approuva complètement, et pria M. Van Rosebeke avec insistance de la communiquer sans délai à M. Rampont, qui venait d'inaugurer le service des postes par ballons.

Quel malheur que le président de la Société colombophile n'eût pas été reçu de prime abord par M. Trochu, au lieu d'avoir eu affaire à une personne qui le remplaçait !

Le directeur des postes écouta M. Van Rosebeke avec le même intérêt que lui avait témoigné M. le général Trochu ; lui adressa plusieurs questions sur les remarquables aptitudes des pigeons voyageurs, et accepta avec empressement les offres de la Société colombophile de Paris.

Dès le lendemain, M. le président honoraire de la Société colombophile de Paris reçut une lettre de M. Garnier-Pagès qui lui demanda de mettre quelques Pigeons voyageurs à la disposition du gouvernement, et, le surlendemain, le service des postes par Pigeons voyageurs fut inauguré.

Le 25 septembre, le second ballon, *la Ville de Florence*, commandé par l'aéronaute G. Mangin, quittait Paris à onze heures du matin, emportant les trois premiers pigeons voyageurs de M. Van Rosebeke.

Le même jour, à cinq heures du soir, les pigeons voyageurs, de retour à Paris, apportaient la dépêche suivante attachée à une plume caudale :

« Nous sommes descendus heureusement près de Triel, à
» Vernouillet. Nous allons porter les dépêches officielles à
» Tours. Ballots de lettres vont être distribués. »

Les Parisiens, qui n'avaient jamais entendu parler auparavant du remarquable instinct d'orientation des pigeons voyageurs, étaient émerveillés de ce succès inattendu ; les journaux illustrés se couvrirent de dessins représentant ces charmants volatiles, et les membres de la Société colombophile étaient dans la jubilation ; car c'était grâce à leurs aimables voyageurs ailés que Paris avait cessé d'être isolé du reste du monde, et allait recevoir des nouvelles tant désirées des amis et parents absents.

Le 29 septembre, eut lieu le départ de deux ballons liés ensemble, qu'on appela *les Etats-Unis*, commandés par le célèbre aéronaute M. Louis Godard, qui emporta trois pigeons voyageurs et plusieurs sacs de dépêches.

Le même jour, un pigeon rentrait à Paris avec une dépêche de M. Godard, annonçant son heureuse descente à Mantes !

Le 30 septembre, le ballon *le Céleste*, commandé par M. Gaston Tissandier, l'auteur du charmant ouvrage : *En ballon pendant le siége de Paris*, emporte trois pigeons, plusieurs sacs de dépêches et mille proclamations que l'aéronaute jette sur les têtes des Prussiens. Rien n'est plus intéressant, tant au point de vue du romanesque que de l'histoire, que l'ouvrage de M. Tissandier, qui raconte avec un charme ravissant toutes les péripéties des voyages des 64 ballons qui furent lancés de Paris pendant le siége.

Le même jour, à huit heures du soir, les deux pigeons de M. Van Rosebeke étaient de retour à Paris, avec la dépêche de M. Tissandier, annonçant l'heureuse descendante du *Céleste*, à Dreux !

Le cinquième ballon qui fut lancé de Paris, le 7 octobre, l'*Armand-Barbès*, commandé par l'aéronaute Trichel, emporta M. Gambetta.

Plusieurs membres de la Société colombophile : MM. Cassiers, Janody, Derouard et Traclet, lui avaient confié les meilleurs pigeons de leurs colombiers.

Le lendemain, à cinq heures du soir, un premier pigeon, appartenant à M. Cassiers, apporta la nouvelle de la descente de l'*Armand-Barbès* à Montdidier, à deux heures quarante-cinq minutes du soir !

C'était un pigeon d'une beauté remarquable, de race anversoise, qui avait pris part à plusieurs grands concours et qui avait remporté le premier prix au concours national d'Auch, sur 1600 concurrents.

Lâché à Auch (distance 600 kilomètres) à sept heures du matin, il fut à Paris le lendemain, à 11 heures trente minutes.

Ce même pigeon rentra quatre fois à Paris avec des dépêches, ce qui prouve qu'avec des pigeons de bonne race belge on est sûr de l'arrivée à destination.

Le 10 octobre, on lisait dans le *Journal officiel*, de Paris :

« Le Gouvernement a reçu ce soir une dépêche ainsi conçue :

« Montdidier (Somme), huit heures du soir. Arrivée après
« accident en forêt à Épineuse. Ballon dégonflé. Nous avons
« pu échapper aux tirailleurs prussiens, et grâce au maire
« d'Épineuse, venu ici, d'où nous partons dans une heure
« pour Amiens, d'où voie ferrée jusqu'au Mans et à Tours.
« Les lignes prussiennes s'arrêtent à Clermont, Compiègne et
« Breteuil, dans l'Oise. Pas de Prussiens dans la Somme. De
« toutes parts on se lève en masse. Le Gouvernement de la
« défense nationale est partout acclamé. »

Le même jour, le *Moniteur,* édition de Tours, dit que l'*Armand-Barbès* avait à peine dépassé les lignes des forts, qu'il fut assailli plusieurs fois par des fusillades parties des avant-postes prussiens, et que M. Gambetta avait eu la main effleurée par un projectile ?

Deux autres Pigeons, appartenant à M. Janody, rentrèrent le lendemain à Paris, mais ayant perdu leurs dépêches, malheureusement attachées par des mains inexpérimentées.

M. Derouard reçut le même jour un troisième pigeon apportant une dépêche de Tours.

Quant aux autres pigeons qui avaient été confiés à M. Gambetta et qui tous étaient des pigeons hors ligne, ce que les amateurs appellent de vieux routiers, on n'en a plus entendu parler, et on ne les a plus jamais revus au colombier. M. Gambetta a-t-il été obligé de jeter comme lest les paniers qui contenaient ces pauvres oiseaux, afin d'échapper aux balles prussiennes, ou sont-ils morts par accident, je n'en sais rien.

C'est à la suite d'une série de désastres colombophiles que M. Rampont prit la résolution de confier dorénavant ces précieux messagers ailés à des spécialistes, et de ne plus les abandonner a des aéronautes qui n'ayant pas l'habitude de les manier les lâchaient souvent à la brune, toujours par un vent contraire, quand le pigeon avait 200 kilomètres à franchir pour rentrer chez lui, et souvent par la pluie et le brouillard, au lieu de retarder le lâcher jusqu'au lendemain matin, afin d'épargner au pauvre pigeon l'obligation de chercher un gîte pour la nuit dans un grenier de ferme ou dans un endroit inconnu, au risque de devenir la proie des chats ou des oiseaux nocturnes.

M. Rampont fit alors appel aux sentiments de patriotisme et de dévouement des membres de la Société colombophile l'Espérance, dont le président, M. Ed. Cassiers (Belge), le vice-président, M. Louis Van Rosebeke (Belge) et trois membres, MM. Nobécourt, Traclet et Thomas, tous trois Français, offrirent spontanément à M. le directeur général des postes de sortir de Paris en ballon, d'emporter leurs facteurs ailés et de se mettre à la disposition du Gouvernement.

Ces messieurs partirent successivement par les ballons dont les noms suivent : MM. Van Rosebeke, le 12 octobre, par le *Washington*; Traclet, le 12 octobre, par le *Louis-Blanc*; Cassiers, le 27 octobre, par le *Vauban*; Nobécourt, le 12 novembre, par le *Daguerre*; Thomas, le 18 novembre, par le *Général-Uhrich*.

Le *Washington*, commandé par M. Bertaux, s'éleva de la gare d'Orléans le 12 octobre 1870, à huit heures du matin, et emporta dans sa nacelle M. Louis Van Rosebeke, vice-président de la Société colombophile l'Espérance, de Paris, et délégué par l'administration de la poste pour le service des correspondances par pigeons voyageurs ; M. Lefébure, vice-consul d'Autriche ; 300 kilogrammes de dépêches et vingt-cinq pigeons de course.

L'aérostat passa successivement au-dessus de Saint-Denis, Chantilly, Creil, Compiègne, Noyon et Ham, où il traversa les nuages jusqu'à son atterrissage.

A Saint-Denis, le ballon essuya une première fusillade partie des avant-postes prussiens, et comme le baromètre n'indiqua qu'une altitude de 400 mètres, les voyageurs furent sérieusement inquiétés par le sifflement des balles ennemies, qui ne cessa que lorsque l'aéronaute eût jeté du lest, qui fit monter le ballon hors de portée de fusil, à une altitude de 1,600 mètres.

Les Prussiens continuèrent néanmoins à tirer sur le ballon jusqu'à Compiègne, mais sans l'atteindre et sans effrayer davantage les passagers.

Malgré le lest que l'aéronaute ne cessait de jeter, la force ascensionnelle du ballon sembla diminuer sensiblement, à cause des coups de vent qui le rabattaient complétement, et il finit par toucher terre violemment, près de Cambrai, à onze heures et demie, par un vent furieux.

Le ballon bondissait avec rage, et l'aéronaute, debout sur le rebord de la nacelle, tenta une manœuvre qu'il croyait devoir être salutaire, quand, entraîné par l'ancre qu'il voulait lancer, il fit dans le vide une chute terrible et tomba dans un champ de betteraves.

Le ballon continuait à bondir et à redescendre, et M. Lefébure, perdant la tête, eût l'imprudence de sauter de la nacelle pendant qu'elle traînait à terre ; le ballon, subitement allégé de ce poids, eût indubitablement remonté dans les nuages sans la présence d'esprit de M. Van Rosebeke, qui tira la corde de la soupape, comme il avait vu faire par l'aéronaute. Cependant la déperdition du gaz ne se faisait pas assez vite, et, poussé par un vent épouvantable, le ballon eût évidemment traîné encore longtemps, si un rideau d'arbres ne l'eût arrêté et déchiré complétement.

M. Van Rosebeke eut le pied foulé et fut fortement contusionné par la violence du choc.

Bientôt il fut entouré par une foule de braves et honnêtes Français qui accoururent de toutes parts et aidèrent M. Van Rosebeke à enlever de la nacelle les sacs de dépêches, les paniers de pigeons et à les charger sur une voiture qui fut conduite chez M. Bricourt Ledieu, conseiller municipal de Carnière, où le malheureux aéronaute M. Bertaux, un jeune homme plein d'avenir, avait reçu les premiers soins (1).

M. Bertrand, maire de Cambrai, informé sans doute de ce fait, eut l'obligeance de mettre sa voiture à la disposition des passagers, et les fit conduire à Cambrai, où M. Van Rosebeke remit les sacs de dépêches de Paris au directeur du bureau de poste.

M. Van Rosebeke se rendit ensuite à Tours, emportant ses vingt-cinq pigeons, où il arriva le 14 octobre; se mit immédiatement à la disposition de la délégation et organisa le service des dépêches pour Paris par pigeons voyageurs.

Le 16 octobre suivant, les premiers pigeons furent lâchés à Blois avec des dépêches, et la poste par pigeons fut ouverte au public par le gouvernement.

Le *Louis-Blanc*, qui avait quitté Paris le même jour, emportant M. Traclet et huit pigeons, tomba à Béclerc, dans la province du Hainaut, en Belgique, sans accident.

Le président de la Société colombophile fut moins heureux. Il emporta cinq paniers de pigeons voyageurs, et M. le général Trochu lui confia des dépêches qu'il devait remettre à M. le général Bourbaki, avec ordre de les détruire, en cas de descente dans le district occupé par l'ennemi.

C'est malheureusement ce qui arriva :

Le *Vauban*, commandé par l'aéronaute Guillaume, un brave marin, quitta la gare d'Orléans le 27 octobre, à neuf heures du matin, et tomba à une heure du soir à Vignoles (Meuse),

---

(1) M. Bertaux ne s'est jamais remis de sa chute et est mort en revenant à Paris, après l'armistice.

en plein pays occupé par les Prussiens. La descente avait été rapide, et M. Cassiers, à la suite d'un long traînage, fut grièvement blessé.

Trois hommes accoururent, que les voyageurs prirent pour des Prussiens qui allaient les faire prisonniers et les fusiller peut-être ; mais ils en furent quittes pour une petite émotion : c'étaient heureusement des paysans français qui aidèrent le président de la Société colombophile à cacher ses pigeons, et lui servirent ensuite de guides, ainsi qu'à ses compagnons de voyage, pour les conduire à Vignoles, chacun par un chemin différent, afin de ne pas éveiller les soupçons des Prussiens.

L'aéronaute, M. Guillaume, un brave marin, refusa de se séparer de ses sacs de dépêches et, au risque de sa vie, attendit l'obscurité de la nuit pour les transporter à la mairie de Vignoles.

Les pigeons furent confiés ensuite à un garde forestier, dont je regrette de ne pas connaître le nom, qui les porta pendant la nuit à Montmédy ; car il était très-périlleux, à cette époque, d'être surpris par les Prussiens avec des pigeons voyageurs, et il n'y avait qu'un seul moyen d'échapper à la vigilance des uhlans, c'était de tracer sa route la nuit à travers champs.

De Montmédy, les pigeons furent expédiés à Namur, en Belgique, de là à la préfecture de Lille, et finalement à Tours, par ordre du Gouvernement de la défense nationale.

Ces remarquables facteurs ailés, après ce long voyage, rendirent d'immenses services à la France, car ils étaient tous de bonne race anversoise et de vieux routiers.

Plusieurs rentrèrent à Paris deux et trois fois avec des dépêches officielles et des milliers de dépêches privées. L'un d'eux rentra quatre fois à Paris pendant le siége et fut quatre fois ramené à Tours par ballon. La première fois il avait perdu sa dépêche, qui avait été mal attachée par la main inexpérimentée d'un aéronaute.

La seconde fois, le 21 octobre, il apportait, de Blois, une dépêche officielle, le n° 11.

La troisième fois, le 23 novembre, il rentrait à Paris avec la dépêche officielle portant le n° 26.

La quatrième fois, le 18 décembre, il fit son entrée triomphale dans son colombier avec la dépêche officielle portant le n° 36, attachée à une plume de la queue ; mais, hélas ! il avait été atteint par une balle prussienne qui l'avait grièvement blessé.

Voilà donc un seul pigeon qui rentra à Paris quatre fois pendant l'hiver, avec des dépêches pour les assiégés ; et il y rentra une cinquième fois, au mois de février, après sa guérison, lorsqu'on lâcha aux Ormes les vingt-quatre pigeons qui restaient encore, après la capitulation de Paris, et dont les services n'étaient plus réclamés.

Deux des pigeons de M. Van Rosebeke se distinguèrent de la même façon. Ainsi le premier rentra trois fois et le second quatre fois à Paris. Le 18 octobre, à neuf heures du matin, il lâcha trois pigeons à Blois, ils furent de retour à Paris à une heure de l'après-midi ; et M. Derouard, secrétaire de la Société colombophile, eut la satisfaction de voir rentrer un de ses pigeons six fois à Paris, pendant le siége !

M. E. Nobécourt, membre de la Société colombophile, quitta Paris le 12 novembre par le ballon le *Daguerre*, aéronaute Jubert, marin, et emporta trente pigeons voyageurs.

Le même jour, M. Dagron sortit de Paris par le *Niepce*, et emporta les merveilleux appareils de photographie microscopique avec lesquels l'intelligent artiste photographia les dépêches qui furent expédiées à Paris par pigeons voyageurs, et qui furent le sujet de l'admiration et de l'étonnement du monde entier.

Le *Daguerre*, atteint par les balles prussiennes, échoua à Jossigny.

Les Prussiens accoururent, firent prisonnier M. Nobécourt et s'emparèrent de ses pigeons qu'il avait cachés en toute hâte dans les broussailles sur la lisière d'un bois.

M. Nobécourt eut le temps, cependant, avant que les Prussiens ne bondissent sur lui, de lâcher six pigeons qui rentrèrent à Paris le lendemain, à dix heures du matin, avec une dépêche annonçant ce malheur à son père.

M. Nobécourt fut transporté en charrette jusqu'à Versailles, où il fut enfermé dans une cellule pendant quinze jours.

Les Prussiens l'amenèrent ensuite à Nogent-l'Artaud et lui firent faire la route à pied entre deux uhlans; il coucha successivement dans les églises de Corbeil, de Journan et de Coulommiers.

Finalement, il fut envoyé dans un wagon à bestiaux à Glatz en Silésie, et subit cinq mois de captivité, dont quatre mois de cellule et un mois de voyage pénible.

Ce fut un des pigeons voyageurs de M. Nobécourt qui, lancé par les Prussiens, apporta à Paris la fausse dépêche suivante :

« Orléans repris par ces diables. Partout population acclamante. »

C'est M. Nobécourt père qui retrouva dans le colombier de son fils six pigeons, tous porteurs de la même fausse dépêche, et qui la porta à M. Rampont, directeur général des postes.

Mais le tour avait été joué trop grossièrement pour passer inaperçu.

D'abord les hommes spéciaux, MM. Cassiers, Van Rosebeke et les autres membres de la Société colombophile, qui avaient l'habitude de manier les pigeons de course, attachaient toujours, selon les règles, les dépêches par un fil *ciré* à l'une des plumes caudales de l'oiseau.

Or, les Prussiens, ne sachant comment s'y prendre, avaient attaché les dépêches à l'une des rémiges des ailes des innocents volatiles, et les avaient liées par des fils non cirés.

De plus, les dépêches étaient signées Lavertujon, qui se

trouvait précisément à Paris. La charge était par trop grossière. C'était maladroit, messieurs les Prussiens !

M. Thomas, propriétaire de pigeons, quitta Paris par le ballon *le Général-Uhrich*, aéronaute Lemoine, le 18 novembre, à onze heures quinze minutes du soir, et descendit sans accident à Luzarches, le lendemain matin à huit heures.

Ce fut l'inauguration des départs mystérieux et nocturnes.

A la suite d'une série de désastres, M. Rampont, directeur général de la poste aérienne, prit la décision de faire des départs de nuit, afin de permettre aux ballons de traverser les lignes prussiennes à la faveur des ténèbres, sans s'exposer aux fusillades ennemies dont ils avaient été régulièrement assaillis jusqu'alors.

J'ai sous les yeux un tableau, qui m'a été remis par M. Cassiers, indiquant les heures de départ et d'arrivée des soixante-quatre ballons qui furent lancés de Paris pendant le mémorable siége, et je lis à mon grand étonnement ce qui suit :

« Ballon *Général-Faidherbe*, aéronaute Van Seymortier; passagers, M. Hurel et cinq chiens. »

Des chiens, grand Dieu ! Il ne manque plus que les oies du Capitole !

Une idée me frappe : j'ai dans mon cabinet de travail un tableau de Joseph Stevens représentant des chiens savants, affublés d'uniformes de soldats, qui fusillent un déserteur et j'ai l'intime conviction qu'un rôle stratégique a été confié à ces cinq fidèles amis de l'homme ; car il n'est guère admissible qu'un ballon ait été mis gracieusement à leur disposition, pour les laisser sortir de la ville comme bouches inutiles.

Mais à qui m'adresser pour pénétrer ce mystère qui m'intrigue énormément et que je suis résolu d'éclaircir ?

« A l'hôtel des Postes, rue Jean-Jacques-Rousseau, à M. Chassinat, qui les a fait partir, » me répond le vice-président de la Société colombophile. « Je les ai vus à Blois, ajoute-t-il, c'étaient cinq superbes chiens bouviers de grande taille, forts à étrangler dix Prussiens. »

Je me rends à l'hôtel des Postes, auprès de M. Chassinat, administrateur des postes, qui a l'amabilité de me relater l'histoire, dans ses détails les plus intimes, des cinq célèbres cerbères qui, à ma connaissance, sont les seuls membres de la race canine qui aient eu l'honneur de s'élever dans les airs à une altitude de 1,600 mètres.

M. Hurel, le propriétaire des chiens, sans leur avoir attribué le remarquable instinct d'orientation que possèdent les pigeons voyageurs, ne leur avait pas moins accordé le mérite d'une faculté spéciale, celle d'une surprenante mémoire. Dans une entrevue avec M. Rampont, directeur général des postes, il avait affirmé que ses intrépides mâtins, qu'il désignait sous les noms de *Paul*, *l'Ours*, etc., avaient depuis plusieurs années l'habitude de conduire des troupeaux de bestiaux de la Normandie à Paris; que bien des fois il lui était arrivé de retourner par chemin de fer à Paris, et qu'au lieu de faire la dépense de billets de retour pour ses chiens, dont il vantait la remarquable intelligence, il les avait invariablement abandonnés à leur sort, et que toujours, à sa rentrée au logis, il les avait retrouvés couchés dans sa remise, plongés dans cette somnolence méditative qui est particulière aux chiens de forte taille, comme s'ils n'eussent pas quitté la maison de toute la journée.

M. Hurel offrit de mettre ses cinq remarquables chiens bouviers à la disposition de l'administration de la poste, pour les faire rentrer à Paris avec des dépêches cachées sous leurs colliers. M. Rampont, non sans hésitation, accepta les services tant soit peu douteux de M. Hurel et de ses cinq quaduprèdes, et leur offrit une place dans la nacelle du ballon *le Général-Faidherbe*, aéronaute Van Seymortier, qui s'éleva de la gare du Nord le 13 janvier 1871, à trois heures trente minutes du matin.

Les cinq cerbères furent soigneusement enfermés, par mesure de précaution, dans des sacs de forte toile, afin de les empêcher de gagner des accès de frayeur et de se précipiter dans le vide pendant leur voyage aérien.

L'aérostat accomplit son voyage sans accident ; et les chiens ne bougèrent ni ne cherchèrent à se débarrasser de leur emballage, qui les mettait, du reste, à l'abri du froid.

Le ballon atterrit à Saint-Avit (Gironde), et le premier soin de M. Hurel fut de déballer ses chiens, qui, en sortant sains et saufs des sacs, se doutaient fort peu de la singulière promenade dans les airs qu'ils venaient de faire.

Il s'agissait ensuite de leur faire jouer le rôle de facteurs.

Une immense quantité de dépêches photomicroscopiques furent soigneusement cachées sous la doublure de leurs colliers ; et les cinq cerbères furent menés le plus près possible des lignes prussiennes, dans les environs de Chevilly, où ils furent abandonnés à leur sort, exactement comme si l'on eût lâché des pigeons voyageurs.

Je dois faire remarquer ici que les pauvres bêtes ne furent pas abandonnées sur les routes qui mènent de la Normandie à Paris et qui leur étaient familières, mais qu'elles furent lâchées dans les environs de Chevilly, près d'Orléans, dans un lieu qui leur était complétement inconnu.

Pour comble de malheur, un journaliste, dont on ne peut pas assez blâmer l'indiscrétion, avait eu assez peu de patriotisme pour divulguer dans son journal la tentative qui allait être entreprise ; il en résulta qu'au moment où les troupes françaises recevaient l'ordre de respecter la vie des chiens facteurs et de ne pas les empêcher de traverser la Seine à la nage, les Prussiens avaient ordre de fusiller et de capturer tous les chiens qui se présenteraient sur leur passage.

Dans ces conditions, il est, je pense, superflu d'ajouter que les cinq beaux chiens bouviers de M. Hurel ne reparurent pas ; et, si leur propriétaire en regrette la perte, je l'engage à opérer quelques recherches en Allemagne, où, avec un peu de persévérance, il est sûr de retrouver ses intrépides mâtins à l'attache dans la cour d'honneur de quelque château prussien.

Il n'y a donc eu que les aimables pigeons voyageurs *seuls* qui, en dépit des fusillades dont ils furent assaillis au passage des lignes ennemies, soient parvenus à introduire dans la capitale les nouvelles des grands drames qui se déroulaient sans relâche sur le territoire envahi ; et toutes les autres tentatives de communiquer avec le dehors ont été sucessivement déjouées par la vigilance des assiégeants.

ADMINISTRATION A PARIS.

C'était M. Chassinat, administrateur des postes, qui avait l'administration de la poste par pigeons voyageurs.

M. Chassinat a fait preuve de grandes capacités et de beaucoup d'intelligence dans l'organisation d'un service aussi original que nouveau, et surtout dans le choix de son personnel, qui était composé exclusivement de spécialistes connaissant leur métier à fond.

Les membres de la Société colombophile qui ont eu affaire à M. Chassinat, parlent dans les termes les plus élogieux de son affabilité et du zèle qu'il déploya dans l'accomplissement de ses devoirs administratifs.

M. Derouard, secrétaire de la Société colombophile de Paris, était chargé de fouiller tous les colombiers de la capitale et de fournir au Gouvernement des pigeons voyageurs.

Sa conduite fut pleine de dévouement ; il ne s'épargna aucune peine, aucune démarche : pendant toute la durée du siége, il était constamment à son poste pour remettre la nuit, aux aéronautes en partance, les pigeons qu'il avait recueillis le jour.

M. Derouard était l'homme indispensable à Paris, et, sans lui, le service de la poste par pigeons voyageurs n'eût pas marché avec régularité.

L'administration des postes plaça un surveillant dans chaque colombier qui avait fourni des pigeons au Gouvernement, pour guetter le retour des facteurs ailés avec les dépêches.

A l'arrivée d'un pigeon, le propriétaire, conduit sous escorte, le portait à M. Chassinat qui dépouillait l'intéressant messager de sa dépêche.

ADMINISTRATION A TOURS.

A Tours, c'était M. Steenackers qui était directeur général des télégraphes et des postes par pigeons voyageurs.

Le colonel et le commandant des aérostiers militaires avaient la direction du service des pigeons voyageurs.

MM. Cassiers et Van Rosebeke, deux spécialistes belges, étaient chargés de se rapprocher le plus près possible des lignes prussiennes et de lancer les pigeons chargés de dépêches pour Paris.

MM. Traclet et Thomas étaient chargés d'aider MM. Cassiers et Van Rosebeke dans leur périlleuse entreprise.

M. Nobécourt, étant retenu prisonnier en Allemagne par les Prussiens, avait été remplacé par M. Thomas ; mais il fournit néanmoins plusieurs pigeons au Gouvernement de la défense nationale, entre autres les six innocents oiseaux qui apportèrent de fausses dépêches prussiennes.

Chaque propriétaire de pigeons qui sortait de Paris en ballon, était emmené, après son atterrissage, sous escorte à Tours, avec ses Pigeons, dont le Gouvernement prenait possession.

LACHER DES PIGEONS.

MM. Cassiers, Van Rosebeke, Traclet et Thomas rivalisèrent d'audace et de zèle dans l'accomplissement de leurs devoirs, et l'on ne saurait assez louer leur conduite désintéressée et pleine de dévouement.

C'est ainsi qu'on les voit s'aventurer quarante-quatre fois pendant le siége, au risque de leur vie, jusque près des lignes prussiennes, pour lancer deux cent douze pigeons voyageurs, avec quarante-quatre séries ou cent quinze mille dépêches officielles du Gouvernement de la défense nationale et un million de dépêches privées et de mandats de poste photomicroscopiques.

A la pointe du jour, lorsque les campagnes étaient désertes ; lorsqu'on ne voyait plus sur les routes que des ennemis ; lorsque plus aucun train de chemin de fer ne marchait dans ces lieux abandonnés, une locomotive, chauffée expressément pour ces hommes dévoués, fut lancée à une vitesse de 70 kilomètres à l'heure, avec un seul wagon blindé, sur des rails rongés par la rouille, jusque près des lignes prussiennes.

Là ils lâchèrent leurs pigeons de course, avec les dépêches officielles attachées à une plume caudale ; et la locomotive, immédiatement après, rebroussa chemin pour ramener le plus vite possible au point du départ les braves délégués de la poste.

Plusieurs fois ils furent assaillis par des fusillades parties des avant-postes prussiens ; mais cela ne les empêcha pas de lâcher leurs messagers fidèles et de renouveler le lendemain leur audacieuse entreprise.

Ils rentrèrent à Orléans, à la suite des troupes victorieuses du général d'Aurelles de Paladines, et y lancèrent des pigeons, avec de précieuses dépêches pour Paris annonçant la victoire de Coulmiers et la reprise d'Orléans par les Français. La réception de ces dépêches causa une joie indescriptible dans la capitale assiégée.

Hélas ! le 6 décembre, le cœur serré, ils eurent à lancer d'autres pigeons, du haut de la cathédrale de Blois, avec des dépêches annonçant aux Parisiens la triste nouvelle de la reprise d'Orléans par les Prussiens et de la déroute de l'armée de a Loire.

Par mesure de précaution, ils avaient lancé ce jour-là quatre pigeons ayant chacun la même dépêche attachée à la queue. L'un de ces pauvres oiseaux, appartenant à M. Cassiers, rentra à Paris, le lendemain de ce jour néfaste, tout couvert de sang : il avait reçu un coup de feu en traversant les lignes prussiennes.

C'est alors que M. de Moltke annonça la défaite de l'armée de la Loire à M. le général Trochu, et lui offrit de laisser sortir de Paris un officier pour s'assurer de l'authenticité de ses assertions.

Il n'y avait malheureusement pas lieu de suspecter la véracité des allégations du général prussien ; car M. le gouverneur de Paris avait déjà eu la douleur d'apprendre la nouvelle du terrible désastre, par les dépêches que lui avaient apportées les pigeons voyageurs lancés de Blois.

Après la reprise d'Orléans, MM. Cassiers et Van Rosebeke étaient installés à la préfecture de Poitiers, d'où ils continuèrent à s'avancer, tantôt par des trains spéciaux, tantôt en cabriolet, au risque d'être fusillés à chaque instant, jusque près des lignes prussiennes, pour lancer leurs pigeons jusqu'à ce que, finalement, après la capitulation de Paris, ils lâchèrent leurs vingt-quatre derniers facteurs ailés, les 1er et 2 février, aux Ormes, avec le restant des dépêches photomicroscopiques.

Toutes les dépêches introduites dans Paris par pigeons voyageurs, lancés par ces hommes spéciaux, furent publiées le lendemain dans le *Journal officiel* et communiquées ensuite, par ballons, à toute la France.

C'est ainsi qu'on lit dans un bulletin télégraphique de Cherbourg, daté du 11 janvier 1871 :

Intérieur à Préfets et sous-Préfets.

Bordeaux, 11 janvier.

Le ballon *le Gambetta*, parti hier soir de Paris et tombé dans la Nièvre, près de Clamecy, nous apporte les dépêches suivantes :

Au gouvernement de Bordeaux.

..... Les nouvelles apportées hier par un pigeon ont produit un effet immense. La population est animée plus que jamais du sentiment et de la résolution d'une résistance opiniâtre.

Commissaire délégué à Steenackers, directeur général télégraphes et postes.

Paris, 10, une heure du matin.

Enfin neige disparue, un de vos pigeons est arrivé le 8 janvier au soir (lancé le matin à Saint-Pierre-les-Corps), apportant les dépêches officielles et la deuxième série, n°s 35, 36, 37 et 38, et les dépêches privées microscopiques de la page 1 à 63 de la 2ᵉ série et de 1 *bis* à 14 *bis*.

Nous sommes heureux des bonnes et nombreuses nouvelles apportées par votre messager. A l'heure qu'il est nous les déchiffrons encore.

Les Prussiens sont pressés et bombardent Issy, Vanves et un peu Montrouge. Les obus tombent sur le Panthéon, l'Odéon, l'église Saint-Sulpice et la rue de Babylone.

La population est admirable.

Aucun effroi.

Les nouvelles apportées par votre pigeon, et communiquées le 9 par les journaux, redoublent tous les courages.

Vive la République !

L'Éveillé, chef du cabinet administratif télégraphique, à Steenackers, directeur général.

Paris, 10 janvier.

Bombardement affaibli, sauf pendant la nuit. Obus nombreux sur le quartier Saint-Jacques. Population raffermie par heureuses nouvelles de la province et plus de 30,000 dépêches privées par pigeon. Population supporte l'épreuve sans broncher.

L. Gambetta vous porte des remercîments.

Vive Paris ! vive la France ! Vive la République !

Pour copie :
Le Sous-Préfet,
Amiard.

LES DÉPÊCHES PHOTOMICROSCOPIQUES DE M. DAGRON.

J'ai eu l'honneur de voir plusieurs fois M. Dagron, le célèbre photographe, dont les merveilleuses dépêches microscopiques introduites dans Paris, par pigeons voyageurs, pendant le siége, ont étonné le monde entier et étonnent encore aujourd'hui les personnes qui les voient pour la première fois.

M. Dagron a eu l'amabilité de me montrer, dans ses ateliers, une énorme planche, sur laquelle étaient collées seize pages imprimées, grandes chacune comme une feuille d'un des grands journaux de Paris, et qui sont admirablement reproduites sur une petite pellicule transparente ne pesant qu'un quarantième de gramme.

M. Dagron a eu, de plus, la bonté de me faire un rapport des péripéties de son voyage en ballon et de son intéressante mission, dont les lignes suivantes ne sont qu'un abrégé.

Le ballon, le *Niepce*, commandé par M. Pageno, marin, élève aéronaute, partit de Paris le 12 novembre 1870, à neuf heures du matin, emportant :

MM. Dagron, le célèbre photographe ;
Fernique, ingénieur des arts et manufactures ;
Poisot, artiste peintre, gendre de M. Dagron ;
Gnocchi, préparateur de M. Dagron ;

et 600 kilogrammes d'appareils de photographie.

Le ballon le *Daguerre* partait en même temps que le *Niepce*, emportant M. Nobécourt, membre de la Société colombophile, trente pigeons de course et le complément des appareils de M. Dagron.

MM. Dagron et Fernique étaient envoyés par M. Rampont, directeur général des postes, avec l'approbation de M. Picard, ministre des finances sous le Gouvernement de la défense nationale, pour établir, en province, un service de dépêches photomicroscopiques qu'on devait envoyer à Paris par pigeons voyageurs. Ce service était réglé par un décret du 10 novembre 1870, et devait être installé à Clermont-Ferrand. M. Fernique devait, outre sa collaboration aux travaux de M. Dagron, apporter tous ses soins à l'organisation du service par pigeons, et mettre aussi en œuvre un système de correspondance fluviale que la Délégation ne voulut pas pratiquer.

LE VOYAGE EN BALLON. — Arrivé au-dessus des lignes prussiennes, le *Niepce* fut, ainsi que son compagnon de route le *Daguerre*, accueilli par une vive fusillade. A une hauteur de 800 mètres, les balles sifflaient aux oreilles des passagers; cependant, après avoir jeté une partie du lest, le ballon s'éleva hors de portée des balles ennemies et put continuer sa course.

Le *Daguerre*, au contraire, fut percé par les balles prussiennes, et les passagers du *Niepce*, le cœur serré, le virent descendre vertigineusement et tomber sur le mur d'une ferme près de Ferrières, où il fut capturé par des uhlans qu'ils virent accourir de toute la vitesse de leurs chevaux.

Le *Niepce* n'avait échappé aux balles prussiennes que pour tomber finalement, à son tour, entre les mains de l'ennemi, après son atterrissage près de Vitry-le-Français.

De nombreux paysans français, qui étaient accourus, donnèrent leurs blouses et leurs casquettes aux passagers du *Niepce*, et mirent à leur disposition deux voitures sur lesquelles fut placé en grande hâte tout le matériel de M. Dagron. A peine les voitures étaient-elles chargées, que les Prussiens arrivèrent et s'emparèrent de l'une d'elles. Ils mirent en joue le groupe de paysans auxquels le célèbre photographe était mêlé; mais, ne le reconnaissant pas, à cause de son déguisement, ils ne tirèrent pas. Le ballon fut capturé, et c'est à sa prise, qui préoccupait le plus l'ennemi, que les passagers durent d'échapper de ses mains, en sauvant heureusement avec eux, à travers champs, la seconde voiture.

Le maire de Vessigneul, M. Songy, cacha d'abord M. Dagron et ses compagnons de voyage dans son grenier. Cependant les Prussiens étaient sur leurs traces, et un instant après ils se présentèrent chez le maire pour réclamer les voyageurs tombés du ciel; mais l'intelligent administrateur leur répondit, avec un sang-froid qui l'honore, que ses compatriotes venaient de partir en toute hâte, et, pour donner toute l'apparence de la vérité à ses assertions, il leur montra du doigt une caisse et leur dit que les voyageurs l'avaient oubliée dans la précipitation de leur fuite.

Les uhlans se précipitèrent sur la prétendue caisse oubliée, s'en emparèrent, et, satisfaits de la réponse de M. Songy, ils poursuivirent leur route.

Profitant de leur départ et dans la prévision d'un prochain retour en plus grand nombre, selon leur habitude, M. Songy fit monter immédiatement dans sa voiture M. Dagron et ses compagnons de voyage, et les conduisit lui-même à Fontaine-sur-Coole, chez M. le curé Cachier. Ce digne ecclésiastique, qui avait eu la veille à loger deux officiers prussiens et qui, d'un instant à l'autre, devait en recevoir d'autres, sachant aussi l'ennemi aux poursuites de ses hôtes, se hâta de les faire partir par le derrière de sa maison, afin d'éviter la rencontre des Prussiens et l'indiscrétion des habitants.

M. le curé de Fontaine-sur-Coole les recommanda de la manière la plus obligeante à son digne collègue M. Darcq, curé de Cernon, où ils arrivèrent exténués de fatigue et de faim à dix heures du soir.

M. Darcq et Mme Darcq, sa bonne mère, s'empressèrent de donner les soins les plus dévoués aux infortunés voyageurs, et c'est ainsi que, d'étape en étape, constamment poursuivis par les Prussiens, qui s'emparèrent encore à Airollin d'une partie d'appareils importants pour le travail de la mission de M. Dagron, les malheureux passagers du *Niepce*, après avoir échappé dix fois à la mort comme par miracle, arrivèrent à Tours, chez M. Gambetta, le 21 novembre, à neuf heures du matin. M. Fernique, qui avait pu gagner Tours par un autre chemin, avant ses compagnons de voyage, y fut mandé aussitôt. MM. Dagron et Fernique firent prendre connaissance de leur traité du 10 novembre avec M. Rampont, directeur général des postes, signé par M. Picard, ministre des finances.

La Délégation, sur les avis de M. Barreswil, l'éminent chimiste, avait eu aussi l'idée de réduire les dépêches photographiquement par les procédés ordinaires. Dans cette vue, la Délégation avait décrété, le 4 novembre, l'organisation d'un service analogue.

Un habile photographe de Tours avait commencé ce travail sur papier, en reproduisant deux pages d'imprimerie sur chaque côté de la feuille ; mais, en dehors de l'inconvénient grave du poids (car le pigeon ne peut être chargé que de très-peu de lest), la finesse du texte était limitée par le grain et la pâte du papier.

Après quelques jours perdus, mis en demeure par M. Steenackers, directeur des télégraphes et des postes de la Délégation, de fournir un spécimen de sa photomicroscopie sur pellicule, l'exemplaire que M. Dagron produisit, fut trouvé tout à fait satisfaisant, et dès lors la photographie sur papier fut abandonnée pour les dépêches.

La merveilleuse pellicule de l'habile photographe, outre son extrême légèreté, présentait les immenses avantages de ne poser en moyenne que deux secondes, tandis que le papier nécessitait plus de deux heures, vu la mauvaise saison, et d'être inaltérable par l'humidité ou la pluie ; de plus, sa transparence donnait un excellent résultat à l'agrandissement qui se faisait à Paris au moyen de la lumière électrique.

Quand les dépêches étaient très-nombreuses, on divisait la petite pellicule, qui renfermait cent quarante-quatre petits carrés, afin d'en hâter la lecture à l'aide de plusieurs microscopes à la fois.

Aidé par ses collaborateurs, M. Dagron organisa immédiatement le travail de la reproduction des dépêches officielles et privées, qui devait être si utile à la défense nationale et donner aux familles des nouvelles de leurs amis et parents absents.

A partir de ce moment, M. Dagron fut seul à exécuter les dépêches sous le contrôle de M. de Lafollye, inspecteur des télégraphes, chargé par la Délégation du service de la poste par pigeons voyageurs. Le travail originaire fut ensuite modifié, et le résultat, eu égard au peu de matériel qui avait échappé aux Prussiens, fut une production des plus rapides et des plus économiques.

MM. Delezenne et Dreux, agents de change à Bordeaux, tous deux amateurs distingués de photographie, ayant appris que les Prussiens s'étaient emparés d'une partie du matériel de M. Dagron, mirent avec empressement à la disposition de l'administration des postes des appareils semblables à ceux qu'il possédait.

Malgré la grande accumulation des dépêches, le stock en fut rapidement écoulé; mais le déplacement de la Délégation, et aussi le froid intense qui paralysait les pigeons, créèrent de sérieuses difficultés.

Lorsque rien n'entravait le vol de ces aimables messagers, la rapidité de la correspondance était vraiment merveilleuse. Voici un exemple que cite M. Dagron :

Manquant de certains produits chimiques, notamment de coton azotique, qu'il ne pouvait se procurer à Bordeaux, M. Dagron les demanda par dépêche-pigeon, le 18 janvier, à MM. Poullenc et Wittmann, à Paris, en les priant de les lui expédier par le premier ballon partant. Le 24 janvier, les produits étaient rendus aux ateliers de M. Dagron à Bordeaux. Le pigeon voyageur n'avait mis que douze heures pour franchir l'espace de Poitiers à Paris. La télégraphie et le chemin de fer n'eussent pas fait mieux.

Les dépêches officielles ont été exécutées avec une rapidité surprenante. M. de Lafollye les remettait lui-même à midi à M. Dagron, et le même jour, à cinq heures du soir, malgré une saison d'hiver exceptionnellement mauvaise, dix exemplaires étaient terminés et remis à l'administration. L'habile photographe en a fait ainsi treize séries, sans être une seule fois en retard.

Les dépêches privées étaient exécutées dans les mêmes conditions. Le jour de l'armistice, il ne restait plus une seule dépêche à faire; elles avaient été toutes reproduites au fur et à mesure de leur remise. Le travail était considérable, car, à l'exception d'un petit nombre de pellicules qui n'ont été envoyées que six fois, parce qu'elles sont promptement arrivées, la plupart l'ont été en moyenne vingt fois, et quelques-unes trente-cinq et trente-huit fois.

La pellicule étant si légère, on remit à chaque pigeon qu'on lâchait les copies de toutes les dépêches expédiées par tous les messagers ailés qui avaient été lâchés auparavant.

Ainsi, par exemple, le dixième pigeon qu'on lâcha portait sur lui, enfermées dans un tuyau de plume soigneusement attaché à la queue, les copies de toutes les dépêches qui avaient été confiées à ses neuf prédécesseurs de voyage, et ainsi de suite.

Chaque pellicule était la reproduction de douze ou seize pages in-folio d'imprimerie, contenant en moyenne, suivant le type employé, trois mille dépêches.

La légèreté de ces pellicules a permis à l'administration d'en mettre, sur un seul pigeon, jusqu'à dix-huit exemplaires donnant un total de plus de cinquante mille dépêches, pesant ensemble moins d'un demi-gramme.

Toute la série des dépêches officielles et privées que le célèbre photographe avait faites pendant l'investissement de Paris, au nombre d'environ cent quinze mille, pesaient en tout un gramme. Un seul pigeon eût pu aisément les porter.

Si l'on veut maintenant multiplier le nombre des dépêches par le nombre d'exemplaires fournis, on trouve un résultat de plus de deux millons cinq cent mille dépêches photomicroscopiques qui ont été faites par M. Dagron, pendant les deux plus mauvais mois de l'année.

Encore le travail aurait-il marché beaucoup plus vite si l'administration eût permis à l'habile photographe de coller sur sa planche les dépêches écrites et de reproduire des autographes photomicroscopiques : cette reproduction, peut-être moins belle à la vue, eût été indubitablement beaucoup plus expéditive ; car il fallait à chaque fois un temps immense, surtout a Bordeaux, où le matériel manquait, pour faire imprimer d'abord les seize pages de dépêches, pour les corriger, les recorriger, etc., avant que M. Dagron les obtînt pour les reproduire sur sa pellicule (1).

On roulait les pellicules dans un tuyau de plume que des agents de l'administration attachaient à la queue du pigeon à l'aide d'un fil ciré. Leur extrême souplesse et leur complète imperméabilité les rendaient tout à fait propres à cet usage.

A Paris, on les déroulait à l'aide d'un peu d'eau contenant quelques gouttes d'ammoniaque, et on les mettait ensuite entre deux verres.

La préparation sèche de M. Dagron a en outre le triple avantage d'être apprêtée en une seule fois, de ne donner aucune bulle et de ne pas se détacher du verre à la vue de l'image ; elle donne toute sécurité dans le travail et n'a pas les inconvénients des procédés ordinaires.

M. Dagron a été le seul à reproduire sur pellicule toutes les dépêches officielles et privées, et peut se flatter d'avoir rendu d'immenses services à la France et particulièrement aux malheureux Parisiens, pendant le siége, car, sans sa merveilleuse pellicule, la poste par pigeons ouverte au public n'aurait jamais pu faire entrer à Paris tout le stock de dépêches que M. Dagron a photographiées avec une surprenante rapidité.

En outre, M. Dagron, par sa remarquable invention, a fait encaisser des sommes immenses au Trésor, car les dépêches privées coûtaient 50 centimes par mot ; ce n'est que par décret daté de Bordeaux, le 8 janvier 1871, que la taxe a été réduite de 50 à 20 centimes par mot.

Grâce aussi à la photographie microscopique de M. Dagron, qui permit de mettre sur un seul pigeon voyageur jusqu'à cinquante mille dépêches, pesant ensemble moins d'un demi-gramme, l'administration des postes fut autorisée,

(1) Ce travail, complètement inutile, prit souvent huit à dix jours, faute de presses suffisantes, tandis qu'il aurait été bien plus simple de photographier les manuscrits, ce que M. Dagron pouvait faire instantanément.

par décret du Gouvernement de la défense nationale en date du 10 novembre 1870, afin de venir en aide aux malheureux assiégés, à délivrer, par pigeons voyageurs à destination de Paris, des mandats de poste.

On n'a pas oublié les prix fabuleux, auxquels toutes les denrées alimentaires se vendaient à Paris, pendant le siége, et la misère à laquelle étaient réduites bien des familles, qui avaient ignoré jusqu'alors ce que c'était que la gêne et la faim.

La création de mandats de poste expédiables par pigeons de course remplit de joie le cœur de tous les Parisiens qui étaient à bout de ressources et avaient des affections en province, dont ils pouvaient espérer quelque secours.

Aussi la partie nécessiteuse de la population parisienne profita-t-elle amplement de la voie aérienne qui venait de lui être ouverte si opportunément, pour adoucir toutes les privations qu'elle subissait, faute d'argent; et les aimables pigeons voyageurs apportèrent, par-dessus les têtes des Prussiens ébahis, des milliers de mandats de poste pendant les quatre-vingts jours de siége qui suivirent ce charitable décret.

Ces secours inattendus devenaient d'autant plus précieux, que les personnes épuisées de ressources, réduites à vendre leur mobilier et leurs objets d'art pour acheter du pain, étaient forcées de se soumettre à des sacrifices cruels à déchirer le cœur; car, pendant le siége, rien n'avait de la valeur à Paris, excepté les denrées alimentaires et le combustible, qui se vendaient, au contraire, à des prix exorbitants et inabordables aux petites bourses.

CONCLUSION.

D'après les chiffres officiels, que M. Chassinat a eu l'amabilité de me communiquer, sur 363 pigeons voyageurs mis à la disposition du Gouvernement de la défense nationale pendant l'investissement, 73 seulement sont rentrés à

Paris avec des dépêches officielles et privées, et des mandats de poste, savoir : 9 en septembre, 21 en octobre, 24 en novembre, 13 en décembre, 3 en janvier et 3 en février.

Grâce aux dépêches photomicroscopiques de M. Dagron, au moyen desquelles on put charger chaque pigeon des copies de toutes les dépêches expédiées précédemment, M. le général Trochu reçut au moins cinq ou six fois les copies de *toutes* les dépêches, sans exception, tant officielles que privées, à lui adressées, à l'aide de pigeons de course, par le Gouvernement de Tours et de Bordeaux.

Les 73 pigeons rentrés dans Paris ne représentent pas, cependant, 73 sujets différents, car un pigeon, comme, par exemple, celui de M. Derouard, qui rentra six fois à Paris avec des dépêches, est compté au total comme six pigeons, tandis qu'il n'y en avait en réalité qu'un seul. Il en est de même des pigeons de MM. Cassiers, Van Rosebeke, Zoyet, Laurent, Jean Baert, etc., qui rentrèrent deux, trois et quatre fois dans la capitale, et qui sont comptés comme autant de pigeons qu'ils ont fait de fois leur rentrée dans la ville investie.

Il résulte de ces observations, qu'il n'y avait, dans la masse, qu'un nombre très-limité de bons pigeons voyageurs de vraie race de course, et que c'est ce petit nombre de messagers ailés qui, par des voyages répétés, ont introduit toutes les dépêches dans Paris ; car, aussitôt un pigeon rentré dans la ville assiégée, il fut réexpédié le lendemain par ballon à Tours ou à Bordeaux, remis à la disposition du Gouvernement et relancé avec les dépêches les plus urgentes, à la première occasion.

Plus on approchait de la fin du siège, moins il rentrait de pigeons dans Paris. La raison en est encore facile à démontrer : comme je viens de le dire plus haut, le gouvernement avait à sa disposition tout au plus une vingtaine de pigeons voyageurs de vraie race de course ; or, tous les jours ce nombre diminuait, d'abord par la mortalité, et ensuite parce que les Prussiens et les chasseurs en tuaient. C'est ainsi que, le 18 décembre, le pigeon de M. Cassiers rentrait pour la quatrième fois dans Paris, tout couvert de sang, par suite d'un coup de feu qu'il avait reçu en traversant les lignes ennemies ; et M. Van Rosebeke, à sa grande indignation, retrouva à la préfecture de Blois son meilleur pigeon, qui, après avoir fait quatre courses, avait été tué à Blois, ainsi que cinq autres pigeons voyageurs, par un paysan français. Ce remarquable oiseau a été empaillé par son propriétaire, et porte encore sur les rémiges des ailes les marques et les contre-marques de ses nombreux services.

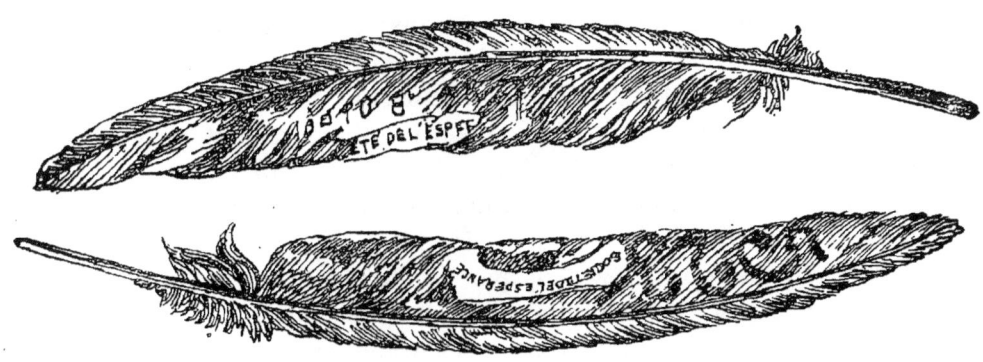

Du 26 octobre au 12 novembre, pas un seul pigeon ne rentra en ville, toujours par la même raison : c'est qu'une personne de Paris avait mis à la disposition du Gouvernement un lot d'oiseaux qui n'avaient jamais été dressés, et c'est précisément ce lot qui fut lancé à cette époque. Or, un pigeon voyageur ne voyage pas s'il n'a pas été soumis à un entraînement régulier dans sa jeunesse, et si on ne lui a pas appris d'étape en étape à franchir des distances de plus en plus grandes.

Il est évident qu'à l'aide de pigeons voyageurs de vraie race de course, on aurait obtenu des résultats merveilleux, et la preuve, c'est que plusieurs oiseaux de divers membres de la Société colombophile l'Espérance, de Paris, rentrèrent plusieurs fois de suite dans la ville investie, avec les dépêches qui leur avaient été confiées par le Gouvernement.

A l'appui de mes appréciations, je citerai un exemple frappant dont les Parisiens furent témoins, il y a trois ans, au palais de l'Industrie, où le comité de l'exposition d'économie domestique avait organisé un lâcher de 500 pigeons voyageurs de la Société péristérophile de Courtrai. A dix heures quarante-cinq minutes du matin, les 500 pigeons furent lâchés aux Champs-Elysées : à deux heures du soir, 200 oiseaux étaient rentrés à Courtrai, et les 300 autres rentrèrent tous, sans exception aucune, avant cinq heures du soir.

Voilà ce que savent faire les pigeons voyageurs de vraie race de course.

Je dois cependant ajouter que, pendant le siége de Paris, on ne tint aucun compte des pigeons qui rentraient sans dépêches, et que, sur les 363 oiseaux qui furent mis à la disposition du Gouvernement de la défense nationale, il y en a eu au moins 150 de perdus par accident.

Ainsi, on en compte 24 pris par les Prussiens ; 24 lâchés aux Ormes par M. Van Rosebeke, le 1er et le 2 février, après la capitulation de Paris ; 12 restés à la préfecture de Poitiers ; 20 confiés au ballon qui emporta M. Gambetta et jetés comme lest pour sauver la vie aux passagers au moment où ils étaient atteints par les balles prussiennes. Il faut ajouter à ces chiffres les pigeons qui étaient à bord des ballons perdus en mer ou capturés par les ennemis ; ainsi que ceux qui se perdirent par l'inexpérience des aéronautes qui lâchèrent les pigeons, souvent à cinq heures du soir, par la pluie et le brouillard, lorsque les pauvres oiseaux avaient 200 kilomètres à franchir pour retourner à leur colombier (1).

Je crois donc être dans le vrai en réduisant le chiffre de 363 pigeons à environ 200 sujets, qui furent lancés par les délégués du Gouvernement, pendant le siége.

---

(1) La dépêche de M. Gambetta qui annonça aux Parisiens *que de toutes parts on se levait en masse*, est datée de Montdidier, huit heures du soir !

Aux 73 pigeons qui rentrèrent dans Paris avec des dépêches officielles et privées, dont le chiffre total s'élève à 115 mille exemplaires originaux, sans compter les copies, il convient d'ajouter les oiseaux qui rentrèrent sans dépêches et dont on peut évaluer le nombre à environ 25.

En résumé, résultat satisfaisant, puisque M. le général Trochu, comme je le dis plus haut, eut le bonheur de recevoir toutes les dépêches qui lui furent adressées par pigeons voyageurs, pendant l'investissement, par le Gouvernement de Tours et de Bordeaux.

La Société colombophile l'Espérance de Paris, et surtout ses courageux membres MM. Derouard, Cassiers, Van Rosebeke, Traclet, Thomas et Nobécourt, etc., qui sortirent de la ville en ballon au risque de leur vie, ont donc bien mérité de la patrie, et ont rendu des services incalculables à la France, par leur intelligence et par leur dévouement sublime pendant toute la durée de l'investissement.

Malheureusement on oublie vite les services rendus ! Et qui s'occupe aujourd'hui de ces intéressantes Sociétés colombophiles qui ont tant de droits à la reconnaissance générale, et mériteraient si bien d'être encouragées, comme sociétés d'utilité publique, par des subsides annuels du Gouvernement ?

En Belgique, toutes les Sociétés colombophiles (et elles se comptent par centaines) sont encouragées par des subsides accordés par les municipalités et par le gouvernement.

S. M. le roi des Belges complète ces subsides par des prix de grande importance, consistant en couverts et en sommes d'argent considérables.

Grâce à l'encouragement que le souverain des Belges accorde aux Sociétés colombophiles du pays qu'il gouverne avec autant de sagesse que de sollicitude, toutes les classes de la société belge indistinctement s'occupent de pigeons voyageurs.

A titre d'encouragement, que le Gouvernement français crée, dans chaque ville forte, un prix annuel de 5,000 francs pour un concours national de pigeons de course, et des sociétés colombophiles se formeront par toute la France. Alors, si le malheur veut que la France soit de nouveau envahie, le Gouvernement y trouvera à sa disposition cinq cent mille pigeons voyageurs bien dressés et dont l'utilité a été suffisamment démontrée pendant la dernière guerre.

La manière d'attacher les dépêches.

Pour mettre les dépêches à l'abri de l'humidité et *pour éviter que le messager ailé ne les perde en voyage*, on les roule en forme de cigarette et on les glisse dans un tube de plume d'oie qu'on *coud* par les deux extrémités à une plume caudale du pigeon, à l'aide d'un fil de soie ciré, en ayant soin de ne pas lier les barbules de la plume de l'oiseau, afin de ne pas faire de solution de continuité dans la largeur de la queue.

Pendant la saison de la mue, les personnes chargées de l'expédition des dépêches doivent avoir soin de les attacher à une *nouvelle* plume rectrice, qu'il est facile de distinguer d'une plume qui doit encore tomber et que le pigeon pourrait perdre en route. La première est plus fraîche et plus chaude de ton que les vieilles plumes, qui ordinairement pâlissent à l'époque de la mue, sont plus ternes et plus fanées. Ces explications du reste sont inutiles aux personnes qui ont l'habitude de manier les pigeons, et le Gouvernement aurait tort d'en employer d'autres, surtout en temps de guerre (1).

(1 Les reporters des journaux de Paris ont une manière plus simple d'attacher les dépêches : ils enfilent le tube d'une plume d'oie à une plume caudale du pigeon, y introduisent la dépêche et la calent à l'aide d'un bout d'allumette taillé en pointe qu'ils enfoncent dans le tube.

Le marquage.

Les colombophiles qui font voyager leurs pigeons, ont l'habitude de les numéroter et de marquer leur adresse sur les barbes internes d'une ou de plusieurs grandes pennes des ailes, à l'aide d'un timbre humide semblable à ceux dont se servent les commerçants.

Cette précaution est fort utile, en ce sens qu'un pigeon marqué qui s'égare en voyage et entre dans un colombier étranger, a beaucoup plus de chance d'être restitué à son propriétaire, dont il porte le nom et l'adresse sur les rémiges des ailes, que celui qui ne porte aucune marque.

On se sert d'encre grasse pour marquer les pigeons.

Le pigeon voyageur employé comme porteur de messages par la Société de navigation à vapeur transatlantique.

> « Lâchés avec le message qui leur est confié, et aussi prompts qu'un clin d'œil, ils n'ont de hâte que pour remplir leur mission. Fidèles messagers, ils s'empressent de remettre le dépôt confié à leurs ailes.
> « JAKY-EDDIN ABOU-BECR BEN-HODDJA. »

A la suite d'une longue conférence que j'ai eue avec un délégué de la Société de navigation à vapeur transatlantique, l'administration a pris la décision d'imiter l'exemple de M. le ministre de la marine d'Espagne et des mariniers de l'antique Égypte, de Chypre et de Candi, qui se servaient de pigeons voyageurs, lorsqu'ils se rapprochaient de la terre, pour annoncer leur prochain retour à leurs amis.

Nous ne pouvons que féliciter la Compagnie transatlantique de cette importante innovation qui permettra aux passagers de donner, en mer, après plusieurs heures de navigation, de leurs nouvelles à leurs amis; mais l'avantage le plus pratique de cette application du pigeon voyageur qu'il convient de mettre ici en relief, c'est que les capitaines commandant les bateaux de la Compagnie, pourront annoncer leur retour, *dix heures* avant leur arrivée ; car le pigeon voyageur belge franchit en cinq heures l'espace qu'un bateau à vapeur ne parcourt qu'en quatorze à quinze heures !

Je crois ne rien hasarder en affirmant que le pigeon voyageur, transporté en mer, par un bateau à vapeur, et mis en liberté à une distance de soixante lieues de la côte, retournera à son colombier à tire-d'aile, sans jamais s'égarer en route.

En l'absence de données exactes, je n'oserais pas déterminer une limite extrême ; mais je suis disposé à croire que le pigeon voyageur peut soutenir son vol durant plus de cinq heures ; et, pour s'en assurer, il suffirait qu'un paquebot emportât une dizaine de pigeons voyageurs et les lâchât successivement aux distances de 50, 60, 70, 80, 90 et 100 lieues de la côte. Le retour au colombier du dernier arrivé indiquera, de la façon la plus pratique, la distance extrême qu'un pigeon sait franchir sans se reposer.

L'application du pigeon voyageur aux bateaux garde-côtes de l'Espagne.

Au commencement de cet été (1876), le ministre de la marine d'Espagne m'a envoyé M. Mariano de la Paz Graells, professeur au Muséum d'histoire naturelle, de Madrid, pour me demander des renseignements sur l'application du pigeon messager aux bateaux garde-côtes, en vue d'établir des communications entre les côtes d'Espagne et les bateaux qui s'éloignent du rivage pour aller croiser au large, dans le but d'intercepter, en temps de guerre, les navires ennemis chargés de contrebande de guerre et de faire la chasse, en temps de paix, aux bâtiments chargés de marchandises que des corsaires ou des contrebandiers tenteraient d'introduire clandestinement dans le territoire.

A la suite de plusieurs longues conférences avec l'érudit professeur, de Madrid, je fis don au ministre de la marine d'Espagne d'une collection de jeunes pigeons voyageurs anversois, afin de permettre à Son Excellence de faire des expériences immédiates et de s'assurer, par la pratique, de la valeur de mes théories, dont les lignes suivantes sont un exposé succinct :

« Des colombiers propres à contenir de vingt à vingt-cinq couples de pigeons voyageurs, seront échelonnés le long des côtes, à des intervalles de 50 à 100 kilomètres, et seront installés dans les locaux occupés par les douaniers.

« L'entrée de chaque colombier sera munie d'une sonnette électrique.

« Chaque colombier fera des échanges de pigeons avec son voisin de droite et de gauche ; et ces oiseaux seront tenus en captivité, dans une petite volière, jusqu'à ce que le cas se présentera de les utiliser.

« On aura soin de renouveler ces échanges de pigeons tous les huit jours, afin de ne pas les fatiguer par une captivité prolongée indéfiniment.

« Je recommande de faire voyager les pigeons toujours dans la même direction, pour des raisons qui ont déjà été exposées dans de précédents rapports. » (Voir chapitre Entraînement.)

« A l'aide d'un timbre mobile, on imprimera sur plusieurs rémiges des ailes des pigeons, le nom du lieu où est situé le colombier auquel ils volent ou appartiennent, pour que les douaniers ou commandants des bateaux garde-côtes puissent les reconnaître facilement, lorsqu'il y aura lieu de les employer pour la transmission de dépêches.

« Les bateaux garde-côtes, quand ils se mettront en mer, emporteront des pigeons voyageurs qui ont été extraits des colombiers situés le long des côtes qu'ils sont appelés à surveiller. Ces pigeons seront enfermés dans une volière spacieuse surmontée d'un toit en bois qui sera installée sur le pont du bateau, où ils seront protégés contre les intempéries ; pourront se déployer les ailes à leur aise et respirer l'air frais à pleins poumons, jusqu'à ce que le cas de les utiliser se présentera.

« Lorsque le commandant d'un bateau garde-côtes apercevra à l'horizon un bâtiment suspect qui fait force de voiles et fuit devant lui, il lâchera immédiatement des pigeons voyageurs qui volent ou qui appartiennent aux deux colombiers les plus rapprochés de la voile suspecte.

« Le douanier, averti par la sonnette électrique qui est établie à l'entrée du colombier, et que le pigeon, à son arrivée, a mise en branle, saisit le messager ailé, et lâche, à son tour des pigeons, qui ont été extraits des colombiers voisins, pour donner l'alarme à ses camarades et ainsi de suite.

« De cette façon, les douaniers chargés de la surveillance de la côte, bientôt avertis sur toute la ligne, n'ont plus qu'à fixer un œil vigilant sur l'horizon et attendre, l'arme au bras, l'arrivée du navire signalé dont la capture, dès lors, est à peu près assurée (1). »

(1) Ces lignes étaient écrites, lorsque le ministre royal de la marine d'Espagne m'informa, dans les termes les plus flatteurs, que les nombreux essais tentés sur mer, de l'application du pigeon voyageur aux bateaux garde-côtes, avaient été couronnés d'un succès complet, et que S. M. le roi avait chargé Son Excellence de m'exprimer sa haute satisfaction de ce résultat.

Le pigeon voyageur captif, appliqué aux opérations de sauvetage

Par le Commandant du PUY de PODIO.

Des expériences très-intéressantes ont eu lieu à Courbevoie, sous la direction de M. le commandant du Puy de Podio, chef de bataillon au 48e de ligne, membre de l'Académie nationale et amateur colombophile bien connu par ses travaux sur l'emploi du pigeon messager, dans l'art militaire.

Il s'agissait d'appliquer le pigeon aux opérations de sauvetage, comme agent de transmission d'un filin, d'une étendue relativement considérable, dans le but d'arriver par ce moyen à établir un va-et-vient entre un navire naufragé et la côte.

On sait que dans les opérations périlleuses d'un sauvetage c'est toujours par *vent debout* que les moyens de communication peuvent être établis, ce qui rend presque toujours le succès très-difficile à obtenir. Les fusils, canons ou obusiers porte-amarres et autres engins de ce genre, agissant contre la direction et la violence du vent, n'atteignent que très-difficilement le navire en détresse, et souvent même ne peuvent y parvenir, par suite de la difficulté du pointage résultant des circonstances atmosphériques, anormales, durant lesquelles l'opération a lieu.

Par l'emploi du pigeon captif, les rôles se trouvent renversés et avec bien plus de chances de succès ; en effet, ce n'est plus ici un point isolé battu par les lames et recouvert par elles qu'il faudra atteindre, mais simplement *le premier point venu de toute l'étendue d'une plage, d'un banc de rocher*, *d'une jetée ou d'un quai ;* de plus, ce sera le même vent qui a jeté le navire à la côte, qui poussera dans sa direction et très-rapidement, l'oiseau captif qui, dès l'instant de son lâcher, *cherchera instinctivement à gagner la terre.*

Si donc un pigeon peut filer sans trop de fatigue ou de gêne, un filin permettant de relier la distance qui sépare le navire des atterrissages environnants, distance qui, surtout à l'entrée des ports, ne dépasse guère 100 à 200 mètres, on arrivera à assurer la communication, en filant successivement d'autres filins ou câbleaux, graduellement plus forts jusqu'à ce que l'on obtienne un câbleau d'une résistance suffisante pour assurer le va-et-vient.

Théoriquement, pour exécuter l'opération, rien de plus simple que le système proposé et expérimenté par le commandant du Puy de Podio.

A bord du navire, le pigeon est enfermé dans une cage à bobine, sur laquelle s'enroule le filin, dont l'extrémité est solidement attachée à l'une de ses pattes ; au moment du danger, cette cage est hissée au haut de l'un des mâts, et le pigeon est lâché. C'est, dès lors, aux hommes de l'équipage a assurer le déroulement du filin dont la succession a été préparée à l'avance.

Plusieurs pigeons d'une vigoureuse envergure et appartenant à M. Guepard, colombophile praticien, auquel le journal la *Liberté* et plusieurs autres journaux de la presse parisienne, sont redevables de la création et de l'organisation du service des dépêches par pigeons, pour les comptes rendus du procès Bazaine et pour ceux de l'Assemblée nationale, ont été successivement soumis à l'épreuve du vol captif. Ces pigeons ont déroulé chacun 125 mètres environ de filin d'une grosseur de 0^m007 et ne se sont abattus que par l'effort de traction qui leur a été opposée au moment où ils sont parvenus au terme d'une ascension limitée par la longueur du filin.

Or, chaque pigeon, bien que s'élevant en spirale, ayant pu dérouler 125 mètres de filin, malgré les résistances de frottement occasionné par les parties qui trainaient par terre et le poids de tension, représentant un effort de résistance à la force ascensionnelle, évaluée de 600 à 700 grammes environ, il est indubitable que si l'épreuve eût été exécutée sur mer, l'oiseau se serait instinctivement dirigé en droite ligne vers la terre, au lieu de s'élever, et, éprouvant ainsi bien moins de résistance à son effort de traction, eût perdu bien moins de forces.

Ces premières expériences, conduites sous l'habile direction de M. le commandant du Puy de Podio, ont donné des résultats très-concluants et qui semblent, tant par la simplicité des moyens employés que par la facilité de leur exécution, ouvrir, dès à présent, un nouvel horizon aux progrès et perfectionnements des procédés de sauvetage employés jusqu'à ce jour.

Cette application du pigeon aux opérations de sauvetage est d'autant plus intéressante, que la Compagnie de Navigation à vapeur transatlantique installe, en ce moment, des colombiers sur les côtes de la France et de l'Amérique, dans le but d'établir des communications entre la côte et les bateaux qui s'en éloignent ou s'en rapprochent.

Service de pigeons voyageurs sur les phares flottants.

Les autorités de Trinity-House (Angleterre) ont résolu d'essayer de mettre les divers phares flottants en communication avec la côte au moyen de pigeons voyageurs.

En raison du balancement de ces bateaux pendant la marée, les communications par le télégraphe électrique sont souvent impraticables, et les hommes à bord n'ont aucun moyen de transmettre leurs dépêches, si urgentes qu'elles soient.

On vient donc de prendre les mesures nécessaires, afin d'entraîner à ce service un nombre suffisant de bons pigeons voyageurs Belges.

Aussitôt que ces intelligents oiseaux seront dressés, ils seront envoyés sur des phares flottants du district, afin d'être mis en liberté quand le cas se présentera de rapporter les dépêches à la station de la côte.

Il est évident que l'occasion pourra se présenter fréquemment où les services rendus par ces messagers aériens seront de la plus haute importance, tel, par exemple, qu'un naufrage, près du phare flottant, ou même dans le cas où ce dernier viendrait à briser ses amarres.

Installation de colombiers militaires postaux en Europe

Après avoir communiqué à M. le ministre de la guerre l'idée d'avoir recours aux pigeons voyageurs pour rétablir les communications interrompues en cas de siége, je quittai Paris et je me rendis à Bruxelles avec ma famille, le 13 septembre 1870.

RUSSIE

Dès le 10 décembre 1870, j'eus l'honneur de remettre à M. le comte de Bloudoff, ministre de Russie près la cour de

LES COLOMBIERS MILITAIRES 85

Bruxelles, une lettre de recommandation de mon cousin, M. le comte Gustave de Meûlenaere, membre de la Chambre des représentants de Belgique, et de communiquer à Son Excellence l'idée d'établir des colombiers militaires dans toutes les forteresses du monde, en prévision de nouveaux siéges.

Son Excellence me retint pendant deux heures dans son cabinet, sembla éprouver un vif intérêt pour mes renseignements, me fit une multitude de questions sur la manière d'élever, de dresser, d'utiliser, en cas de siége, les pigeons voyageurs comme porteurs de messages, et, notamment, sur l'instinct d'orientation dont la Providence a doué ces intéressants facteurs ailés.

Bref, Son Excellence me dit : « Votre innovation, Monsieur, est praticable et elle fera, je pense, le tour du monde ; je vous prie, ajouta M. le ministre, de m'exposer vos idées dans un rapport; d'établir un devis des frais qu'entraînerait l'organisation de stations de pigeons voyageurs reliant Saint-Pétersbourg avec toutes nos forteresses; non-seulement je communiquerai votre rapport à mon gouvernement, mais je compte me rendre prochainement en Russie et je me charge de négocier moi-même cette affaire. »

Le lendemain, j'écrivis un long rapport sur l'emploi des pigeons voyageurs pour les villes assiégées et, le 12 décembre 1870, je le remis à Son Excellence.

M. le comte de Bloudoff, conformément à sa promesse, communiqua mon rapport au gouvernement qu'il avait l'honneur de représenter, et le 2/14 avril 1871 je reçus de son Excellence la lettre suivante :

« Monsieur,

« J'ai communiqué au gouvernement impérial l'offre que vous aviez bien voulu me faire, en décembre 1870, d'installer en Russie un certain nombre de stations de pigeons voyageurs.

« M. le ministre de la guerre vient de m'informer qu'à son avis, une expérience — car ce ne pourrait être autre chose — ne devrait pas être faite dans les proportions que vous proposez, c'est-à-dire 5,000 pigeons.

« Il ne pense pas que l'on puisse être assuré d'avance de l'utilité de l'établissement de ces messagers. C'est pourquoi je suis chargé de vous demander si vous consentiriez à organiser à titre d'essai, sur divers points du royaume de Pologne, une quantité moindre de stations de pigeons voyageurs.

Agréez, etc.

Signé : BLOUDOFF.

Je me souciais médiocrement de me rendre en Pologne à cette époque, car je n'avais pas encore revu ma maison à Saint-Cloud que les Prussiens avaient saccagée et incendiée, et j'avais hâte de retourner à Paris. Sans m'y refuser cependant, j'eus l'honneur d'expliquer à Son Excellence que j'avais consigné dans mon rapport toutes les observations nécessaires à la mise en pratique de mes idées, et qu'en Belgique il y avait cinquante mille spécialistes aussi compétents que moi en matière colombophile, qui pouvaient me remplacer.

Je continuai néanmoins à correspondre avec M. le comte de Bloudoff, et, peu de temps après, j'eus la satisfaction d'apprendre de Son Excellence que le service de la poste par pigeons voyageurs avait été organisé, avec le plus grand succès, par toute la Russie.

Si M. le comte de Bloudoff ne m'eût pas encouragé par ses paroles bienveillantes, par une invitation à me rendre en Russie, pour établir des colombiers militaires postaux sur les divers points de la Pologne, à titre d'essai, je n'hésite pas à déclarer que j'aurais abandonné mon idée originale, et qui sait si l'on eût jamais songé à créer des colombiers militaires en Europe; car, immédiatement après le siège de Paris, le gouvernement français s'empressa de vendre les pigeons voyageurs qui avaient rendu tant de services aux Parisiens, et répondit par une fin de non-recevoir à toutes mes propositions d'installer des colombiers militaires dans les forteresses de France, en prévision de nouvelle invasion.

PRUSSE.

A mon retour à Paris, après la commune, M. Sénard, ancien ministre près la cour d'Italie, eut la bonté de communiquer mon projet à M. Thiers, alors président de la République.

M. Thiers me fit répondre négativement.

Je communiquai la réponse du gouvernement à M. Senard, qui me dit ; « Il en est toujours ainsi en France !

« Votre idée est sûre d'être appliquée ici ; mais, avant que
« notre gouvernement songe à la mettre en pratique, il
« faudra qu'elle fasse d'abord le tour de l'Europe, que la
« Prusse et les autres puissances l'adoptent et mettent ses
« mérites en relief, il en est ainsi de toutes choses. »

En effet, quelques mois après, je lus dans le journal des *Débats* les lignes suivantes :

« On écrit de Berlin, le 1er mai 1872 : Le chancelier de l'empire avait reçu ces jours derniers de la Flandre un certain nombre de magnifiques pigeons voyageurs. Ce cadeau a donné lieu d'examiner si ces pigeons voyageurs ne pourraient être utilisés dans des buts militaires. »

« A cet effet, une correspondance s'est ouverte entre le chef de l'état-major général de l'armée et le ministre de la guerre, correspondance qui a abouti, avec le consentement de l'empereur, à la décision que désormais des stations de pigeons voyageurs seront entretenues dans les forteresses limitrophes de l'empire. »

« Provisoirement, les forteresses de Cologne, de Metz et de Strasbourg ont été désignées comme devant recevoir de pareilles stations, et, en attendant, on y enverra ces pigeons pour s'y multiplier. En outre, un établissement pour l'élève des pigeons sera créé dans le jardin zoologique de notre ville, sous la direction et la surveillance du directeur, M. le docteur Bodinus. »

« Cet établissement sera destiné surtout à multiplier aussi rapidement que possible le nombre de ces pigeons, dont l'importance pour les forteresses assiégées a été reconnue dans la dernière guerre. Quand on sera parvenu à s'en créer un nombre suffisant pour les forteresses des frontières occidentales, on établira de semblables stations à la frontière orientale de l'empire, et Kœnigsberg, Posen et Horn seront les premières forteresses qui en recevront.

ITALIE.

M. le ministre royal de la guerre de S. M. le roi d'Italie m'informa, par lettre datée de Rome du 12 octobre 1872, que Son Excellence avait créé déjà plusieurs stations de pigeons voyageurs, sur divers points du royaume, et que les résultats obtenus jusqu'alors étaient fort satisfaisants.

ANGLETERRE.

M. Atlee, consul de S. M. la reine d'Angleterre, à Paris, m'honora de plusieurs visites, me demanda des renseignements sur la poste par pigeons voyageurs, et les communiqua à son gouvernement qui les appliqua aux phares flottants, et encouragea l'initiative privée.

AUTRICHE.

M. D. Valcher de Moltheim, consul général de S. M. l'empereur d'Autriche-Hongrie, m'envoya son secrétaire, M. Henri Wiener, pour me demander également des renseignements sur la manière d'élever, de dresser et d'utiliser, en cas de guerre, les pigeons voyageurs.

Après une longue correspondance avec M. le consul général, j'eus l'honneur de faire don à Son Excellence, M. le ministre de la guerre, à Vienne, d'une collection de superbes pigeons voyageurs reproducteurs de la meilleure race, dont la progéniture sert actuellement à peupler les colombiers militaires de l'Autriche.

PORTUGAL.

Son Excellence M. José da Silva Mendes Leal, ministre de Portugal, à Paris, s'intéressa vivement à la poste aérienne et me parla, longuement, en homme érudit, de l'instinct d'orientation des pigeons voyageurs.

Après une courte correspondance avec M. le ministre royal de la guerre et S. M. le roi de Portugal, j'eus l'honneur de faire don à Son Excellence d'une belle collection de pigeons voyageurs producteurs et de les expédier à Lisbonne pour s'y multiplier.

ESPAGNE.

Son Excellence, M. le ministre royal de la marine de S. M. le roi d'Espagne, m'envoya M. Mariano de la Paz Graells, professeur au muséum d'histoire naturelle de Madrid, pour me réclamer une collection de pigeons voyageurs reproducteurs dont j'avais eu l'honneur de faire don à Son Excellence.

M. Mariano de la Paz Graells, ayant pris à cœur l'installation de colombiers militaires en Espagne, me pria d'expédier les pigeons à Bayonne, d'où il les fit tranporter à bord d'un bateau à vapeur en partance pour un port de la péninsule, il en eut un soin tout particulier pendant la traversée et M. le ministre royal de la marine m'informa que les pigeons étaient arrivés à Madrid en bon état (1).

ROUMANIE.

M. Constantin-Jean Bratiano, capitaine d'état-major de l'armée roumaine, me réclama mes brochures, et j'eus l'honneur de lui faire don de quelques pigeons, pour faire des expériences dans son pays.

(1) M. Graells avait déjà attiré l'attention du gouvernement sur l'application du pigeon voyageur à l'art militaire, par ses nombreuses conférences à l'Ateneo del ejercito y armada.

FRANCE.

Ainsi s'était réalisée la prophétie de M. Sénard : mon idée avait fait le tour de l'Europe, avant que le gouvernement se décidât à l'appliquer en France.

Il ressort de ces lenteurs et de ces hésitations que, dans ce pays, les idées les meilleures ont peine à se faire jour et à rentrer dans le domaine pratique.

C'est ainsi que je suis parvenu, seulement après de longues luttes et des efforts persévérants, à faire accepter par le gouvernement, *à titre gratuit*, quatre cent vingt pigeons voyageurs de la meilleure race belge, formant les colombiers de MM. Florent Joostens, Georges d'Hanis, d'Anvers, et le mien, et dont la progéniture est destinée à peupler les colombiers à installer dans toutes les forteresses de France.

Puisse la France n'avoir jamais besoin de les utiliser !

Le colombier militaire du jardin d'acclimatation.

M. Geoffroy Saint-Hilaire, directeur du jardin d'acclimatation, a été chargé de surveiller l'élevage des pigeons voyageurs appelés à contribuer à la défense de la patrie.

Un vaste colombier, pouvant contenir deux cents paires de pigeons, s'élève en ce moment dans l'enceinte du Jardin, et offre l'aspect d'une haute tourelle percée d'un grand nombre d'ouvertures, rappelant assez exactement les colombiers du moyen âge.

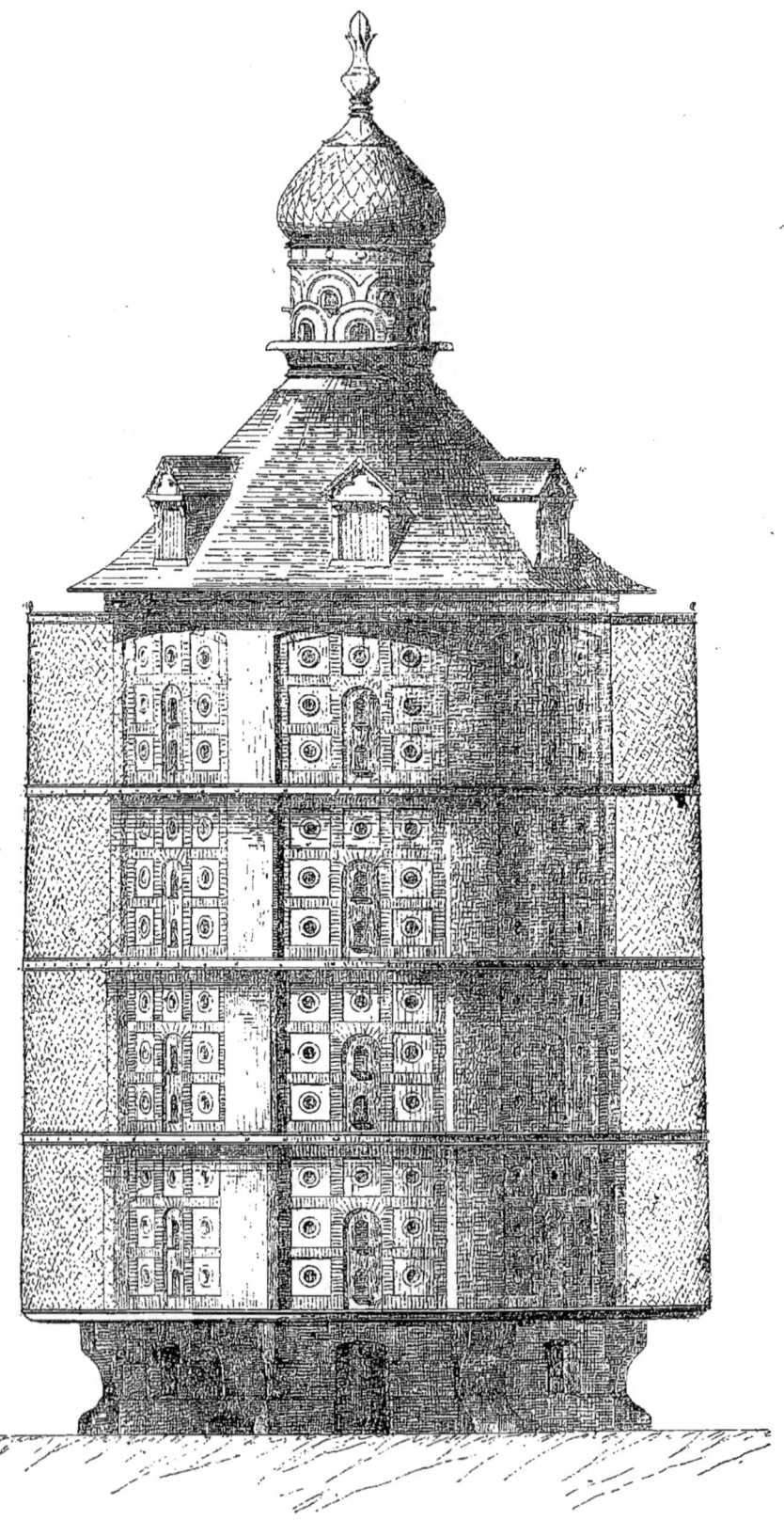

Projet de colombier militaire.

Ce colombier est entièrement bâti en briques et fer ; il a quatre étages, et est destiné exclusivement à l'élevage des pigeons.

Le rez-de-chaussée est disposé pour enmagasiner les graines et les ustensiles. Les étages sont réservés aux pigeons. Les

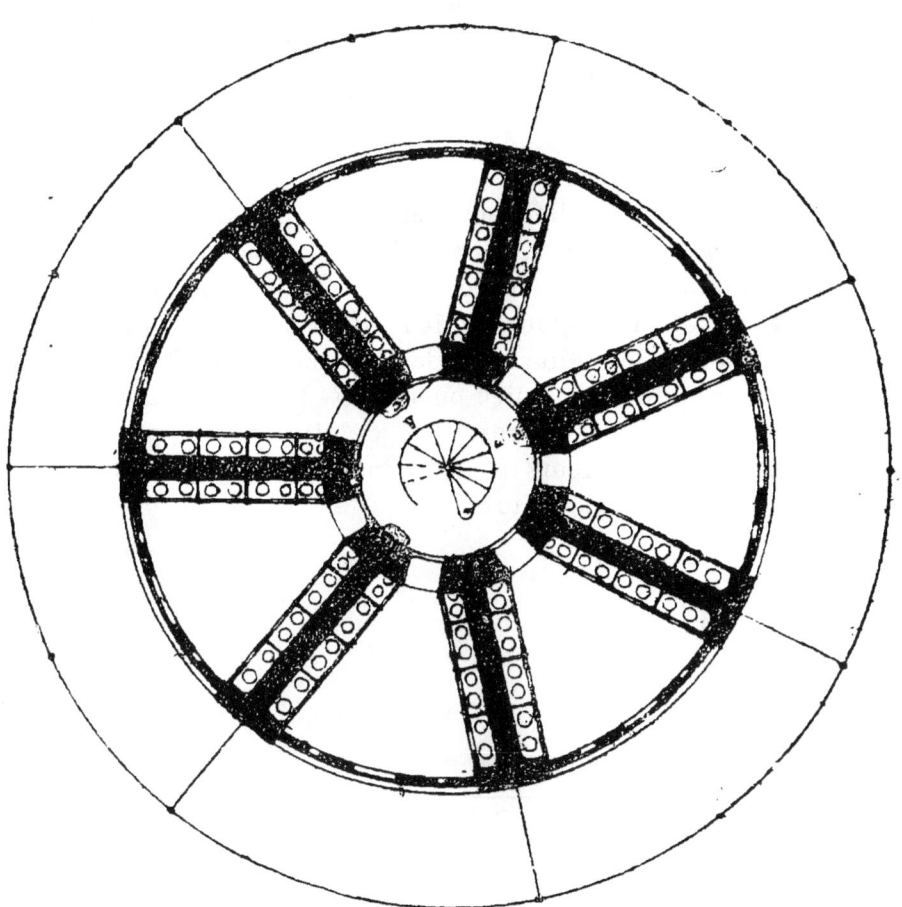

Plan intérieur du colombier militaire.

murs et les plafonds sont enduits de ciment, et le sol est bétonné. Le parement de la tour contient un grand nombre de rangs de cases en briques enduites de ciment, dont les devantures sont mobiles, pour faciliter le nettoyage. Une colonne creuse se dresse dans l'axe du bâtiment, où des paniers fonctionnent comme des ascenseurs, à l'aide d'une grue établie au rez-de-chaussée, pour monter le sable et les graines, et pour descendre la colombine.

A chaque étage, du côté du midi, il a été ménagé une volière, où les pigeons pourront respirer l'air pur à pleins poumons et se réchauffer aux rayons du soleil,

La ventilation a été très-bien comprise et, si l'on se limite à n'enfermer que cinquante paires de pigeons à chaque étage, je n'ai pas le moindre doute que les pigeons ne s'y multiplient rapidement.

Je ne saurais conseiller cependant de maintenir longtemps en captivité les mêmes oiseaux reproducteurs qui y sont enfermés, car mon expérience m'a démontré que les pigeons voyageurs sont très-jaloux de leur liberté, et perdent leur vigueur et leur fécondité après deux années de claustration, quelque vaste que soit le lieu où on les tient enfermés. Il serait préférable de les aduire et de développer, par des voyages fréquents, leurs facultés instinctives dont l'hérédité doterait leur progéniture.

Installation des colombiers militaires postaux de France.

Le but de la poste aérienne est de rétablir, à l'aide de pigeons voyageurs, les communications qui peuvent être interrompues, en temps de guerre.

Or, il s'agit de relier Paris et Tours avec toutes les forteresses de France, par des stations de pigeons voyageurs, en prévision de nouveaux siéges.

A cet effet, il y aurait à créer des stations centrales à Paris et à Tours et des stations ordinaires dans chaque forteresse.

La guerre éclatant, l'*échange* des pigeons entre les stations centrales et les forteresses a lieu; le Gouvernement en distribue une partie aux commandants en chef des armées de secours, afin de leur permettre de communiquer avec lui et d'informer simultanément le commandant de la ville investie de ses mouvements, jour par jour, heure par heure.

Au moyen de ce système, le commandant en chef, qui tient en mains les fils de l'action, connaîtra toujours d'une façon exacte la position de ses troupes sur l'échiquier ; les communications ne seront plus un instant interrompues et l'on évitera pour toujours le retour de désastres semblables à celui qu'éprouva, dans la dernière guerre, l'armée de Bourbaki.

Paris et Tours, comme stations centrales, devraient posséder plusieurs colombiers disséminés çà et là et peuplés d'un nombre de pigeons messagers suffisant pour répondre à tous les besoins et pour en mettre, la guerre éclatant, *trois à cinq cents* à la disposition de *chaque commandant de forteresse menacée d'investissement* et de *chaque commandant* de corps d'armée qui se met en campagne.

Chaque forteresse devrait posséder à son tour un millier de pigeons, un plus petit nombre serait dérisoire ; car, pendant le siége de Paris, l'administration des postes en a employé environ quatre cents, et M. Chassinat, le vaillant directeur de la poste aérienne, m'a affirmé que, s'il en avait eu trois fois autant, il aurait pu les utiliser.

En temps de guerre, les lâchers de pigeons se font presque toujours dans des conditions difficiles, et l'expérience nous a démontré que l'on ne peut guère compter que sur une rentrée sur trois pigeons lancés.

Or, un millier de pigeons dans chaque forteresse, partagés entre la capitale, les forteresses voisines et les corps d'armée chargés de débloquer la ville assiégée, ne forment guère un contingent exagéré, pour peu qu'un siége se prolonge durant quelques mois et qu'on tienne compte du grand nombre de pigeons qui, lâchés par tous les temps et de tous les points de l'horizon, s'égarent et se perdent, en temps de guerre.

Au lieu de réunir tous les pigeons dans un seul grand colombier où l'on s'exposerait à les perdre tous à la fois, en cas d'épizootie, il vaudrait mieux créer deux ou plusieurs colombiers dans chaque forteresse, et les installer dans des bâtiments distincts et éloignés le plus possible l'un de l'autre.

D'autres considérations militent encore en faveur de ce dispersement : la surveillance est plus facile dans un petit colombier que dans un grand, et si, en cas de bombardement, un obus éclate dans un lieu où l'on n'a enfermé que peu de pigeons, le désastre ne sera pas aussi déplorable que si tous les pigeons d'une forteresse y eussent été enfermés et exposés ensemble aux éclats de l'engin meurtrier.

Il résulte de ces observations, qu'il est bon d'éviter de placer les colombiers militaires en évidence, afin qu'ils ne servent pas de point de mire au feu des assiégeants, qui ont tout intérêt à détruire les communications des assiégés avec le dehors. C'est pour cette raison que je recommande d'installer les colombiers militaires dans des lieux cachés et entourés de bâtiments, qui les abritent du feu de l'ennemi.

Le colombier.

Le colombier destiné à loger 25 ou 50 paires de Pigeons, devra mesurer 25 ou 50 mètres cubes. Il est vrai qu'à la rigueur on pourrait se contenter de n'accorder qu'un mètre cube par deux couples de pigeons; mais je ne saurais recommander de lésiner sur l'espace à leur fournir, car ils n'en ont jamais trop; et, lorsqu'ils se trouvent trop à l'étroit, trop serrés, trop entassés dans un pigeonnier, ils se livrent fréquemment bataille entre eux, cassent leurs œufs, piétinent leurs petits et les tuent, en se défendant à coup d'aile et de bec contre leurs agresseurs.

Exposition. — Quand on a le choix de l'emplacement de son colombier, c'est une belle exposition au levant qui offre le plus d'avantages: la douce chaleur des premiers rayons du soleil levant est très-recherchée par les pigeons adultes, en même temps qu'elle accélère le développement des petits.

Le grand froid et l'humidité sont, au contraire, très-pernicieux aux pigeonneaux, et c'est pour cette raison qu'il faut éviter que l'entrée du pigeonnier soit exposé au vent du nord, qui y amène un froid glacial, comme le vent de l'ouest y introduit la pluie et l'humidité.

Les pigeons de course ne sont guère difficiles sur le choix de leur gîte, pourvu qu'il soit *bien aéré*, bien sec, et surtout à l'abri des belettes, des fouines, des rats et des traîtres chats du voisinage. Je ne saurais trop insister sur la nécessité de cette dernière précaution à prendre contre la race féline; car, non-seulement les chats dépeuplent vite un colombier, mais ils effarouchent les pigeons voyageurs, qui sont de nature excessivement craintive, au point qu'ils n'osent plus rentrer au logis de plusieurs jours, et quelquefois ils l'abandonnent à tout jamais.

Lorsque l'entrée du colombier donne sur un toit, il faudra étudier le moyen d'empêcher les belettes, les fouines, les rats et les chats d'y pénétrer ; les dispositions locales peuvent seules déterminer le genre de précautions à prendre et l'on ne peut que signaler le danger qu'il importe de conjurer.

Une autre précaution importante consiste à couvrir dans un rayon assez étendu, autour du colombier, les tuyaux de cheminées par un petit croisillon en fil de fer pour empêcher les chutes qu'y font fréquemment les pigeons.

Choix des Locaux. — Tout local remplissant les conditions d'hygiène et de sécurité qui viennent d'être exposées, est propre à être aménagé en colombier, et ce serait une grave erreur de croire qu'il est avantageux de rechercher les points les plus élevés, les clochers, les tours, etc., pour y loger des pigeons voyageurs.

Outre que ces lieux élevés serviraient de point de mire au feu de l'ennemi, en cas de siége, la surveillance que réclame un pigeonnier, la nécessité d'y pénétrer souvent, non-seulement pour les soins journaliers, mais surtout pour acquérir la connaissance complète des sujets dont on dispose, en tenir la comptabilité, en vérifier les inscriptions, etc., font désirer au contraire que ces locaux soient d'un accès facile pour les agents qui auront à diriger le service.

En général, on pourra utiliser avec avantage les combles ou l'étage supérieur des bâtiments affectés à un service public, civil ou militaire.

Lorsqu'on aménagera un comble en colombier, il faudra avoir soin de le plafonner, car les chevrons et les lattes sur lesquelles on pose la tuile ou l'ardoise, serviraient de retraite à l'acarus assassin qui est le fléau du pigeon. De plus les intervalles des tuiles empêcheraient de pratiquer avec efficacité des fumigations de soufre en vue de détruire la vermine.

Nous supposerons, dans les observations qui suivent, que c'est d'un local de cette nature qu'on aura à disposer.

Nombre des pièces. Le nombre des pièces ou compartiments dont se composera le colombier militaire, dépend évidemment de l'importance que doit avoir l'établissement à créer, en admettant que l'on ne doit réunir dans un même local que 25 à 50 couples : ce nombre paraît être celui auquel il convient de s'arrêter, parce que les grandes agglomérations ont le double inconvénient de rendre la surveillance et l'entretien difficiles et de favoriser le développement des épizooties et de la vermine ; car presque toutes les maladies auxquelles les pigeons sont exposés prennent rapidement le caractère épizootique, et il n'est pas rare de voir, en semblable circonstance, la maladie atteindre le plus grand nombre des sujets qui occupent la même pièce.

Comme je le dis plus haut, pour éviter d'exposer tous les pigeons à la fois à la destruction, en cas de bombardement, il faudrait établir, dans chaque ville forte, plusieurs colombiers, chacun dans un lieu différent.

Chaque colombier devrait se composer de six compartiments.

A. Un compartiment pour les pigeons à isoler pour cause de maladie ; et tout oiseau qui boude, qui laisse traîner les ailes, qui n'a pas d'appétit et qui se pelotonne dans un coin, devrait être relégué immédiatement à l'infirmerie ; car on ne sait jamais s'il ne récèlerait pas le germe de quelque maladie contagieuse.

L'infirmerie devrait être installée dans un lieu éloigné des autres compartiments, afin que les sujets malades ne puissent pas communiquer aux autres la maladie dont ils sont atteints.

B. Un compartiment pour les pigeons destinés exclusivement à la reproduction. Je conseille d'éviter autant que possible de maintenir les pigeons en longue captivité ; car mon expérience m'a démontré que les pigeons voyageurs reproduisent très-bien en captivité, la première année, mais que les années suivantes ils ne reproduisent que médiocrement.

Je suis disposé à croire que ce ralentissement dans la reproduction est occasionné par la privation de certains éléments de nutrition dont les pigeons ne trouvent pas à se pourvoir, quand ils sont enfermés, et qui sont indispensables à la formation du liquide laiteux sécrété par la muqueuse stomacale, dont les pigeons nourrissent leurs petits, pendant les six premiers jours après leur éclosion.

Il résulte de cette observation, qu'après une année de claustration on doit tenter d'aduire les pigeons reproducteurs importés ou les remplacer.

C. Quatre compartiments constituant essentiellement le colombier local, chacun de ces compartiments destiné à contenir 25 à 50 couples de pigeons, devrait mesurer 25 à 50 mètres cubes, ou 1 mètre cube par paire de pigeons.

Lorsque la place où sont installés les colombiers, est menacée d'investissement, on divisera chaque compartiment en deux parties égales, à l'aide d'une cloison en grillage ; la partie qui donne accès à la lucarne où est établie la cage qui règle l'entrée et la sortie des hôtes, sera affectée aux pigeons qui volent au colombier local et l'autre partie sera utilisée à loger les pigeons messagers appartenant à d'autres places fortes, d'où ils ont été extraits avant l'investissement, pour être employés à rétablir les communications avec le dehors, si l'investissement a lieu.

On aura soin de séparer les mâles des femelles, afin d'éviter les accouplements qui pourraient refroidir chez ces aimables messagers l'amour du toit natal et empêcher leur retour au colombier d'où ils ont été extraits.

On divisera les pigeons des compartiments qui constituent les colombiers locaux, en quatre groupes correspondant à des entraînements dans la direction des quatre points cardinaux.

Pour éviter les erreurs on pourrait constituer chaque groupe d'oiseaux de couleurs distinctes. On pourrait, par exemple, entraîner toujours vers l'Est, les pigeons bleu uni; vers l'Ouest, les pigeons rouges, gris ou meuniers; vers le

Nord les pigeons bleu maillé de noir ; vers le Sud, les noirs les blancs, les panachés, etc.

Cependant, il faut absolument que *tous* les pigeons des colombiers militaires, indépendamment de leur éducation spéciale, soient soumis également à un entraînement général ; c'est-à-dire qu'on doit leur apprendre, par des étapes progressives, à retourner à leurs colombiers de tous les points de l'horizon, dans un rayon de 4 à 500 kilomètres ; car un commandant d'un corps d'armée qui se met en campagne, ne sait guère d'avance où il rencontrera l'ennemi ; il peut aussi très-bien se diriger aujourd'hui vers le nord et recevoir ordre, le lendemain, de marcher sur le midi.

Dans cette hypothèse, il est évident que l'éducation des pigeons des colombiers militaires limitée à une seule direction, serait absolument insuffisante ; et, quel que soit le nombre de pigeons qu'on s'expose à perdre annuellement, par l'entraînement général, cet entraînement est absolument indispensable. Le colombier central est là, du reste, pour combler les vides, par la reproduction continuelle ; mais on doit avoir soin d'éviter les directions où des chaînes de hautes montagnes offrent un obstacle insurmontable au retour du pigeon à son colombier ; car, soit que le pigeon ne s'élève pas volontiers dans les airs à la hauteur du sommet des hautes montagnes, soit qu'il se sente troublé par les vents ascendants et descendants qui battent les flancs des montagnes, il n'en résulte pas moins cette conclusion pratique *qu'il ne sait pas les franchir.*

Dans cette situation, il conviendrait d'établir des relais, là où des chaînes de hautes montagnes rendent la poste par pigeons voyageurs complétement impossible, et de s'arranger de façon à les éviter.

Supposons, par exemple, que Paris soit une immense montagne infranchissable, barrant le passage aux pigeons entre Saint-Germain et Vincennes. Il suffirait pour relier Saint-Germain avec Vincennes d'établir une station à Saint-Denis et de communiquer de Saint-Germain avec Saint-Denis par un pigeon et ensuite de Saint-Denis à Vincennes par un second pigeon. En d'autres termes, on établit des stations intermédiaires, de façon que le pigeon passe à côté des montagnes ou par les cols.

L'aire du colombier doit être bétonnée ou cimentée et garnie d'une couche de sable fin; le carrelage et le plancher doivent en être proscrits, parce que le carrelage entretient l'humidité de même que le plancher abrite la vermine, et accorde aux rongeurs un accès facile au colombier; les murs et le plafond doivent être bien crépis de plâtre, ou mieux encore, si l'on ne recule pas devant la dépense, de ciment; on veillera surtout à n'y laisser exister ni trous, ni interstices, ni fissures; car la vermine s'en emparerait bien vite, pour y établir ses retraites et s'y multiplier, dans sa surprenante fécondité, avec une rapidité désastreuse.

Deux fois par an, on y brûlera du soufre, pour tuer la vermine. (Voir chapitre *La vermine*.)

Hauteur des compartiments. — Pour s'emparer rapidement des pigeons, il faut qu'on puisse facilement les prendre, lorsqu'on en a besoin, car, le pigeon effrayé, qui se lance d'une extrémité à l'autre d'une pièce un peu élevée risque de se contusionner, de briser quelques-unes de ses rémiges, et d'être ainsi hors d'état, pendant toute une campagne, de rendre aucun service.

Il faut donc proscrire d'une manière absolue les locaux élevés, limiter à $2^m,00$ ou $2^m,20$ au plus, la hauteur des compartiments qu'on veut utiliser.

Emploi des cloisons mobiles. — On vient de dire, à propos de la limite de hauteur à admettre pour les compartiments, qu'il y avait avantage à agir dans un espace resserré, quand on veut se rendre maître des pigeons, parce que l'opération y est plus facile d'abord, et ensuite parce qu'on évite que les pigeons, en cherchant à s'échapper, se blessent ou s'abîment les ailes. La même raison rendrait souvent fort incommodes les grands compartiments destinés à recevoir de 60 à 80 couples ; pour remédier à cet inconvénient, on installe une cloison légère en grillage qui divise la pièce en deux parties à peu près égales dans le sens de la profondeur. Cette cloison se compose d'une partie fixe et d'une partie mobile.

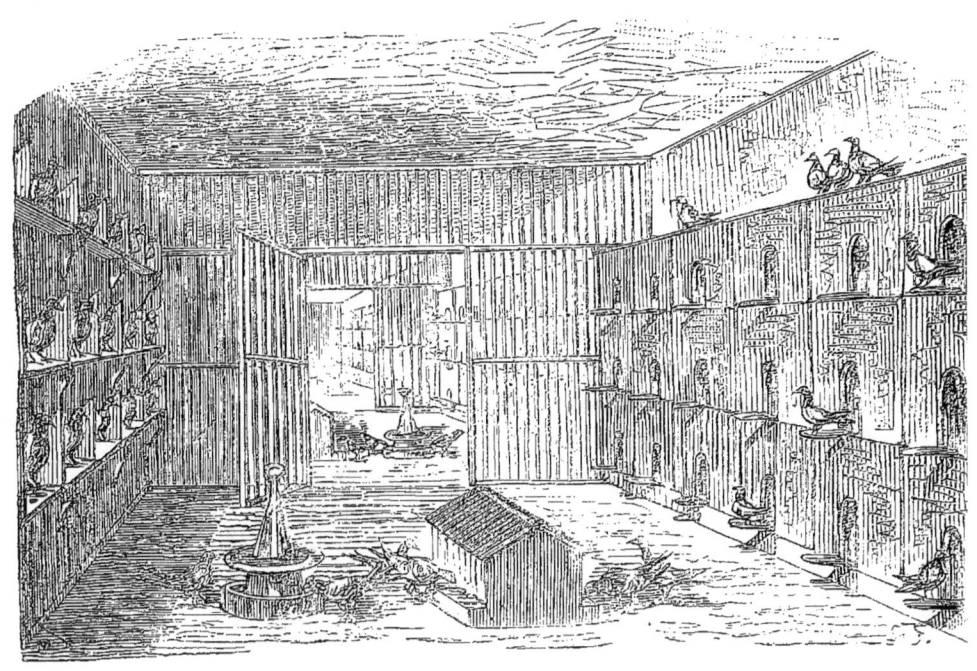

Intérieur du pigeonnier muni de cloisons mobiles.

La partie fixe est formée de deux panneaux en grillage, appuyés aux murs latéraux. Entre ces deux panneaux est ménagé un passage de 1 mètre de largeur, et ce passage peut être fermé par la partie mobile de la cloison ou porte en grillage. Quand on veut prendre des pigeons, on les chasse devant soi dans le fond du compartiment, puis on y pénètre soi-même et l'on ferme la porte.

Entrée des compartiments. — Toujours pour la même raison, pour ne pas s'exposer à perdre tous les pigeons à la fois, en cas d'épizootie, il faut donner à chaque compartiment ou colombier une entrée indépendante et créer à cet effet un corridor, sur lequel les différents locaux viennent déboucher.

Cette disposition, quand elle peut être réalisée, ne devrait jamais être négligée, et les portes de communication directe entre les divers compartiments devraient être évitées autant que possible; car, si le coryza contagieux, la petite vérole ou toute maladie épizootique venait à éclater dans un compartiment, elle envahirait immédiatement les compartiments voisins, s'ils étaient reliés entre eux par des portes de communication.

Portes de communication. — Toutes les portes de communication, entre les compartiments et le corridor de service, doivent être étroites, et ne pas descendre jusqu'au sol; on pourra leur donner 1 mètre 70 de hauteur sur 75 centimètres de largeur, avec un seuil de 20 centimètres de hauteur. Elles seront garnies à la partie inférieure d'une lame de tôle ou de zinc battant sur une lame semblable garnissant le seuil, de manière à empêcher les rongeurs de s'introduire par là. Chaque porte est munie d'un petit carreau de surveillance. (Voir les compartiments et le corridor de la grande volière au jardin d'acclimatation.)

Les explications qui précèdent se rapportent à l'utilisation de certaines parties de bâtiments existants. S'il y a nécessité de créer de toutes pièces un colombier, on pourra adosser à un mur de clôture convenablement orienté un bâtiment dont le rez-de-chaussée formera, selon le cas, ou un logement et des magasins, ou un hangar comme ceux qui servent à abriter le matériel des corps. On donnera au bâtiment une largeur de 4 à 5 mètres sur laquelle sera prélevé un corridor placé au fond du bâtiment et donnant accès dans les compartiments successifs.

Une échelle de meunier, ou même une échelle qu'on pourrait retirer à volonté, donnerait accès à l'étage occupé par les compartiments.

Les prescriptions relatives à l'aérage, à l'organisation intérieure et à l'ameublement seraient d'ailleurs les mêmes que celles qui viennent d'être données précédemment.

Je recommande spécialement d'adopter des cases *mobiles* et de les poser par terre ou sur des tablettes, car les cases qu'on accroche au mur, outre qu'elles sont d'un nettoyage difficile, offrent l'inconvénient grave de causer fréquemment la mort des pigeonneaux qui sortent du nid avant qu'ils sachent voler, tombent à terre et se défoncent le sternum.

Mieux vaudrait encore construire les cases en briques enduites de ciment, à devantures mobiles en tôle, semblables à celles du colombier du jardin d'acclimatation ; car, plus on proscrit le bois d'un colombier, moins on l'expose à l'invasion de la vermine.

Les cases doivent avoir les dimensions suivantes : longueur, 50 à 60 centimètres ; hauteur et profondeur, 35 centimètres.

Le fond des cases appuyé au mur doit être ouvert, ainsi que le bas qui ferait inutilement double emploi avec le sol ; le nettoyage se trouve ainsi considérablement simplifié ; car, en effet, il n'y a qu'à soulever la case, et, d'un coup de balai, on enlève toute la colombine.

Il est indispensable que la devanture des cases soit fermée et n'ait qu'une seule entrée au milieu, parce que le pigeon, lorsqu'il se livre à l'incubation, éprouve le besoin de s'entourer d'un certain mystère, se sent plus chez soi dans la case fermée, et la femelle n'y est pas tourmentée, à chaque instant, par les mâles, pendant qu'elle couve ou lorsqu'elle nourrit ses petits.

Quand les cases sont béantes et ne sont pas indépendantes les unes des autres, il arrive presque toujours que chaque mâle s'empare des deux cases voisines de celle où il s'est installé ; quelquefois, il étend même son accaparement à trois ou quatre nids de distance du sien, et empêche les autres pigeons de s'y établir. Il en résulte des combats acharnés, des œufs cassés, et le désordre en permanence au colombier.

Outre que l'incubation s'y accomplit dans de meilleures conditions, la case à devanture fermée offre encore un autre avantage peut-être trop méconnu : c'est que les pigeons peuvent s'y livrer sans interruption aux caresses par lesquelles ils préludent à leur accouplement et que, par conséquent, il s'y produit beaucoup moins d'œufs inféconds ; — car la jalousie est le défaut prédominant des pigeons, et aussitôt qu'un mâle aperçoit une paire d'oiseaux se livrer aux tendres caresses qui précèdent l'accouplement, il se lance sur eux et les sépare brutalement.

Il y a des amateurs qui m'ont fait une objection aux cases posées par terre qui ne me paraît pas dénuée de fondement ; c'est qu'elles offrent l'inconvénient de permettre aux pigeonneaux de sortir trop facilement de leur case pour poursuivre leurs nourriciers, en quête de nourriture. Il en résulte que souvent ils se trouvent ainsi perdus au milieu du pigeonnier, et se dirigent ensuite au hasard vers la première case venue, où ils sont massacrés par les occupants. Pour éviter ces contrariétés, il suffirait d'établir tout autour du pigeonnier une espèce de rayon formé d'une planche en sapin, appuyant sur des tasseaux implantés dans le mur, à une hauteur de 25 centimètres du sol, et d'installer les cases mobiles sur cette tablette.

En ce cas, il faudrait, devant l'entrée de chaque case, une planche qui fît saillie de 20 centimètres en dehors, pour recevoir les pigeons qui retournent à leur nid.

Les meilleurs nids sont ceux de terre cuite, il en faut deux dans chaque case ; car le pigeon voyageur, qui est destiné à jouer un rôle important dans toutes les futures guerres, est d'une fécondité surprenante, et il n'est pas rare que la fe-

melle fasse une nouvelle ponte dans le second boulin, pendant que ses nourrissons occupent encore le premier.

On doit employer des nids en terre cuite *non vernissés*, bien entendu ; car les plateaux vernissés n'absorbent pas l'humidité de la fiente des pigeonneaux, et la conséquence en est que les brindilles de paille ou de bois dont les pigeons tapissent le nid, se pourrissent, engendrent l'humidité, la vermine et exhalent une odeur fétide très-pernicieuse à la santé des petits.

Le nid ou boulin est un plateau creux, ayant 20 à 25 centimètres de diamètre, sur 5 centimètres de hauteur. Il est essentiel qu'il soit bien assis et bien d'aplomb, afin qu'il ne bascule pas sous le poids des pigeons quand ils se posent sur son rebord.

Il est bon de semer une poignée de sable fin mélangé de poudre de pyrhêtre au fond des boulins, car le pigeon pond souvent ses œufs à nu dans le nid, et la couche de sable l'empêche de les écraser, en même temps que la poudre de pyrhêtre éloigne la vermine qui attaque fréquemment les pigeonneaux.

On pose des perchoirs à volonté, on ne peut jamais en poser trop ; mais on doit avoir soin de les disposer de façon que les hôtes, qui perchent en haut, ne puissent salir de leur fiente ceux qui occupent les perchoirs inférieurs. Pour éviter les combats, il est préférable de poser les perchoirs tous à la même hauteur, de ne pas les disposer en échelle ; car les pigeons, comme, du reste, tous les volatiles, ont la rage de vouloir toujours monter au plus haut échelon, et il en résulte des rixes sans fin. Je recommande aussi d'établir une planche ayant 30 centimètres de largeur, qui entoure intérieurement le colombier, pour servir de promenoir aux pigeons.

Le portail qui s'adapte à l'extérieur du colombier est une grande cage en treillage ou en fils d'archal, servant à régler l'entrée et la sortie des pigeons, où ils peuvent jouir, en tous temps et à toute heure, des douces influences de l'air et des rayons du soleil, quand ils sont retenus en captivité. Le dessus devrait être couvert d'une feuille de zinc, afin d'empêcher la pluie de convertir la fiente en boue, qui s'attache ensuite aux pattes et aux plumes des pigeons et les recouvre d'une croûte de malpropreté.

Cage munie de happeaux ou cliquettes

La cage doit être établie de façon que le pigeon qui s'est abattu sur la plate-forme ou sur la trappe supérieure, voie l'intérieur du colombier, afin qu'il n'hésite pas à y rentrer.

Le happeau est un appareil aussi simple qu'ingénieux qui consiste en une rangée de fils d'archal mobiles, enfilés à une tringle, lesquels se soulèvent à la moindre pression du pigeon, lorsqu'il essaye de pénétrer au pigeonnier ; retombent aussitôt derrière lui dans des encoches entaillées dans une planchette servant d'arrêt, et le retiennent prisonnier dans la cage, jusqu'à ce que son propriétaire vienne lui rendre la liberté.

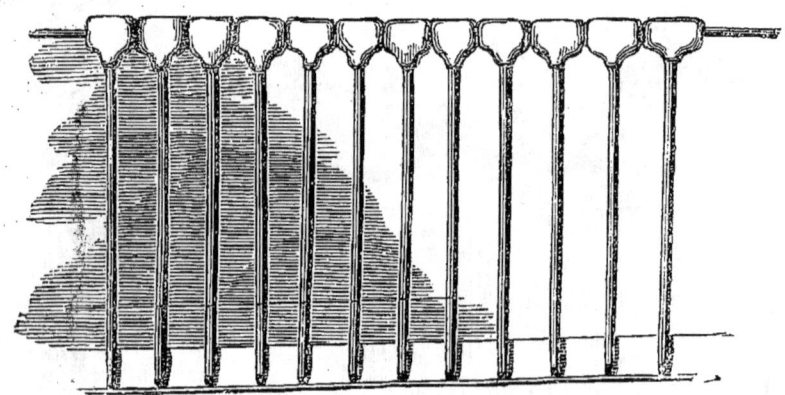

Happeaux ou cliquettes.

On ne se sert de cet appareil que lorsqu'on fait voyager les pigeons, afin de les empêcher, à leur retour de voyage, de sortir de nouveau du colombier avant qu'ils aient été dépouillés des dépêches dont ils sont porteurs ; il est indispensable, cependant, de les habituer, dès leur jeunesse, à soulever les fils d'archal mobiles qui barrent l'entrée de la cage.

Les amateurs trouveront un modèle irréprochable de cage et de happeaux au jardin d'acclimatation.

Le sol bétonné. — Pour donner au sol des colombiers des conditions de salubrité, on a, dès longtemps, indiqué toute sorte de moyens : briques sur champ, carrelage, plancher, etc., etc. Aucun de ces procédés ne me paraît atteindre le résultat cherché, et tous entraînent des inconvénients considérables.

La brique et le carrelage entretiennent constamment une humidité glaciale ; ils se détériorent très-promptement et se désagrègent par la nature corrosive des excréments des pigeons qui les imbibent.

Les planchers de bois ont à peu près les mêmes inconvénients : outre qu'ils offrent aux rats un accès facile au colombier, ils conservent un dépôt d'humidité fangeuse très-difficile à détruire, directement contraire à la salubrité, et que la chaleur et la fermentation rendent infecte et suffocante ; enfin, dans les interstices dont tous les efforts du balai ne peuvent atteindre parfaitement le fond, avec l'humidité, la poussière, la terre et les débris d'excréments, s'engendrent, se nourrissent et se multiplient une foule d'insectes qui pullulent, l'été surtout.

Le moyen d'éviter tous ces inconvénients consiste à revêtir de béton le sol des colombiers.

Un seul coup de balai, et le sol devient sec comme un plancher ou un parquet.

Rien de plus facile que d'établir le béton. L'homme le moins attentif apprendra en une demi-heure, à disposer le sol arrosé convenablement ; — à pétrir le mortier et le cailloutis hydraulique ; enfin, à l'étendre sur une épaisseur de 3 à 4 centimètres.

La chaux hydraulique rend ce pavage en béton le plus économique de tous. Je ne crois pas qu'il revienne à plus de fr. 1,50 le mètre carré.

Si, au bout d'un certain temps et à de certaines places, le béton s'use et se creuse, rien n'est plus simple que la réparation. Il suffit de délimiter l'endroit à remplacer au ciseau et au marteau, et de substituer à cette place, préalablement mouillée et battue par-dessous, un nouveau béton qu'on protége, pendant quelques jours, au moyen de bouts de planches.

Je me permets de penser que les colombophiles auront fait un notable progrès le jour où ce mode de pavage en béton sera usité partout. Aucun autre, en effet, n'est plus favorable à la santé des pigeons, et j'en parle aujourd'hui après l'avoir vu longuement expérimenté au jardin d'acclimatation, de Paris.

Organisation des colombiers militaires de Prusse.

Dès le mois de mai de 1872, le ministre de la guerre de Prusse chargea un spécialiste de Cologne, M. Lenzen, d'établir des stations de pigeons voyageurs en Allemagne. Tout d'abord, M. Lenzen fut envoyé en mission en Belgique pour acheter des pigeons, et étudier sur place les procédés de dressage employés dans ce pays. Au retour de ce voyage, M. Lenzen établit quatre stations de pigeons voyageurs à Berlin, à Cologne, à Strasbourg et à Metz, et répartit entre ces quatre établissements les 300 paires de pigeons voyageurs dont il avait fait l'acquisition à Bruxelles et à Anvers.

Ces colombiers militaires sont peuplés actuellement de deux types différents de pigeons ; le premier, celui de Berlin, est spécialement destiné à la reproduction des pigeons ; établi au jardin zoologique, il comprend deux bâtiments distincts, l'un pour les pigeons reproducteurs, l'autre pour les jeunes couvées ; il possède actuellement 500 paires de pigeons.

Les trois autres, plus particulièrement destinés aux pigeons qui volent, sont conçus sur le même modèle. Voici la description de l'un d'eux, celui de Cologne :

Le pigeonnier militaire est établi dans les greniers d'une caserne; il est assez spacieux pour qu'on ait pu, en 1874, y loger à peu près 200 pigeons (il a environ 15 mètres de long sur 10^m,70 de large), il est parfaitement éclairé et muni de *happeaux* et de *trappes*. L'intérieur du colombier est divisé par des grillages en dix compartiments qui peuvent communiquer entre eux par des portes à coulisse. Ces portes sont tenues habituellement fermées, mais pour permettre aux pigeons de circuler, de passer d'un compartiment dans un autre, elles présentent un guichet à leur partie inférieure. Cette organisation rend très-facile la capture des pigeons, en permettant de rassembler dans un même compartiment tous ceux destinés à voyager, mais il offre l'inconvénient de favoriser la propagation des maladies épizootiques d'un compartiment à l'autre.

Les pigeons sont nourris exclusivement de vesce : on leur fait deux distributions par jour. L'eau contenue dans des fontaines en zinc est renouvelée tous les deux jours.

Le plancher est balayé tous les jours ; on n'y répand pas de gravier. C'est cependant une mauvaise économie, car le pigeon voyageur aime beaucoup la propreté ; et, pour cette raison, il est préférable de répandre du sable sur le sol des colombiers, parce que le sable empêche la fiente de s'attacher aux pattes des pigeons et de les salir.

Les cases sont posées sur le sol contre le mur. Chaque case contient un nid en terre cuite, au fond duquel on place une litière très-mince de copeaux de chêne.

En avant des cases, on a établi de petites cloisons en planches. Ce dispositif a pour but d'empêcher les combats de pigeons et de permettre, au besoin, aux occupants de défendre aux étrangers les abords de leur nid.

A chaque nid est suspendue une pancarte portant les numéros matricules du mâle et de la femelle, l'époque de la ponte, de l'éclosion et le nombre des petits. Tous les pigeons sont marqués sur les ailes d'un timbre spécial et d'un numéro matricule, les jeunes portant les numéros de leurs parents.

La race d'Anvers prédomine, d'ailleurs, dans les colombiers militaires allemands, bien qu'on la croie inférieure à celle de Liége pour la rapidité du vol ; mais les sujets de cette race étant, en revanche, plus forts, sont plus aptes, par conséquent, à voler contre le vent. Cette qualité a d'autant plus d'importance, en Allemagne, que les pigeons pour les voyages de dressage sont envoyés dans l'intérieur du pays, que les colombiers sont surtout établis dans la partie occidentale de l'empire, et que le vent le plus fréquent est le vent d'ouest.

L'administration du colombier, c'est-à-dire l'entretien des locaux, le soin de pourvoir à la nourriture et au transport des pigeons, à la solde des employés, etc., est confiée au commandant de place de la forteresse ; la surveillance du colombier est plus particulièrement exercée par un agent du service du génie, qui est, à proprement parler, le directeur de la station de pigeons. Il est chargé de l'expédition et de la réception des dépêches. Il a sous ses ordres un gardien, un spécialiste, dont le traitement mensuel est fixé à 30 thalers (112 fr. 50) et deux soldats de la garnison. On estime que ce personnel serait insuffisant en temps de guerre, et qu'il devrait être doublé.

La comptabilité du colombier est tenue de la façon suivante, au moyen de trois registres. Sur le registre n° 1, livre des recettes et des dépenses, le directeur de la station porte toutes les dépenses du colombier ; ce registre est contrôlé une fois par mois par le commandant de place. Le registre n° 2 contient la liste générale de tous les pigeons, avec l'indication, pour chacun d'eux, du numéro matricule, du sexe, de l'âge, de la robe et des signes particuliers. Le registre n° 3 est un véritable journal d'entraînement ; il donne l'indication des voyages effectués par chaque pigeon, contient des notes sur la rapidité et la sûreté de leur vol, et renferme tous les renseignements propres à éclairer le directeur sur les services que peut rendre chaque messager. Ces trois registres servent au chef de la station à établir le rapport mensuel qu'il doit adresser au commandant de place; celui-ci, à son tour, est tenu de faire parvenir au ministre un rapport d'ensemble sur la situation du colombier.

L'initiative privée en Allemagne.

Les ressources dont le gouvernement allemand dispose actuellement, sont amplement suffisantes pour établir, en cas de guerre, un service de courriers entre les différentes places fortes et la capitale de l'empire allemand ; mais seraient-elles insuffisantes, il resterait à la Prusse la faculté de recourir aux colombiers particuliers. Le public allemand s'est, depuis 1870, passionné pour les courses de pigeons, et bien que ce goût ne soit pas accentué d'une façon aussi frappante qu'en Belgique, il s'est cependant traduit par l'apparition d'une série de brochures, par la création de cinq journaux spéciaux, et surtout par la formation de nombreuses Sociétés colombophiles, dont la plus importante est, sans contredit, la Société Colombia de Cologne. Cette Société, en 1873, avait cent cinquante-sept membres. Ses recettes annuelles s'élevaient, à cette époque, à 5,208 marcs, et son matériel à 120 marcs. La Société a organisé, dans le cours d'une année, douze concours de pigeons de tout âge, et sept pour pigeons adultes.

Ces renseignements et ces chiffres permettent d'apprécier le développement qu'a pris, en Allemagne, l'éducation des pigeons voyageurs. La nouveauté de l'industrie ne pouvait manquer d'assurer au personnel ailé qu'elle emploie l'intérêt et la faveur de tous ; mais cet intérêt et cette faveur sont raisonnés, essentiellement positifs, et, en constatant avec curiosité les progrès réalisés, le public allemand n'oublie jamais d'y rattacher l'idée des services de premier ordre qu'on en peut attendre pour la guerre. La presse militaire, en cette circonstance, n'a pas failli à ses habitudes et elle a eu soin de faire l'éducation de ses lecteurs spéciaux, en leur fournissant à plusieurs reprises des détails précis sur le rôle et l'utilité des pigeons voyageurs. Cependant, aucune publication, à notre connaissance, n'a autant insisté sur la question, qu'un récent article paru dans le *Soldaten Freund* du mois de mars 1876.

C'est aux sous-officiers de l'armée allemande, on le sait, que s'adresse ce recueil ; et si, au premier abord, quelques parties de son exposé semblent un peu longues, on s'en explique bientôt le développement par le désir de pénétrer sûrement l'esprit des lecteurs, et l'on n'en constate alors que mieux la haute importance que l'on reconnaît, dans l'armée allemande, aux pigeons considérés comme agents de correspondance en temps de guerre. L'auteur s'est, d'ailleurs, placé, pour intéresser son public, sur un terrain très-favorable, et, comme si dans l'avenir l'emploi des pigeons voyageurs devait être un privilége exclusivement réservé aux adversaires de l'Allemagne, il s'est appliqué à mettre en relief tous les avantages de la poste aux pigeons, en montrant uniquement le préjudice qu'elle peut causer à une armée allemande, et en indiquant les moyens de se défendre contre ces ennemis d'une nouvelle espèce. *Die Vertheidigung gegen das Kriegsmittel der Brieftauben*, tel est le titre même de la thèse qu'il a choisie.

De l'emploi des pigeons voyageurs au point de vue de l'agrément.

Beaucoup d'amateurs de pigeons voyageurs se désintéressent des luttes et concours, soit en raison des difficultés qu'ils éprouveraient à faire convoyer leurs pigeons aux localités de départ, soit par toute autre cause; d'autres personnes s'intéressent platoniquement à tout ce qui touche ces messagers aériens, mais ne voyant pas d'utilité immédiate et pratique à leur possession ils ne leur ouvrent pas le séjour de leurs colombiers.

Nos ancêtres s'entendaient à merveille à dresser la gent empennée au combat, à la course; les châtelains avaient toujours leur faucon au poing; par contre les châtelaines prenaient pour confidente leur colombe favorite, gracieuse et muette messagère.

En Orient, le pigeon routier est passé à l'état d'institution.

La correspondance du Caire avec Alexandrie se fait par le moyen de quatre colombiers, qui, installés dans les châteaux du vice-roi d'Égypte, transportent ses correspondances du château de la Montagne, où il réside de préférence, au Caire, aux châteaux de Menouf-ul-Ulia, de Damanhour et d'Alexandrie.

Dans les campagnes de France où les fermes sont dispersées, le cultivateur peut au moyen de pigeons donner des ordres d'une ferme à l'autre; — s'il va au marché il peut faire connaître chez lui par l'envoi d'une dépêche les achats qu'il a faits, les ventes qu'il a réalisées ; part-il pour la ville, il peut faire connaître son arrivée, donner des instructions, se faire expédier ce qui lui manque, etc.

Et combien d'autres emplois importants peut remplir ce serviteur utile et gratuit !

Beaucoup de personnes possèdent deux résidences, l'une à la ville, où leurs occupations les retiennent, l'autre à la campagne.

Quoi de plus charmant que d'envoyer de ses nouvelles, d'un de ces points à l'autre, au moyen des pigeons ?

Et de quelle utilité, dans un cas d'urgence, d'événement subit, ne doivent-ils pas être, lorsque par exemple la *campagne* est située au fond des bois ou dans des régions montagneuses et d'accès difficile.

Pour ceux-là dont les familles sont en villégiature n'est-il pas commode de mettre dans sa poche le matin un de ces jolis oiseaux et de le lâcher pour prévenir qu'une affaire importante ou un accident imprévu, retient le maître de la maison.

Et si celui-ci emmène quelques convives supplémentaires pour le dîner, la maîtresse de la maison ne sera-t-elle pas bien aise d'en être avertie par l'arrivée du pigeon, porteur d'un signe convenu ou d'une dépêche attachée à l'une des plumes de la queue.

Et dans mille autres circonstances, ne sera-t-on pas bien aise d'avoir sous la main un messager gratuit, discret et incorruptible, dont la vitesse est sans égale et qui franchit chemins et fossés en ligne directe.

A Paris même, toutes ces utilisations si diverses du pigeon voyageur trouveraient leur application quotidiennement.

Les médecins, les hommes d'affaires, les entrepreneurs, les banquiers, auraient mille occasions de s'en servir.

Nous engageons donc toutes les personnes qui possèdent un colombier à y ménager la place de quelques couples de pigeons voyageurs, l'agrément qu'ils en retireront compensera largement les soins qu'ils doivent leur donner.

L'initiative privée au point de vue stratégique.

C'est au merveilleux instinct d'orientation des pigeons voyageurs, oiseaux plus gracieux, à coup sûr, que les pigeons ordinaires de nos colombiers, que la population parisienne tout entière a dû les seuls moments de soulagement dont elle a joui pendant le long et douloureux siége qu'elle a, d'ailleurs, si héroïquement supporté. Si malheureusement, et cette triste éventualité doit être prévue, la guerre venait à éclater de nouveau, il est important de savoir que les Allemands ont, dès à présent, dans toutes leurs forteresses, des colombiers militaires pourvus de pigeons de race belge. Des sociétés civiles colombophiles se sont formées et continuent de se former dans toutes les villes allemandes un peu importantes au point de vue stratégique ; en un mot, le moyen de correspondance inauguré pendant le siége de Paris sera certainement retourné contre la France, si nous ne faisons pas autant et aussi bien que les Prussiens. Le gouvernement s'occupe de la question ; mais à côté des institutions officielles, il convient, il est urgent de susciter les initiatives individuelles. L'installation d'un colombier composé de quinze à vingt paires de pigeons voyageurs n'entraîne pas de grandes dépenses et peut devenir une source de jouissances réelles, car rien n'est plus intéressant, plus émouvant que le retour au toit natal de pigeons transportés à des centaines de kilomètres de leur colombier ; mais quelle noble satisfaction ne doit-on pas éprouver à la pensée que l'on peut, un jour, contribuer efficacement à la défense du pays, en mettant quelques oiseaux élevés avec soin à la disposition de l'État.

Le concours de tous n'est pas de trop dans la situation où se trouve la France. Les hommes d'un âge qui ne leur permet plus de porter les armes ; les femmes, si habiles, quand elles le veulent, à soigner les oiseaux, peuvent obtenir des résultats précieux, sans grandes peines et, au contraire, nous le répétons, en se procurant une distraction des plus agréables.

Nous faisons donc appel à tous ceux qui aiment leur pays ; et le conseil général et les conseils municipaux de toutes nos villes accueilleront, nous n'en doutons pas, les propositions qui pourront leur être faites d'encourager, par des prix, l'élève du pigeon voyageur, mille fois plus précieux, assurément, que celui des chevaux de course, qui n'ont jamais rendu le moindre service à un pays en danger.

Guidés par des sentiments de patriotisme qui les honorent, M. le colonel du génie Laussedat, président de la commission d'aérostation militaire, M. A. Geoffroy Saint-Hilaire, directeur du jardin d'acclimatation, M. le colonel baron de Reinhac, M. Chassinat, administrateur des postes, M. le colonel Henry Gay, M. Alfred Belmontet, M. le comte Henry de Larocque-Latour, M. le comte de Toulmon, M. Guy, directeur de l'aquarium toulousain ; M. Gustave Andelle d'Epinac, M. le comte Adrien de Brimont, etc., etc., ont installé déjà des colombiers dans leurs propriétés pour y élever des pigeons voyageurs en vue de les mettre, en cas de besoin, à la disposition de l'État.

M. le comte de Brimont, guidé par les mêmes sentiments patriotiques, a érigé dans la faisanderie de son château de Meslay-le-Vidame, un charmant pigeonnier-volière qui sert d'habitation à quelques couples de pigeons voyageurs reproducteurs de la meilleure race, et dont le dessin ci-dessous donne une idée exacte.

Cette volière est composée d'une cabane en maçonnerie, précédée d'une volière-treillage adossée contre la façade et exposée au levant, de façon que les oiseaux y sont abrités du vent glacial du nord, et peuvent s'y réchauffer le matin aux premiers rayons du soleil, tant recherchés par les gallinacés.

L'intérieur de la cabane est garni de quatre rayons de cases en briques enduites de ciment, ayant 60 centimètres de long sur 35 de large et de haut; la devanture des cases est en tôle et se soulève par des charnières pour faciliter le nettoyage.

La manière de peupler un colombier.

Il y a plusieurs manières de peupler un colombier.

La meilleure méthode, c'est de s'adresser à un colombophile, dont les pigeons ont l'habitude de se distinguer dans les luttes aériennes, de lui demander en cheptel, depuis le 15 février jusqu'au 1ᵉʳ juillet, cinq ou six paires de pigeons reproducteurs, âgés de trois à cinq ans, qui ont déjà donné une bonne lignée, et de les laisser reproduire.

Un amateur se prêtera beaucoup plus vite à cette combinaison, moyennant une redevance d'argent ou autre, *que de vendre ses bons pigeons*

C'est une grande erreur, lorsqu'on veut monter un colombier, de s'adresser à un marchand, et d'acheter, au hasard, des pigeons de généalogies et de capacités inconnues ; car, à moins d'avoir la main exceptionnellement heureuse, il est bien rare qu'on réussisse avec des oiseaux sans certificats.

Des pigeons reproducteurs qui ont remporté des prix dans les grands concours, ont prouvé, jusqu'à l'évidence, qu'ils possèdent des qualités instinctives hautement développées, dont l'hérédité dotera, selon toute probabilité, leur progéniture. Il y aura certes, parmi les descendants, des sujets qui n'auront pas autant de mérite que les parents, mais ils formeront la minorité ; tandis que parmi les oiseaux de généalogie inconnue, les sujets de réforme constituent toujours la majorité sinon la masse.

2ᵉ *manière*. — Lorsqu'on ne connaît absolument aucun colombophile, et qu'on ne sait à qui s'adresser pour se procurer des pigeons de choix, il se présente alors la ressource des ventes publiques, qui se tiennent annuellement à Bruxelles, en hiver, et qui sont annoncées dans les journaux colombophiles belges, avec indication des voyages que chaque oiseau a accomplis et des prix qu'il a remportés.

Pour donner aux nouveaux amateurs une idée plus pratique des ventes publiques de pigeons voyageurs, voici l'annonce d'une de ces ventes :

Ville de Bruxelles. — *Dimanche 5 mars 1876.*

VENTE PUBLIQUE DE PIGEONS VOYAGEURS

De 15 pigeons formant tout le colombier de M. BAL, domicilié à Edegen (province d'Anvers). Pour cause de dissolution de Société.

Cette vente aura lieu en l'établissement intitulé : *le Cirque*, rue d'Or, 16, à Bruxelles, le dimanche 5 mars, à midi précis. Elle se fera au comptant, avec augmentation de 10 0/0 pour frais. Les pigeons seront exposés le jour de la vente dès dix heures du matin. Les acquéreurs auront la faculté d'aduire les pigeons jusqu'au 1er octobre 1876 ; ceux-ci pourront être réclamés au domicile du vendeur, tous les jours, de huit heures du matin à quatre heures de relevée. Après cette date, la cage sera retirée et la fenêtre clôturée.

1 1871 Mâle bleu uni (provenant de M. Deschutter, de Duffel); Valenciennes, Saint-Quentin, Paris prix, Blois prix, Nantes prix.

2 1873 Femelle bleu écaillé (jeune des n°s 1 et 9) : productrice.

3 1871 Mâle bleu uni (frère du n° 1); Valenciennes, Saint-Quentin, Paris prix, Orléans prix d'honneur, Blois prix.

4 1873 Femelle bleu écaillé (jeune des n°s 1 et 9) : productrice.

5 1875 Mâle rouge écaillé (jeune des n°s 3 et 15) : Valenciennes, Creil prix, Etampes prix.

Etc., etc.

L'amateur n'aura pas de peine à se convaincre, par l lecture de cette annonce, que, lorsqu'à l'entrée de l'hiver plusieurs ventes sont annoncées à la fois, rien ne lui sera plus facile que d'acquérir quelques couples de pigeons de grand mérite, et qu'il ne lui restera que l'embarras du choix.

Une dernière observation ; l'amateur qui n'a d'autre guide que l'annonce qu'il trouve dans son journal, laquelle est absolument muette sur les qualités physiques des oiseaux offerts en vente (ce qui, à mon avis, constitue une lacune regrettable), pourrait faire choix, en l'absence de renseignements exacts, d'un mâle et d'une femelle qu'il destine à accoupler ensemble, ayant l'un et l'autre les mêmes défauts physiques, comme, par exemple, le bec démesurément long. Il est donc indispensable qu'il les juge *de visu* ou qu'il charge un tiers expert en la matière de choisir les sujets ; du reste, les relations que le journal l'*Acclimatation*, dirigé par M. Deyrolle, établit si facilement entre amateurs, permet à tous de se trouver un correspondant qui rende ce service.

Quant aux prix, ils varient suivant les sujets. Pour édifier nos lecteurs, nous leur donnons le compte rendu d'une vente publique de 65 pigeons voyageurs qui eut lieu à Bruxelles le 1ᵉʳ mars 1874.

Des agents allemands assistèrent à cette vente et acquirent la majorité des pigeons aux prix fabuleux suivants :

Nᵒˢ	Fʳˢ	Nᵒˢ	Fʳˢ	Nᵒˢ	Fʳˢ	Nᵒˢ	Fʳˢ	Nᵒˢ	Fʳˢ
1	175	14	85	27	50	40	30	53	120
2	55	15	120	28	35	41	55	54	40
3	110	16	80	29	50	42	60	55	44
4	85	17	240	30	60	43	40	56	42
5	90	18	25	31	40	44	32	57	44
6	18	19	50	32	50	45	47	58	32
7	105	20	18	33	35	46	60	59	27
8	90	21	115	34	43	47	65	60	mort)
9	65	22	70	35	70	48	42	61	24
10	50	23	75	36	40	49	46	62	25
11	150	24	50	37	30	50	34		
12	35	25	30	38	26	51	50		
13	26	26	22	39	60	52	42		

En comptant les 10 pour 100 pour frais de vente, le montant des adjudications a presque atteint le chiffre de 4,000 francs ; la moyenne peut être évaluée à 65 francs par pigeon.

3ᵉ *Manière*. — Si le gouvernement ou des amateurs désiraient acquérir un très-grand nombre de pigeons de course, il suffirait, en ce cas, de faire une offre pour les pigeons formant tout le colombier d'un amateur distingué, avec la condition de pouvoir les soumettre à l'épreuve d'un trajet de 500 kilomètres, et de n'avoir à payer que ceux qui reviennent au pigeonnier le même jour, sans devoir accepter même les retardataires du lendemain.

On ne peut user de trop de précautions dans l'acquisition de pigeons voyageurs ; et je ne saurais consciencieusement conseiller à personne d'acheter des oiseaux inconnus, sans les essayer avant de les acheter. Si le propriétaire refuse de les soumettre à l'épreuve, c'est qu'il a la certitude que les pigeons dont il cherche à se défaire, n'ont aucun mérite, et, dès lors, nous n'avons plus qu'à nous retirer, sans conclure de marché avec lui.

4° *Manière*. — Il reste enfin le système pratiqué autrefois dans les pigeonniers de haut vol, qui consiste à avoir recours à des pigeonneaux de la première portée, qui commencent à manger seuls, mais qui n'ont pas encore volé. On leur vient un peu en aide pendant trois ou quatre jours, si l'on s'aperçoit qu'ils n'ont point le jabot suffisamment garni, en les abecquant avec des graines qu'on leur ingurgite en leur ouvrant le bec avec précaution. (Voir chapitre *Pigeonneaux*.)

Il est inutile d'ajouter, je pense, qu'on doit acheter des pigeonneaux provenant d'oiseaux de choix et de mérite appartenant à des amateurs distingués *qu'on connaît*, et que jamais il n'est bon de se procurer des pigeonneaux *chez un marchand*, à moins qu'on ne soit résolu de se laisser duper.

On doit avoir soin de se procurer, autant que possible, des couples complets, et d'éviter surtout d'avoir plus de mâles que de femelles, car les mâles célibataires portent généralement le désordre et la perturbation dans le pigeonnier.

La manière d'aduire les pigeons.

On aduit les pigeonneaux en les enfermant pendant *deux ou trois jours*, avant même qu'ils sachent user de leurs ailes, dans la cage à claire-voie qui est adaptée à l'extérieur du colombier et qui règle l'entrée et la sortie des hôtes, afin de leur apprendre à connaître les alentours du pigeonnier, de les habituer à ses horizons, et on leur accorde ensuite la liberté ; mais il ne faut jamais les chasser brusquement du colombier, car ils se lanceraient dans l'espace à perte de vue et s'égareraient ; il faut les laisser sortir seuls, les laisser agir, éviter surtout de les effaroucher ; car il suffit quelquefois d'une porte qui claque, d'un petit oiseau qui vient s'abattre au milieu d'eux, d'une feuille qui se détache d'un arbre, du moindre bruit, pour qu'ils s'effrayent, prennent leur vol dans les airs et disparaissent à tout jamais. Plus ils sont jeunes, plus ils sont faciles à aduire ; plus ils sont âgés, plus on s'expose à les perdre.

Lorsque la sortie du pigeonnier donne sur un toit, on pose les pigeonneaux sur la toiture avant qu'ils sachent voler. Ils n'y resteront pas longtemps ; ils iront bien vite rejoindre le pigeonneau qu'on a eu soin de tenir en réserve et de poser dans la lucarne. Ils s'initieront ainsi graduellement à l'usage de la liberté qu'on leur prépare, sans en abuser, comme d'une faveur nouvelle et inattendue. Il suffit de répéter cette opération deux ou trois fois de suite pour les aduire complétement et pour éviter de les perdre à leur première sortie, ce qui arrive malheureusement si souvent, notamment à Paris où toutes les maisons se ressemblent.

A la fin de la saison, l'amateur pourra soumettre ses pigeonneaux à quelques voyages d'essai, ne dépassant, par étapes progressives, la limite extrême de 300 kilomètres.

Ces voyages d'essai lui éviteront la besogne d'élaguer ; car les oiseaux de mérite médiocre ne reviendront pas au toit natal et se perdront en route, dès la troisième ou la quatrième étape.

L'année suivante, il laissera reproduire ses pigeons et ne gardera que les petits de la première et de la seconde couvée.

A la fin de la saison, il fera voyager les jeunes et les vieux pigeons ensemble, jusqu'à la limite extrême de 300 kilomètres, *pour les produits de l'année.*

Il continuera l'éducation des vieux pigeons, comme d'après la méthode enseignée au chapitre *Entraînement.*

Il est difficile d'aduire de vieux pigeons. Le meilleur système, c'est de leur couper les rémiges des ailes, de façon à les mettre dans l'impossibilité de voler. Pendant la saison de la mue, les pennes repousseront, et les pigeons s'habitueront très-probablement à voler avec les autres.

La tenue du pigeonnier.

Dans un colombier, les soins hygiéniques sont de la plus haute importance.

Les pigeons, comme tous les oiseaux à vol rapide, absorbent, dans un temps égal, une quantité d'oxygène presque double de l'homme ; ils ont donc indispensablement besoin de beaucoup d'air (voir chapitre *Ballons*), et ne tardent pas à dépérir dans un colombier mal tenu, sous l'influence de l'air vicié et de l'odeur fétide qui s'exhale des couches de colombine accumulée dans les casiers et dans les boulins.

Tous les matins, le sol doit être balayé ; les fientes des pigeons doivent être soigneusement enlevées, et toutes les cases où il y a des pigeonneaux dans les nids, doivent être nettoyées.

Les augettes doivent être visitées à fond tous les jours ; car il s'y forme rapidement un dépôt vaseux, qui bientôt infecte l'eau et la rend nuisible à la santé des pigeons.

L'accumulation de la colombine engendre aussi l'humidité qui est surtout pernicieuse aux petits, en même temps qu'elle sert de retraite à la vermine.

Le pigeon voyageur aime, du reste, beaucoup la propreté et se sent malheureux dans l'ordure. C'est pour ce motif que les colombophiles garnissent toujours le sol de leurs pigeonniers d'une couche de sable fin, afin d'empêcher les fientes de s'attacher aux pattes des pigeons, et ce sable doit être enlevé et renouvelé toutes les semaines.

On veillera à ce que le sable qu'on remet, soit bien sec, autrement il répandrait l'humidité dans le colombier, et l'on atteindrait le but contraire à celui qu'on se propose : l'humidité, sous toutes les formes, est extrêmement préjudiciable aux pigeons voyageurs.

On proscrira aussi les bassins pleins d'eau de l'intérieur du colombier ; car les pigeons ne manqueraient pas, en s'y baignant, de répandre l'eau sur le sol, et l'on retomberait dans l'inconvénient qu'on a voulu éviter en faisant une aire en sable sec.

Lorsque les nids occupés par les pigeonneaux sont malpropres et mouillés, on doit les changer en ayant soin de chauffer légèrement au four les boulins de rechange, pour empêcher que les petits ne prennent froid. — On ne doit jamais laisser les excréments s'incruster en couches épaisses sous les jeunes, car ils exhalent une odeur malsaine qui empoisonne l'air du colombier et engendre les maladies, et les vers s'y développent rapidement.

LES FUMIGATIONS DE SOUFRE

Deux fois par an, au mois de février, avant que les pigeons se remettent à nicher, et au mois d'octobre, lorsque la saison de la reproduction est entièrement terminée, il est rigoureusement nécessaire de badigeonner le pigeonnier de fond en comble à la chaux vive, pour détruire la vermine.

Rien ne doit échapper à ce lavage au lait de chaux ; les parois, le plafond, les portes, les cases, les boulins, le sol, les ustensiles, tout doit y passer ; car l'insecte dépose ses œufs microscopiques partout, et l'on doit boucher soigneusement tous les petits trous et toutes les fissures dans les murs qui habituellement recèlent des mites et d'autres insectes.

Après cette opération, on fait une fumigation de soufre dans le colombier, et l'on calfeutre toutes les ouvertures, pour que la fumée ne s'échappe pas par les fentes et les fissures. — On laisse le colombier fermé pendant toute une journée, pour permettre à la fumée de soufre de pénétrer jusqu'au fond des retraites à vermine les plus inaccessibles, et le lendemain on y remet les pigeons, après avoir bien aéré le pigeonnier.

La fumée de soufre est la mort de l'acarus assassin et de

toute la vermine qui afflige les pigeons. C'est le remède le plus efficace que je puisse recommander, et le plus facile à appliquer.

L'AÉRATION

Le manque d'air est beaucoup plus nuisible aux pigeons que le froid. Ne craignez donc pas d'établir en été des courants d'air dans votre colombier. Deux cheminées d'aération, ayant 60 centimètres de circonférence pratiquées dans le plafond, sont la meilleure ventilation qu'on puisse établir dans un pigeonnier. L'ouverture de ces cheminées devrait être

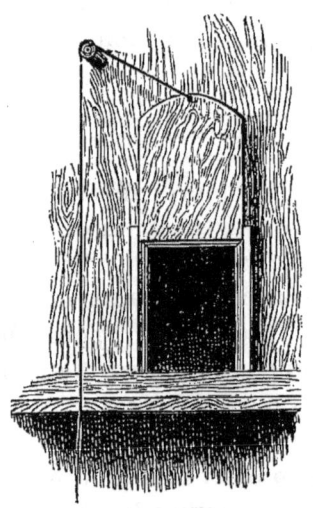

Trappe à coulisses.

grillagée, afin de barrer le passage aux animaux nuisibles. — L'odeur fétide, les miasmes, l'humidité, l'air vicié et les gaz malsains tendent toujours à s'élever, et, lorsqu'ils arrivent au haut du plafond, ils s'échappent par les cheminées. Cette circulation est, du reste, puissamment secondée par la lucarne ou l'entrée du pigeonnier, qui établit, avec les cheminées d'aération, un courant d'air ascendant purificateur, et introduit constamment dans le colombier l'air sain du dehors. Pendant le froid glacial de l'hiver, on fermera le soir la lucarne à l'aide d'une trappe à coulisses, car les pigeons sont sujets à la congélation des pattes.

Dans les pigeonniers ainsi ventilés, les épidémies sont inconnues, et l'on a rarement à déplorer la perte d'un pigeon par suite de maladie.

Ce sont là de ces soins qui doivent présider à toutes les opérations inhérentes à une bonne administration ; il s'agit d'une surveillance de tous les jours, de tous les instants, qui consiste dans le déploiement d'un peu d'intelligence de la part de la personne qui est chargée de la direction du colombier, et les points essentiels à mettre en saillie dans ce qui précède, sont : une bonne aération et une grande propreté, rien n'étant plus préjudiciable aux intérêts d'un colombophile que la malpropreté et le manque d'air.

LE SEL GEMME

On ne doit pas oublier de munir le colombier d'un grand bloc de sel gemme, car le sel est très-recherché par les pigeons, il les attire au colombier et leur est indispensable.

M. le colonel baron de Reinach m'a raconté que, lors de l'expédition de Laghouat, en Algérie, l'armée aperçut, en plein désert, un monticule qui, lorsque les soldats s'en approchèrent pour l'examiner, se trouvait être un immense bloc ou rocher de sel. Des bandes nombreuses de pigeons s'y étaient installées, et les pigeonneaux, dont on était parvenu à s'emparer, étaient maigres comme des squelettes, malgré l'abondance de nourriture que les pigeons trouvaient dans l'oasis de Laghouat.

La grande maigreur des pigeonneaux que les soldats ont constatée, prouve que l'abus du sel est nuisible à leur santé, et qu'il ne faut leur en servir qu'avec modération.

Ustensiles du colombier.

La fontaine ou l'abreuvoir est en terre cuite vernissée à l'intérieur, plus ou moins volumineuse, selon le nombre de pigeons qu'on a à désaltérer. Je pense qu'il est superflu de la décrire, car tout le monde la connaît.

La trémie (*trimodia*, vase qui contenait trois boisseaux) est un auget de capacité indéterminée, large par le haut et étroit par le bas, dans lequel on met les graines qui tombent de là dans la *mangeoire* au fur et à mesure qu'elle se vide. La mangeoire doit être couverte d'une planchette percée d'un très-grand nombre de trous, à trois centimètres de distance, et assez grands pour permettre aux pigeons d'y passer la tête facilement; elle empêche les oiseaux de gaspiller, et de piétiner les graines en même temps qu'elle les garantit des ordures qui pourraient y tomber.

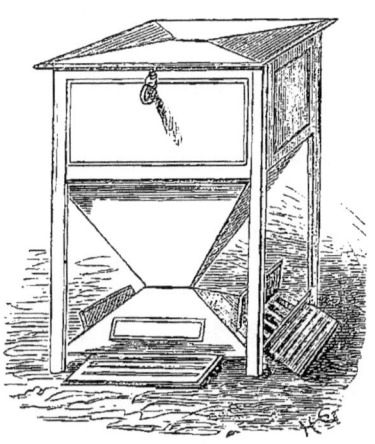

Trémie à pédales s'ouvrant sous le poids du pigeon.

On recouvrira la trémie d'une autre planchette faisant saillie de chaque côté, afin d'empêcher les pigeons, qui se poseraient sur ses rebords, de salir les graines de leurs fientes.

L'*épuisette* est une poche profonde en filet à mailles serrées montée sur un cerceau ayant 50 à 60 centimètres de diamètre, et emmanchée dans un bâton de longueur à volonté. On s'en sert pour prendre les pigeons dans le colombier; mais elle blesse souvent les oiseaux, lorsque l'amateur ne sait pas la manier avec adresse, c'est pour cette raison que je ne suis pas partisan de son emploi.

Le *grattoir* est un instrument de fer semblable à la truelle dont se servent les maçons pour le récrépissage. On l'emploie pour extraire les ordures des cases.

Les *râteaux*, employés par les colombophiles pour ratisser, tous les matins, la couche de sable qui garnit l'aire du colombier et en extraire les fientes des pigeons, sont les mêmes que ceux dont se servent les jardiniers pour détruire les mauvaises herbes et ratisser les allées. C'est un instrument composé de plusieurs dents parallèles, fixées à une traverse à laquelle s'adapte un manche.

Les *perchoirs* sont des bâtons arrondis de 4 à 5 centimètres de diamètre, dont le nombre doit être proportionné au nombre d'hôtes. On les pose dans des tasseaux scellés dans les murs. On doit avoir soin de bien mastiquer les interstices qui séparent les tasseaux des parois, afin que l'acarus n'y établisse sa retraite et ne s'y multiplie à son aise.

Les accouplements.

Les accouplements se font pendant toute la saison de la reproduction. Rien n'est plus facile que d'accoupler les pigeons : il suffit d'enfermer ensemble, dans un casier, le couple qu'on veut unir ; bientôt le mâle fait les premières avances, qui consistent en courbettes, en moulinets, en longs roucoulements, qui vont toujours *crescendo*, et que la femelle repousse d'abord à coups d'ailes et de bec, surtout si elle était accouplée avec un autre mâle ; mais cette résistance n'est généralement pas de longue durée ; au bout d'un très-petit nombre de jours, la femelle accueille gracieusement les prévenances de son prétendant, et, dès lors, le mariage est contracté à vie, d'un commun accord, à moins que la volonté capricieuse de l'homme ne vienne de nouveau s'interposer entre ces deux liens ; car il est bien rare que deux pigeons, une fois bien accouplés, se séparent ou rompent volontairement les liens conjugaux, qu'ils considèrent comme indissolubles durant le reste de leur vie.

Pour accoupler les pigeons voyageurs avec intelligence, il faut posséder beaucoup de tact et une profonde connaissance des qualités physiques et instinctives qui constituent le bon messager ailé. C'est, pour ces diverses raisons, que je conseille aux jeunes amateurs d'avoir recours aux conseils obligeants et aux lumières de vieux praticiens, pour procéder aux accouplements de leurs pigeons, car le sort de leur colombier en dépend.

Les accouplements doivent être l'objet de soins éclairés ; la règle générale veut que les qualités du mâle corrigent les défauts de la femelle et *vice versâ*. Si, par exemple, le mâle pèche par le manque d'ampleur de poitrine, il faut l'accoupler avec une femelle ayant la poitrine bien développée et le vol puissant. S'il pèche par une longueur démesurée du bec, il faut l'accoupler avec une femelle ayant le bec très-court ; s'il a les yeux blancs sablés de rouge, il faut l'accoupler avec une femelle ayant les yeux rouges sablés de jaune, et ainsi de suite.

Cependant, pour ne pas s'exposer à des déceptions et pour agir avec sûreté, il faut absolument connaître la généalogie de ses pigeons ; autrement la loi de l'atavisme déjouera constamment les calculs les mieux combinés. Ainsi, par exemple, un mâle qui a le bec court, *mais qui descend d'un père ou d'une mère qui avait le bec long*, ne devrait pas être accouplé avec une femelle ayant le bec long, en vue de corriger l'imperfection du bec de sa compagne ; car, de cette alliance, on ne pourrait guère s'attendre qu'à des résultats absolument négatifs et capricieux.

Si l'on possède un type parfait, auquel on désire ramener tout son colombier, un pigeon, par exemple, qui possède un grand cachet de distinction ; si c'est une femelle, il faut rechercher, dans le mâle avec lequel on veut l'accoupler, autant que possible la parité des formes ; car c'est la parité des formes des parents qui assure la reproduction de jeunes exactement semblables au couple reproducteur.

En d'autres termes, pour obtenir de beaux produits, il faut que les conformations du mâle aient une certaine homogénéité avec celles de la femelle.

Ainsi, par exemple, si l'amateur possède une femelle bien étoffée, au plumage bien lisse, ayant le bec gros et court, l'œil rouge, la poitrine ample et ornée d'un jabot, et si le mâle possède les mêmes qualités, il est à peu près certain que l'hérédité dotera leur progéniture des mêmes perfections. On a évidemment plus motif d'y compter, que si l'on accouplait la femelle avec un mâle à formes disparates.

Je ne puis assez insister sur la nécessité de rechercher autant que possible la parité des formes dans les oiseaux reproducteurs *dont on veut conserver les produits;* car, autrement, on se lance toujours dans l'inconnu et l'on se ménage toutes sortes de mécomptes.

Il faut éviter d'accoupler une petite femelle avec un grand mâle, parce que la petite femelle pond de petits œufs et que le germe d'un grand mâle s'y développe quelquefois mal à l'aise; mais on peut sans inconvénient accoupler une femelle de grande taille avec un mâle plus petit qu'elle.

Il arrive fréquemment qu'un pigeon dont les qualités physiques laissent beaucoup à désirer, se fait remarquer, au contraire, par ses qualités instinctives. Il ne faut pas hésiter, il faut le conserver comme oiseau reproducteur; et, dans son accouplement, il faut appliquer le principe de la correction des imperfections de l'un par les perfections de l'autre.

Ce sont les qualités instinctives que l'amateur doit rechercher, avant tout, dans le pigeon voyageur; et un traînard, quelque gracieux qu'il soit, doit être proscrit, sans merci, du colombier. — Les mêmes considérations doivent faire rejeter les pigeons qui reproduisent mal, élèvent mal leurs petits, et surtout les femelles qui pondent souvent des œufs clairs.

L'amateur doit fixer son choix exclusivement sur les reproducteurs qui se rapprochent le plus de la perfection.

Un pigeon voyageur peut vivre, dit-on, jusqu'à l'âge de vingt-cinq ans ; mais sa fécondité cesse bien avant, et il vaut mieux le supprimer, comme reproducteur, à l'âge de huit ans ; car les vieux pigeons ne produisent que des petits médiocres, dont les muscles et les os sont d'un tissu moins compact, et ils meurent souvent de consomption lorsqu'ils font leur mue.

Les tout jeunes pigeons donnent le plus souvent des produits lymphatiques, et ils ont, de plus, le défaut de nourrir médiocrement leurs petits. C'est pour ces motifs qu'il est bon d'accoupler la toute jeune femelle avec un mâle ayant un an de plus qu'elle et *vice versa*.

Le mâle et la femelle concourent pour une part égale à l'œuvre merveilleuse de la fécondation. Si un couple est stérile, il faut le séparer, accoupler le mâle avec une autre femelle et *vice versa*, pour s'assurer lequel des deux est à réformer.

Je conseille, surtout aux jeunes amateurs, de s'attacher avec persévérance aux reproducteurs qui se sont distingués dans les voyages de long cours et qui ont déjà donné une bonne lignée ainsi qu'aux femelles de grande taille, à poitrine bien développée ; car une grande ampleur de poitrine est l'indice d'une bonne constitution et d'une grande puissance de vol.

La beauté et la perfection des produits dépendent absolument de l'application des règles que je viens de tracer, du tact de l'amateur, et de ses connaissances d'histoire naturelle et de physiologie.

Les accouplements précoces.

Les pigeonneaux accusent leur sexe de très-bonne heure.

Sous l'influence d'une nourriture substantielle, stimulante, comme la vesce et la féverole, le développement des facultés génératrices sera très-hâtif chez les pigeonneaux, et, dès l'âge de quatre mois, les besoins ou les instincts génésiques naissent chez lui.

Rien, cependant, n'est plus préjudiciable au développement de ces oiseaux que les rapprochements prématurés; et le seul moyen d'y obvier, c'est de séparer les deux sexes jusqu'à ce qu'ils aient atteint l'âge d'un an révolu.

L'accouplement précoce arrête la croissance; et c'est d'autant plus regrettable que le pigeonneau n'a pas de temps à perdre, car les jours de son développement sont très-limités et ne reviennent pas.

Il y a des amateurs qui laissent reproduire les petits de la première volée, dès le mois de septembre suivant; c'est, à mon avis, massacrer ses pigeons sans raison, sans but, avec la certitude de n'en tirer que des produits sans fond ni énergie, l'expérience ayant démontré que tous les animaux domestiques, issus de parents trop jeunes, sont de constitution débile, de tempérament lymphatique et marqués du sceau de la dégénérescence.

Ce n'est qu'à l'âge de trois ans révolus que le pigeon est arrivé au terme de son développement et est dans la plénitudes de ses forces génératrices.

Il ressort de ces observations, qu'on doit choisir les oiseaux reproducteurs, autant que possible, parmi les mieux conformés, âgés de trois à six ans; et l'application de ce principe devient particulièrement indispensable, quand l'amateur a en vue d'élever leurs produits pour la conservation, sinon pour l'amélioration de la race.

De l'influence des sexes dans l'acte de génération et de la sélection des producteurs.

Il n'y a pas de règles sans exception, dit-on, et je crois ne rien hasarder en affirmant que, chez le pigeon voyageur belge, la règle fait l'exception ; parce que le pigeon messager a subi toutes sortes de croisements et ne forme conséquemment pas une race fixe.

On sait déjà que le mâle et la femelle concourent pour une part égale à l'œuvre mystérieuse de la fécondation, et qu'il existe une tendance chez les descendants des animaux à ressembler à leurs ascendants même très-éloignés, c'est ce qu'on appelle l'atavisme.

Par suite de cette tendance de retour au type primitif et des croisements innombrables que les pigeons voyageurs ont subis, il devient extrêmement difficile de déterminer la part exacte d'influence, dans l'acte de génération qu'il faut attribuer au mâle ou à la femelle, lorsqu'on se trouve en présence de descendants n'ayant aucune ressemblance avec les parents, ce qui arrive très-fréquemment quand il n'y a pas d'homogénéité de formes chez le père et la mère.

On prétend que la quatrième génération tend le plus souvent à ressembler à la première ; mais comme on connaît généralement très-peu les générations, les alliances et la généalogie des pigeons voyageurs jusqu'à la quatrième ascendance paternelle et maternelle, ils ne peuvent guère nous servir de guide dans la question qui nous occupe.

Ayons donc recours aux savants qui ont porté leurs observations sur d'autres animaux, dont la généalogie est mieux établie.

Il n'y a que les mâles qui racent, disent les uns ; d'autres, moins exclusifs, disent que le mâle influence seulement sur les formes extérieures, etc., etc. Ce sont là des assertions toutes faites qu'on trouve dans les livres et qu'il convient de n'accepter que sous bénéfice d'inventaire.

Buffon et Linnée disent que le mâle imprime à sa progéniture ses formes extérieures et la femelle, les organes internes.

M. James Law, professeur d'art vétérinaire à l'université de Cornell dit , en étudiant l'art de l'éleveur comme opérant sur la qualité des produits, nous rencontrons d'abord cette loi fondamentale :

" *like produces like* "

Tout être produit son semblable.

Mais cette loi s'applique aussi bien aux qualités individuelles qu'à celles de la race et la transmission héréditaire desdites propriétés est d'une grande importance, en ce qu'elle maintient la progéniture au point de perfectionnement déjà atteint.

Le choix de sujets producteurs qui présentent des variations avantageuses, l'exclusion de ceux qui offrent des caractères opposés, auront pour résultat que la majorité des descendants présenteront d'ordinaire les mêmes qualités personnelles que les parents.

M. James Law ne dit rien de la part d'influence que le mâle et la femelle exercent dans l'acte de génération ; mais il ressort de ce qui précède que, pour reproduire un type, il faut qu'il y ait homogénéité des formes chez le couple reproducteur, ce qui prouve que les deux sexes exercent une part d'influence égale.

M. Huzard, membre de l'Académie de médecine, dit, en parlant de la race chevaline : avec des étalons, quelque beaux qu'ils soient, et de pauvres juments vous n'aurez que de pauvres poulains, tandis qu'avec un étalon médiocre et de belles et bonnes juments, vous aurez de beaux et bons poulains.

Une qualité à rechercher dans l'étalon, après celle de race identique, c'est la *parité des formes;* cette qualité n'est pas la moins importante. C'est cette circonstance de la parité des formes de l'étalon et de la jument qui donne des produits qui presque tous se ressemblent, et c'est la constance dans cette homogénéité des produits qui constitue ce qu'on appelle une écurie, un haras, une race, et qui devient la cause de sa renommée.

Ce qui est vrai pour le cheval, l'est également pour le pigeon voyageur, quoique les deux animaux soient fort éloignés dans l'échelle zoologique.

Mon expérience m'a démontré, et me démontre encore tous les jours, qu'une grande et belle femelle, à poitrine amplement développée, et un mâle médiocre donnent de plus beaux produits qu'une petite femelle médiocre et un beau et grand mâle.

La cause en est facile à expliquer : le germe du mâle se développe beaucoup plus à l'aise dans un grand œuf que dans un petit. Or, c'est la grande femelle qui pond les grands œufs d'où éclosent les gros produits.

L'ensemble de ces observations me conduit à penser que la femelle possède une influence marquée sur la taille de sa progéniture; mais cette influence n'est pas exclusive et le mâle imprime également sa taille à ses descendants, mais pas d'une façon aussi tranchée que la femelle.

Quant à la transmission des qualités physiologiques et instinctives, le pigeonneau hérite, comme tous les animaux, tantôt des qualités personnelles du père et tantôt de celles de la mère, et même fort souvent de celles du grand-père ou de l'aïeul paternel ou maternel.

La conclusion générale à déduire de ces divers arguments, c'est que le mâle et la femelle possèdent à peu près une influence égale sur les formes, la couleur et les qualités instinctives de leurs produits; mais que la femelle exerce une influence plus prononcée sur la taille de sa progéniture que le mâle.

Quant à l'influence du mâle et de la femelle sur le sexe de sa progéniture, c'est généralement l'oiseau le mieux constitué du couple, celui dont la force prédomine *au moment de l'acte de la génération*, qui détermine le sexe du produit. Ainsi, par exemple, une femelle âgée de trois ans, par conséquent dans toute la plénitude de sa vigueur, accouplée avec un vieux mâle épuisé, produira beaucoup plus de femelles que de mâles et *vice versa*.

Toutefois un dernier mot : le mérite et la supériorité des pigeons voyageurs ne vient pas exclusivement des soins qu'on apporte à la sélection des oiseaux producteurs, mais il tient aussi pour une part notable à la valeur des aliments dont on les nourrit.

On a souvent remarqué que, lorsqu'on enlevait une femelle à son mâle, ses premiers petits ressemblaient beaucoup plus au premier qu'au dernier mâle. La cause en est facile à expliquer, c'est que les œufs avaient été fécondés par le premier mâle; et, pour ne pas s'exposer à cet inconvénient, le moyen le plus efficace, c'est de casser les premiers œufs et de la laisser pondre une seconde fois, avant de lui permettre de couver.

Les croisements.

> « C'est l'ensemble des disposi-
> « tions héréditaires qui constitue
> « la plus grande valeur, la plus
> « grande partie, qui forme le
> « fond de toute race et de tout in-
> « dividu. »
> (*L'Acclimatation.*)

La majorité des personnes confondent le mot croisement avec appareillement, au point d'identifier la signification des deux termes.

Croiser signifie accoupler deux sujets de races différentes ; accoupler, par exemple, un pigeon liégeois avec un pigeon anglais c'est opérer un croisement.

Appareiller signifie, au contraire, accoupler deux sujets de même race ; ainsi, lorsqu'on accouple deux pigeons liégeois provenant de colombiers différents, on ne croise pas ses pigeons, mais on les appareille, tout en introduisant du nouveau sang dans le colombier.

On peut croiser sans inconvénient, et même avec utilité, le petit pigeon liégeois avec le gros et fort pigeon anversois, en vue d'obtenir des produits de plus grande taille ; mais pour opérer ces croisements, je conseille d'avoir recours à des pigeons anversois ayant le bec court comme celui des petits pigeons liégeois ; car, à l'aide d'un pigeon à bec long, on obtiendrait des produits ayant le bec long et grêle comme celui d'un pigeon biset ; tandis que, par l'homogénéité des formes du bec des deux sujets qu'on accouple, on conserve le gracieux type liégeois, tout en augmentant le volume du corps des produits.

Je ne saurais assez désapprouver les croisements avec des races étrangères *non voyageuses*, car je ne sais vraiment pas quel mérite le pigeon voyageur belge trouverait à emprunter à des pigeons qui ne possèdent à aucun degré l'instinct d'orientation, dont le grand développement est l'idéal rêvé par les amateurs. Je conçois que l'on croise une race inférieure ou médiocre avec une race noble ; mais je ne puis admettre qu'on ait recours à un hideux pigeon biset, à l'effet d'améliorer le pigeon voyageur belge.

Pigeon voyageur anversois *court bec*.

On me raconte qu'au jardin d'acclimatation, des amateurs achètent fréquemment des pigeons carriers anglais et des bisets, en vue de *créer* des pigeons voyageurs.

Au lieu d'aller de l'avant, c'est aller à reculons ; et j'aime à croire que les personnes qui ont eu recours à ces tentatives, ne persévéreront pas dans une voie dont les résultats seront absolument négatifs, comme je vais essayer de le démontrer.

Le pigeon voyageur belge, de race de long cours, n'a pas été créé du jour au lendemain par un simple croisement du pigeon messager anglais ou persan (columba tuberculosa) avec le pigeon biset (columba livia); mais il est le résultat d'une multitude de croisements où le hasard et l'*inconnu* ont joué le rôle important, et dont les produits ont été triés avec sévérité, sans merci, par *dame voyage;* car, depuis un demi-siècle, les Belges font voyager leurs pigeons, sans relâche; et il est, je pense, superflu d'ajouter que les sujets médiocres se perdent toujours en route, et que les bons seuls retournent au toit natal. Or, il résulte de ce triage annuel qu'à la fin de chaque été les colombophiles belges n'ont plus, dans leurs pigeonniers, que des sujets d'élite, et qu'après avoir procédé de la sorte, pendant cinquante années consécutives, ils sont parvenus à développer merveilleusement les qualités instinctives de leurs pigeons, dont l'hérédité dote aujourd'hui les descendants, de générations en générations, avec une surprenante exactitude.

Le pigeon voyageur belge est fait maintenant, et les sujets de cette race qu'on trouve chez les amateurs sérieux en Belgique, ont atteint un degré de perfection dont on n'a aucune idée à l'étranger.

Ne touchons donc plus à cette race précieuse; car une intervention maladroite, que rien ne justifie, ne peut que compromettre les résultats acquis et faire baisser le niveau de ses qualités instinctives.

Lorsqu'on réussit mal et qu'on est en possession d'une mauvaise race, c'est perdre son temps que de chercher à l'améliorer par l'introduction d'un ou deux mâles dans le colombier; je n'aime pas ces demi-mesures qui ne produisent que de demi-résultats. Le moyen le plus simple et le plus efficace, c'est d'acquérir deux ou trois couples de sujets d'élite qui se sont distingués dans les voyages de long cours, de les laisser reproduire et d'en conserver les produits pour remplacer, au fur et à mesure de leur naissance, les pigeons de race médiocre dont on veut se débarrasser. A la fin de la saison, on pourra s'assurer de la qualité des nouveaux produits, par quelques voyages d'essai ne dépassant pas, par étapes progressives, la limite extrême de 300 kilomètres; et l'on ne gardera que les couples reproducteurs dont les petits ont donné le plus de satisfaction, se sont distingués le plus dans ces voyages de premier entraînement.

Lorsqu'on achète des pigeons par couple, il vaut mieux les laisser accouplés comme ils l'étaient ; car il est à peu près certain que l'amateur qui les vend, a eu des raisons pour les accoupler ainsi, et qu'il les aurait séparés, s'ils n'eussent pas donné de bons résultats. Je conseille même aux jeunes amateurs de ne jamais acheter de pigeons que par couple ; car il arrive fréquemment qu'un couple de pigeons donne d'excellents produits, tandis que, quand on les sépare pour accoupler la femelle avec un autre mâle, et *vice versa,* ils ne font plus rien de bon.

Les mariages consanguins.

Le mot consanguinité, dit M. Huzard, membre de l'Académie de médecine, de France, signifie relation. Ce mot, appliqué pour désigner une maladie ou un résultat matériel, devient un mensonge de l'imagination :

En ce que cette maladie n'a aucun signe, *aucun symptôme propre ;*

En ce qu'en faisant signifier au mot un *fait matériel,* et en rendant ce fait matériel générateur de toutes les diathèses maladives, c'est, pour le physiologiste et même pour le pathologiste, démontrer que le fait n'existe pas ;

En ce que le fait serait contraire aux lois de l'organisme, de la génération, de l'hérédité ;

En ce que, dans l'élevage des espèces domestiques (les espèces et les races de boucherie exceptées, bien entendu), *les alliances entre consanguins sont le meilleur moyen de reproduire les qualités cherchées* et, même sous une bonne hygiène, *d'améliorer la constitution*.

Et il conclut en disant que :

Les *prétendus* mauvais effets *attribués* aux alliances consanguines, sont simplement dus ou à *l'hérédité* ou à des conditions d'hygiène mauvaises, soit physiques, soit morales, auxquelles le père et surtout la mère en enfantement, et aussi le produit dans les premiers temps de la naissance, ont été exposés.

Voici ce que disent les *Annales* de la Société d'agriculture de France du 4 mai 1874 :

« M. Bourgeois cite l'exemple de la bergerie de Ram-
« bouillet et l'acclimatation du mérinos en France, comme
« *un des résultats les plus concluants en faveur de la consan-*
« *guinité.* »

En effet, le directeur de la célèbre bergerie de Rambouillet a accouplé, *pendant quarante ans*, le frère avec les sœurs, le père avec les filles, etc., *sans jamais introduire du nouveau sang dans le troupeau;* et c'est cependant cette race qui, à une forte taille réunissant une grande finesse de laine, a été le troupeau régénérateur d'une grande partie des bergeries de France.

J'emprunte au journal *l'Acclimatation* l'article suivant sur les mariages consanguins, qui jette beaucoup de lumière sur le sujet qui nous occupe :

« Les mariages entre proches parents présentent-ils des inconvénients ? L'opinion a toujours été très-partagée à cet égard, et jamais question ne fut plus sujette à controverse. Les uns affirment que les mariages consanguins n'amènent aucune conséquence fâcheuse, les autres soutiennent avec non moins de conviction que ces unions offrent de véritables dangers : les enfants issus de mariages consanguins seraient tous lymphatiques, bossus, épileptiques, bègues, sourds-muets, idiots, etc. De part et d'autre on multiplie les argu ments, et l'on cite des exemples en apparence très-probants. »

« Comment croire d'une manière absolue à l'influence néfaste des unions entre consanguins quand, par exemple, on cite la généalogie de toute une famille dans laquelle on ne s'est marié qu'entre parents, et dont tous les membres ont toujours joui d'une santé excellente ? Je puis relever soixante-quatre unions consanguines dans ma famille, dit M. le docteur Bourgeois, et tous mes parents sont robustes et bien constitués. On sait bien, d'ailleurs, que certaines sectes ne se marient qu'entre elles, et cependant elles paraissent prospérer. »

« Il ne s'agit pas de savoir si exceptionnellement ces sortes d'unions sont suivies d'immunité ou si elles sont réellement à craindre; il faut savoir si, en réalité, et prises dans leur ensemble, elles conduisent à des résultats funestes. Leur influence est-elle inappréciable en général ou, au contraire, faut-il compter avec elles? Il est clair qu'en répondant à cette question on fournira un renseignement utile dont chacun pourra faire son profit. »

« M. Georges Darwin, le fils du célèbre naturaliste anglais, vient d'essayer d'élucider ce point délicat du sujet en se livrant à une enquête sur la population anglaise. »

« L'enquête de M. Darwin est considérable et paraît de nature à jeter quelque lumière sur la question. »

« Le problème, tel que nous l'avons posé, se réduit à ces deux termes essentiels : 1º Rechercher le rapport qui existe entre les mariages consanguins et les mariages en général; 2º savoir, d'autre part, quelle est, dans les asiles d'aliénés, de sourds-muets, d'aveugles, la proportion de pensionnaires issus de consanguins à la population totale des asiles.

« Il n'est pas facile de savoir le nombre relatif des mariages contractés entre proches parents. M. Darwin a eu recours à un mode d'investigation qui n'est certes pas à l'abri de la critique; mais, comme il comporte plusieurs procédés qui l'ont conduit à des résultats équivalents, il est permis d'accorder à ses conclusions une certaine confiance. »

« Bref, en tenant compte de différents rapports, l'auteur a fini par trouver qu'en Angleterre la proportion des mariages entre cousins germains est d'environ 2 à 3 0/0. »

« Ce résultat général fut encore contrôlé par des relevés plus limités faits sur l'*Armorial anglais* et le livre de généalogie, le *Burkes Landed Gentry*. La proportion des mariages entre cousins descend à Londres à 1 1/2 0/0 ; dans la campagne, elle monte à 2 1/2 ; dans la population riche, à 3 1/2 : et dans l'aristocratie, elle atteint 4 1/2. »

« Tel doit être, à très-peu près, en définitive, le rapport des mariages consanguins aux autres mariages. »

« Maintenant il fallait obtenir le rapport de la population infirme des asiles à leur population totale. Les directeurs de ces maisons ont très-peu de renseignements sur leurs pensionnaires. Néanmoins, l'enquête a pu porter sur un nombre considérable, que l'on n'avait jamais atteint encore : sur les familles de 4, 822 aliénés. Sur cette quantité, 170 seulement étaient issus de cousins germains, soit 3 1/2 0/0. »

Dans les institutions de sourds-muets, M. Darwin n'a pu réunir qu'un nombre restreint d'observations. Sur 366 sourds-muets de naissance, dont on connaissait les antécédents, 8 seulement étaient issus de cousins germains, soit 2 0/0. »

« Ces rapports ne s'écartent guère, comme on voit, du rapport relevé entre les mariages consanguins et les mariages en général. Ils sont bien loin, par conséquent, de démontrer l'influence des unions consanguines. »

M. A Brunin, artiste-photographe, rédacteur en chef du journal l'*Epervier*, de Bruxelles, dit que les accouplements entre pigeons voyageurs consanguins conduiraient rapidement à la dégénérescence de la race, et il conseille l'introduction de nouveau sang dans le colombier.

M. Georges Gits, industriel, membre du conseil municipal et premier secrétaire de la Fédération colombophile d'Anvers, est du même avis, et dit que les accouplements entre pigeons voyageurs consanguins conduiraient infailliblement à l'abaissement du niveau de leur instinct d'orientation. M. Gits ajoute : « *ce qui est vrai pour l'homme l'est aussi pour la bête.* »

La *Fanciers Gazette,* le journal des Agriculteurs et des éleveurs le plus important et le mieux rédigé de l'Angleterre, n'est pas de l'avis de Messieurs Brunin et Gits et dit :

The journal l'*Epervier*, quotes an example of pigeon breeding, and says — " A strong cock which bred well with other hens, bred nothing when mated with his own daugthers. A hen which bred well with cocks of a different strain, only bred one weakly bird when mated with her own son. A hen mated with her own young cock laid sterile eggs only." Our contemporary adds to the above : " In our opinion these facts are conclusive, though probably they are not convincing in the eyes of the apostle of family alliances." One small set of facts conclusive! in an important question of this kind! That is the very folly we are seeking to point out.

We would gladly accept our contemporary's judgment on many questions; but as regards pigeons, at least, he will probably admit that we know more than he can possibily do; and we beg to assure him these birds are *constantly* inbred most closely, without perceptible ill effect so long as certain precautions are observed, which we shall have to consider in their place.

A momentary glance will show how much ground this fact covers, and how it is, in all essential respects, parralleled by the *successful* instances of in-breeding wich we have reviewed. The racing competition to be successfully encountered before a borse makes a fashionable reputation at the stud; the mortal combats of the old English Game-cocks; the severe tests by which M. La Perre de Roo selected for in-breeding the best only of his flying pigeons, while the adversary who ridiculed him, and whose contrary expérience was quoted as "conclusive" by the journal l'*Epervier* a few weeks ago, *simply* bred in-and-in without such selection; — all these things answer in one sense to the severe physical tests by which Nature weeds out all but the strongest. Broadly and roughly speaking, the *successful* résults may indeed be not untruly said to be accounted for ; and a narrower examination of the facts will shew even more clearly how generally the rule holds good, that in-breeding results in success when, and *only when*, there is a rigorous weeding out of every weak spot, and a strict selection only of the best.

M. Huzard, membre de l'Académie de médecine, que j'ai consulté sur cette importante question, m'a fait l'honneur de m'écrire la lettre suivante :

« Paris, 5 mars 1875.

« Monsieur,

« Dans mon *Manuel du petit éleveur de poulains*, vous trouvez
« au bas de la page 163, la réponse à la lettre que vous
« m'avez fait l'honneur de m'écrire, et cette réponse n'est
« pas relative à l'élevage des poulains, *elle regarde exclusive-*
« *ment la famille des pigeons.*

« Dans les races de pigeons que nous élevons, *c'est une*
« *loi que l'accouplement du frère et de la sœur, et cela de géné-*
« *rations en générations.*

« Si ces accouplements étaient nuisibles, il est probable
« qu'il y a longtemps que nos pères auraient vu disparaître
« ces animaux de leurs basses-cours.

« J'ai eu chez moi pendant longtemps, à la campagne, des
« pigeons de volière de la race des pigeons ramiers. — *Ils*
« *n'ont pas dégénéré, malgré les accouplements entre frère et*
« *sœur de la même couvée, et cela de générations en généra-*
« *tions.*

« Agréez, etc.

« Signé : J.-B. Huzard,
5, rue de l'Éperon. »

De ces opinions contradictoires je ne détacherai, pour les mettre en relief, que celles du docteur Bourgeois et de

M. Darwin, parce qu'elles s'appuient sur des enquêtes sérieuses, sur des faits, sur des chiffres indiscutables qui réduisent à néant ces assertions toutes faites qu'on trouve dans les livres et que les journalistes répètent sans examen.

Dieu me garde de parler avec irrévérence des opinions contradictoires émises par des colombophiles sérieux et sincères; car la question est trop grave pour la traiter avec légèreté. Je dirai seulement : tant pis pour leurs théories, si elles ne s'accordent pas avec les faits révélés par le docteur Bourgeois et par M. Darwin. Je raconte sans chercher à prouver, comme il convient à un écrivain consciencieux, dont le plus grand souci est de découvrir la vérité au fond du puits où l'on fait tant d'efforts pour l'enfermer.

La majorité des écrivains ont du reste accepté de tout temps, sans examen et sans défiance, cette opinion toute faite qui ne se discutait même pas; et M. Darwin lui-même avait émis une opinion favorable aux croisements, peu de temps avant de s'être livré à une enquête sur la population Anglaise. Voici ce que dit à ce sujet la *Fanciers Gazette* :

Now if it be remenbered that Mr. DARWIN's own conclusions, arrived at long before this inquiry, had been that the universal tendency of "Nature" is towards *crossing*, and that crossing promotes both strength and fertility, such an opinion on his part is a very emphatic one. So far as he might be supposed to have any prepossessions, it is against them, and the more to be respected on that account; and is a conspicuous instance of a man of science finding everything to doubt, where a chaplain and a journalist, not trained to habits of scientific thought, had thought everything so clear.

Le nid et la ponte.

Les pigeons voyageurs construisent leur nid assez peu soigneusement de brins de paille et de bois entremêlés de quelques plumes, qu'ils rassemblent sans art, dans le coin le plus sombre de leur case. Si on leur donne des nids de béton, c'est à peine s'ils y apportent deux ou trois brindilles qu'ils ramassent à la cour, avant que la femelle y dépose son premier œuf.

C'est presque toujours le mâle qui choisit la case où il veut élever sa famille. Il la visite d'abord plusieurs fois avant de s'y installer; mais, une fois qu'il s'est décidé à y faire élection de domicile, il s'en empare résolûment, la considère, dès lors, comme son bien, et en défend les abords avec tout l'acharnement des oiseaux de sa race.

C'est alors que la femelle le rejoint, se met dans le nid les ailes épandues, et s'y blottit, pendant que le mâle lui prodigue ses caresses et fait résonner la case de ses joyeux roucoulements.

Bientôt l'impatience succède à son allégresse; il se sent agité, en proie à la fièvre de la reproduction; il désire ardemment que sa femelle ponde sans délai, et, à cet effet, il la pourchasse sans relâche, se montre courroucé, l'accable de coups de bec, et la ramène constamment à son nid qu'il ne lui permet plus de quitter un instant.

Après avoir subi avec une sublime résignation, sans jamais se rebuter, les obsessions perpétuelles, la tyrannie constante du mâle, la femelle semble agitée à son tour et cherche à se dérober aux regards de ses congénères; elle vole moins que d'habitude, laisse traîner les ailes, recherche la solitude : ce sont les signes pronostiques de la ponte prochaine, et, en effet, le surlendemain, entre midi et deux heures, elle pond son premier œuf; cinquante ou cinquante-deux heures après, elle pond son second œuf, et se met dès lors à couver avec la plus grande assiduité.

L'œuf.

La savante ignorance, le clairvoyant instinct de nos aciens, dit Michelet, avait prononcé cet oracle : Tout vient de l'œuf; c'est le berceau du monde.

Prenons l'œuf en nos mains. Cette forme elliptique, la plus incompréhensible, la plus belle, celle qui offre le moins de prise à l'attaque extérieure, donne l'idée d'un monde complet, d'une harmonie totale à laquelle on n'ôtera rien. Les choses inorganiques n'affectent guère cette forme parfaite. Je pressens qu'il y a sous l'apparence inerte un haut mystère de vie et quelque œuvre accomplie de Dieu.

Quelle est-elle ? et que doit-il sortir de là ? Je ne sais. Mais elle le sait bien, celle qui, les ailes épandues, frémissante, l'embrasse et le mûrit de sa chaleur; celle qui, jusque-là, libre et reine de l'air, vivait à son caprice, s'est immobilisée sur cet objet muet qu'on dirait une pierre et que rien ne révèle encore.

Ne parlez pas d'instinct aveugle. On verra par des faits combien cet instinct clairvoyant se modifie selon les circonstances, en d'autres termes, combien cette raison ébauchée diffère peu en nature de la haute raison humaine.

Oui, cette mère, par la pénétration, la clairvoyance de l'amour, sait et voit distinctement. A travers l'épaisse coquille calcaire où votre rude main ne sent rien, elle sent, par un tact délicat, l'être mystérieux qui s'y nourrit, s'y forme. C'est cette vue qui la soutient dans le dur labeur de l'incubation, dans sa captivité si longue. Elle le voit délicat et charmant dans son duvet d'enfance, et elle le prévoit, par l'espoir, tel qu'il sera, fort et hardi, quand, les ailes étendues, il regardera le ciel et volera contre les orages.

Description de l'œuf. — L'œuf au moment de son expulsion ou ponte, se compose : 1° extérieurement d'un test ou d'une coquille calcaire plus ou moins épaisse, destinée à le préserver des causes de destruction ; 2° en dessous du test et lui adhérant intimement, excepté au gros bout de la chambre à air, d'une membrane testacée de structure fibreuse, assez mince ; 3° de l'albumen ou blanc, divisé en trois couches ; l'une plus externe, fluide ; la seconde, moyenne, épaisse ; la troisième, ou interne, liquide ; d'une membrane dite chalazifère, entourant le vitellus, formé d'albumine condensée, et à laquelle adhèrent les prolongements dits chalazes qui se dirigent chacun vers un des pôles de l'œuf ; du jaune ou vitellus contenu dans une enveloppe très-mince et vasculaire dite membrane vitelline ; 6° d'une apparence de cavité, appelée latébra, ou centre du vitellus ; 7° d'une apparence du canal destiné à mettre en rapport le latébra avec la cicatricule ; 8° du germe, vésicule germinative ou cicatricule, dans laquelle se développeront les premiers linéaments du pigeonneau.

L'ovule parvenu à maturité, échappé de l'ovaire, entrant dans l'oviducte, et alors composé simplement du vitellus et de son enveloppe, a une forme sphérique ; dans son lent trajet à travers le canal qu'il parcourt, il reçoit successivement les diverses couches albumineuses, et comme il est en même temps animé d'un mouvement de rotation sur lui-même, il en résulte une torsion qui forme les chalazes destinées à immobiliser à peu près le vitellus au milieu de cette masse fluide. Ce n'est que dans la dernière partie de l'oviducte qu'est sécrétée la matière calcaire du test ou coquille. L'œuf est ensuite versé dans le cloaque et expulsé ou pondu.

L'œuf présente quelquefois pourtant des anomalies de structure : tantôt l'enveloppe testacée ou chorion le recouvre seul ; ceci se présente surtout chez les pigeons captifs, quand les oiseaux sont privés des matériaux nécessaires à la sécrétion du test calcaire. Tantôt l'œuf, d'un diamètre alors presque toujours plus considérable, renferme deux jaunes, parce que deux ovules sont parvenus ensemble à maturité, se sont détachés simultanément, et ont cheminé de concert dans l'oviducte.

Anatomie d'un œuf.

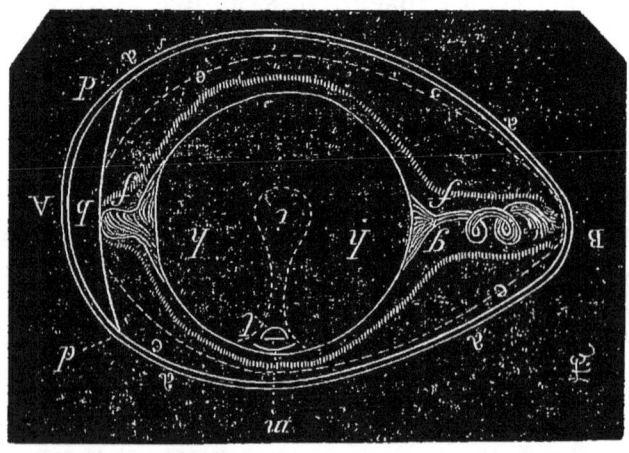

A. Pôle obtus ou gros bout ;
B. Pôle aigu ou petit bout ;
a. Coquille calcaire ou test :

b. Chambre à air ou gros bout ;

c c. Membrane testacée adhérente au test, excepté aux points *d d,* ou elle s'en sépare pour former la chambre à air. On l'appelle encore le chorion ;

e e. Limites de l'albumen épais ;

f f. Limites de l'albumen très-épais qui tient aux chalazes *g g.*

h h. Jaune ou vitellus contenu dans la membrane vitelline ;

i. Apparence de cavité dans le vitellus ;

K. Apparence du canal dans le vitellus ;

l m. Cicatricule ou germe de l'embryon.

L'incubation.

L'incubation dure dix-sept jours et douze heures, et pendant toute sa durée, le mâle se tient presque constamment en sentinelle aux alentours du nid.

Le mâle partage avec sa compagne tous les soins de la couvaison, et ils se relayent entre eux. Les mâles couvent les œufs assez irrégulièrement, depuis dix heures du matin jusqu'à deux à quatre heures du soir, et la femelle, pendant le reste de la journée et durant toute la nuit.

Le quatrième jour on s'assure, par le mirage, si les œufs sont féconds. On place l'œuf entre l'index et le pouce, ou on l'entoure d'un corps opaque quelconque, à l'exception des deux extrémités ; on le présente devant la lumière, si l'œuf est fécondé, on aperçoit un petit point noir au milieu, et l'on remarque des vaisseaux sanguins irradiant autour du point opaque. Le sixième jour il devient entièrement opaque, à l'exception de l'extrémité la plus mince, où est établie la chambre à air. Si, au contraire, les œufs sont transparents, c'est qu'ils ne sont pas féconds, et il faut les enlever.

Le dix-huitième jour, l'éclosion a lieu. Il arrive quelquefois qu'elle se passe laborieusement et que le pigeonneau ne peut sortir de la coque, quoiqu'elle soit béchée. En ce cas, on peut lui venir en aide en fendillant la coquille avec une extrême précaution, de façon à ne pas blesser le petit.

Gardez-vous bien de délivrer entièrement le pigeonneau et encore moins de le prendre en main pour l'examiner ; car il peut avoir besoin de passer encore quelques heures dans la coque, et si vous l'en arrachez intempestivement vous le tuez. Laissez agir la nature, sans inquiétude, les efforts de dilatation du pigeonneau feront le reste.

Les pigeonneaux.

Après dix-sept jours et douze heures de couvaison, les œufs éclosent et donnent naissance le plus souvent à deux petits de sexe différent; mais cette loi n'est pas invariable.

Si l'éclosion n'avait pas lieu, ou si les petits mouraient immédiatement après leur naissance, il faudrait donner aux pigeons un autre pigeonneau à nourrir ; car on risquerait que la bouillie ou liquide jaunâtre que les parents sécrètent dans la muqueuse stomacale n'étant pas utilisée, ne provoquât l'inflammation ou la ladre presque toujours fatale. Ce liquide, ainsi sécrété par des glandules dans la muqueuse de l'estomac, donne l'idée du lait des mammifères et engendre la gangrène, si le pigeon ne trouve pas à le dégorger dans le bec de ses petits.

Boitard et Corbié disent : « Chez les quadrupèdes, le lait se caille dans l'estomac des jeunes et devient digestif par cette opération ; il y a cette différence entre eux et les pigeons, que chez ces oiseaux cette première modification a lieu dans le jabot du père et de la mère, où cette liqueur se mêle à une petite partie de graines à moitié digérées, et c'est dans cet état qu'ils la donnent à leurs petits d'une manière tout à fait particulière. Pour cet effet, les petits mettent leur bec entier dans celui de leurs nourriciers, l'y tiennent entr'ouvert, tandis que ceux-ci font remonter l'aliment de leur jabot avec un mouvement convulsif qui paraît être assez pénible.

Les petits naissent les yeux fermés ; ils sont couverts d'un léger duvet jaune, et leurs plumes ne poussent que quelques jours après l'éclosion. Leur duvet revêt plus le caractère apparent du duvet propre à la poule, que celui du duvet propre au canard.

Ils ont besoin d'être réchauffés encore durant une huitaine de jours, et d'être nourris, pendant un mois, comme les petits oiseaux, par les parents, qui dégorgent dans leur bec des aliments plus ou moins préparés dans le jabot.

Il arrive fréquemment que la mère ponde de nouveau, lorsque ses petits ont à peine trois semaines, et les abandonne. Si ce sont des oiseaux de mérite, il n'y a qu'un seul moyen de les élever, c'est de les faire gorger, abecquer ou *embocquer* par la personne qui dirige le colombier. Lorsqu'on entend piailler les petits, c'est qu'ils ont faim, et que leurs parents les abandonnent. On doit les gorger, en leur ouvrant le bec avec la plus grande précaution, six fois par jour, notamment le matin de très-bonne heure, et le soir avant le coucher du soleil, car les pigeonneaux sont doués d'une surprenante activité digestive.

Je dois ajouter, cependant, que les pigeons ainsi élevés ne forment jamais de sujets d'élite et ne devraient pas être conservés pour la reproduction.

On doit éviter avec soin de les gorger de grains secs qui gonfleraient dans le jabot et les étoufferaient. C'est pour cette raison qu'il faut laisser infuser le grain dans de l'eau ferrugineuse, par préférence, pendant quelques heures, jusqu'à ce qu'il soit bien gonflé.

A l'âge d'un mois, les pigeonneaux peuvent se suffire à eux-mêmes et n'ont plus besoin d'être nourris par les parents.

Lorsque les petits ont atteint leur maturité et essayent de voler, il est prudent, avant de leur permettre de prendre leurs ébats dans les airs, de les tenir enfermés pendant un ou deux jours dans la cage en treillage adaptée à l'extérieur du colombier, afin de leur apprendre à connaître les alentours de leur pigeonnier, car, lorsqu'ils voient le grand jour pour la première fois, il arrive fréquemment qu'ils s'élancent dans l'immensité comme des étourdis, s'élèvent dans les airs à une altitude incommensurable, sont pris de vertige et s'abattent à plusieurs kilomètres du colombier natal où on ne les revoit plus jamais.

Que les novices se gardent bien de prendre en main les petits qui sont dans les boulins ; car ces attouchements ne sont pas toujours exempts de dangers.

C'est pour cette raison que je persiste à recommander des cases mobiles, ou à devanture mobile, qu'on pose par terre et qui permettent d'enlever instantanément la colombine accumulée dans la boîte sans déranger le nid et les pigeonneaux.

Qui de nous n'a vu une nichée de chardonnerets ou de pinsons composée d'une famille de cinq charmants jeunes oiseaux entassés dans un merveilleux petit nid artistement construit ?

A l'arrivée du père ou de la mère, qui leur apporte une petite mouche, leurs têtes mignonnes se lèvent toutes simultanément, comme si elles obéissaient à la pression d'un même ressort, tandis que leurs corps restent serrés symétriquement au fond du nid, où chacun conserve sa place respective jusqu'à ce que la nichée prenne son vol dans les airs; mais si un imprudent a le malheur de les effaroucher en les prenant en main pour les examiner, je le défie de les remettre en place comme ils l'étaient; il aura beau essayer de mille façons, les jolis petits hôtes s'obstineront à sortir du nid autant de fois qu'il les y remettra, et l'intéressante jeune famille se dispersera à tout jamais.

Il en est exactement de même pour les petits des pigeons voyageurs, qui se tiennent dans le nid, l'un couché dans un sens, et l'autre dans un sens opposé. Si on les prend en main à chaque instant pour les examiner, ils sortent du nid, se mouillent, le froid les gagne, l'inflammation se produit dans les intestins, et la mort arrive.

Pour empêcher la vermine d'attaquer les pigeonneaux et de nuire à leur développement, il est bon de semer au fond du nid et sous le boulin une poignée de sable mélangé de poudre de pyrèthre; j'en garantis l'efficacité.

A l'âge de quatre mois, et souvent plus tôt, les mâles accusent leur sexe par leurs roucoulements prolongés, par leur grosse voix, par leur queue qu'ils épanouissent, par leurs courbettes et leurs tournoiements aux abords d'une femelle.

Les femelles manifestent leur sexe par un petit roucoulement sec et bref, par leurs hochements de queue, par leurs petites façons pudiques avec lesquelles elles accueillent les prévenances des mâles, qui tournoient et sautillent autour d'elles.

C'est à cet âge qu'on commence généralement leur éducation.

Les pigeonneaux nés en mars se mettent souvent à nicher dès le mois de septembre suivant! Mais je ne conseille pas de les laisser couver à cet âge; car ce serait entraver le développement de leurs forces, et leurs produits ne seraient jamais utilisables que pour la cuisine.

J'ai eu lieu de remarquer que les pigeonneaux languissent et que leurs parents les abandonnent quand le temps est froid et humide. En ce cas, on doit servir aux nourriciers une nourriture substantielle qui active la croissance des petits, et leur accorder, entre les repas habituels, une ration supplémentaire de gros blé, qui forme une substance alébile très-précieuse en cette circonstance.

Il est de la plus haute importance de toujours bien nourrir les pigeons voyageurs quand ils ont des petits, et de leur servir une nourriture saine, abondante et entièrement variée, de façon à réveiller constamment leur appétit.

Les vesces et les féveroles surtout contribuent puissamment à la bienvenue des petits et leur impriment un développement très-rapide.

Les pigeonneaux sont très-gourmands et ils ont besoin de beaucoup de nourriture. Si on les laisse souffrir de la faim, ce sera au détriment de leur croissance, et ils ne formeront jamais que des sujets médiocres qui devraient être éliminés de la reproduction.

Deux distributions d'aliments par jour suffisent; car on a remarqué que les pigeons auxquels on supprime la nourriture au colombier, ne vont se nourrir aux champs que *deux fois* par jour; mais on doit avoir soin de leur faire la première distribution le matin de bonne heure, afin que les pigeonneaux n'aient pas le jabot vide et ne souffrent pas de la faim jusqu'à une heure avancée de la journée, ce qui les ferait sécher sur pied.

Ce sont ordinairement les petits de la première volée qui ont le plus grand cachet de distinction; ils sont aussi les plus vigoureux, toujours les plus forts, par la raison bien simple qu'à l'époque de leur naissance les parents ne sont pas épuisés par la reproduction, comme ils le sont souvent à la fin de la saison, et parce que les petits ont tout l'été devant eux pour se développer. Du temps de la féodalité, on ne conservait que ceux-là pour peupler les colombiers proprement dits, et pour remplacer les oiseaux réformés.

Je recommande spécialement aux nouveaux amateurs qui m'ont réclamé des pigeons voyageurs et à toutes les personnes étrangères à la pratique en colombophilie, de ne pas être trop impatients de peupler leurs colombiers et de ne pas fatiguer leurs pigeons en les laissant reproduire pendant l'hiver.

A chaque jour suffit sa tâche, et c'est le propre des éleveurs sérieux de ne pas empiéter sur les droits de l'avenir, sous prétexte de satisfaire aux nécessités du présent.

Les jeunes nés en novembre, décembre et janvier supportent d'ailleurs difficilement la température rigoureuse de l'hiver, et, si, par exception, ils échappent à la mort, ils ne forment jamais que des oiseaux mal venus, à tempérament lymphatique; des rejetons rabougris sans fond, sans force, sans vivacité et sans énergie.

Pour se créer une souche de bonne descendance, il est essentiel d'écarter, sans merci, comme reproducteurs, les oiseaux mal réussis et de limiter exclusivement son choix aux sujets les plus parfaits, issus des couvées de mars et d'avril qui n'ont donné qu'un seul jeune. Mes préférences qui sont, je pense, en parfait accord avec les vrais intérêts des amateurs sérieux, n'ont pas besoin de longues explications : les jeunes uniques sont toujours plus forts, plus énergiques et mieux venus que ceux qui ont été élevés à deux, par la raison que le développement des susdites qualités, dont l'hérédité dotera la progéniture, a été puissamment favorisé par une nourriture abondante que le pigeonneau a reçue de ses parents.

Je conseille surtout aux amateurs de se cramponner, pour ainsi dire, aux producteurs qui se sont distingués dans les voyages de long cours, qui ont déjà donné une bonne lignée, et *aux femelles* de grande taille, à poitrine bien développée; car une grande ampleur de poitrine est l'indice d'une bonne constitution et d'une grande puissance de vol.

Pour empêcher la reproduction pendant l'hiver, les amateurs belges séparent les deux sexes depuis le commencement de novembre jusqu'au 15 février ; mais alors il faut avoir deux colombiers à sa disposition, ce qui n'est guère facile à Paris, où une mansarde se loue aussi cher que toute une maison en province.

Quoique la séparation des mâles de leurs femelles pendant la saison d'hiver soit préférable, elle n'est cependant pas d'une nécessité absolue ; et quand on se trouve dans l'impossibilité de mettre en pratique l'excellente théorie des colombophiles belges, il y a un correctif très-efficace à ce désavantage : on empêche, en ce cas, les pigeons de nicher en les privant de leurs boîtes, de leurs nids, et en calmant leur ardeur par la substitution à la vesce, de rations moins copieuses de sarrasin, qui est un aliment moins excitant.

Il y a des colombophiles qui conseillent de limiter la reproduction à deux paires de petits par an, afin de ne pas épuiser les oiseaux producteurs. Ce système a, à mon avis, le double inconvénient de fatiguer les pigeons par des pontes répétées ; de les habituer à négliger les soins de l'incubation et à ne plus veiller aux besoins de leurs petits. Il me semble qu'un repos de cinq mois pendant l'hiver, auxquels il convient d'ajouter toute la durée de la saison de la mue, sont amplement suffisants pour assurer la bienvenue des petits des couvées qu'ils feront pendant le reste de l'année.

Les pigeons, qui naissent en septembre de parents qui ont déjà achevé leur mue, sont quelquefois aussi beaux et aussi robustes que ceux de la première volée ; mais ils ont l'inconvénient de ne faire qu'une mue incomplète en automne et de faire tache dans une collection pendant une année entière.

A la rigueur, on pourrait néanmoins les conserver pour combler, le cas échéant, les pertes extraordinaires occasionnées par les entraînements, si, bien entendu, les premières couvées avaient mal réussi ou n'avaient pas fourni un contingent suffisant pour réparer les désastres et repeupler le colombier.

Une autre objection, c'est qu'il arrive fréquemment que les pigeonneaux d'arrière-saison font une mue incomplète ; la reprennent ou l'achèvent au printemps suivant, et alors ils muent en deux endroits de l'aile à la fois, ce qui les rend inaptes à prendre part au concours de la saison.

Il ressort de l'ensemble de ces observations que ce sont toujours les petits des deux premières couvées qui conviennent le mieux et que ceux d'arrière-saison ne devraient être conservés qu'en cas de nécessité, pour combler les vides.

Tout pigeonneau qui n'aura pas l'allure vive, les dispositions hargneuses des oiseaux de sa race, le port franc, la poitrine large et bien développée, doit être proscrit du colombier, incontinent, sans merci, comme pigeon voyageur impropre à la reproduction.

Doivent être réformés aussi les pigeonneaux qui n'ont pas les ailes vigoureuses et bien conformées; pour s'en assurer, il suffit de déployer leurs ailes; s'ils les replient avec force et vivacité, c'est qu'ils ont le vol puissant; si, au contraire, ils les laissent retomber machinalement, c'est qu'ils ont le vol mou, et, en ce cas, ils formeront de mauvais routiers, incapables d'accomplir des traversées de longue haleine.

Pour réaliser l'idéal rêvé, il faut opérer un triage à la fin de la saison de la reproduction; choisir les oiseaux les plus forts et les mieux conformés; en d'autres termes, ceux qui, à une grande taille, joignent le plus d'élégance et de distinction dans les formes de leurs corps ; réformer sans hésitation les débiles et les défectueux; mais il faut agir avec discernement, afin de ne pas éliminer des sujets d'élite, et attendre que le pigeonneau ait accompli sa mue ; car il y a des oiseaux qui subissent tant de changements de forme pendant leur développement, qu'on n'est tout à fait sûr du résultat, que lorsqu'ils sont arrivés au terme de leur croissance.

La mue.

Le pigeon mue plus ou moins pendant six mois de l'année.

On sait que les grandes plumes des ailes sont appelées rémiges, mot qui signifie rames. Les rémiges qui partent de la main, c'est-à-dire du carpe, du métacarpe et des doigts, sont au nombre de dix : on les nomme rémiges primaires ;

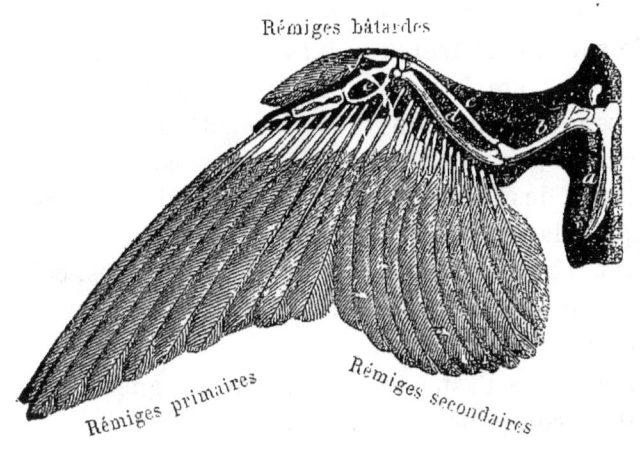

en avant de celles-ci naissent les rémiges bâtardes, lesquelles sont fixées à l'os du pouce et forment dans le pli de l'aile une sorte d'appendice supplémentaire ; en arrière des rémiges primaires, sont les rémiges secondaires ; elles partent des os de l'avant-bras ; les pennes attachées à l'humérus sont moins fortes, et portent le nom de pennes scapulaires ; les petites plumes qui recouvrent la base des rémiges se nomment rectrices.

J'ai cru devoir répéter ici la description de l'aile, pour mieux faire comprendre la marche envahissante de la mue des pigeons.

La mue commence dès le mois de mai par la chute de la première ou de la plus petite des dix rémiges primaires, en comptant de la naissance de l'aile vers son extrémité extérieure, et suit sa marche envahissante en détachant successivement, à des intervalles qui varient d'un mois à dix jours, chaque rémige dans l'ordre suivant :

La première rémige primaire, en comptant du pouce vers les doigts, tombe dès le mois de mai et repousse, comme toutes les autres plumes, immédiatement après sa chute.

Un mois après, la seconde rémige se détache. Quinze jours plus tard, le pigeon jette la troisième rémige ; alors, la première, qui a repoussé, a atteint déjà toute sa longueur, et la seconde, la moitié de sa longueur.

Ce sont là les trois rémiges qui étaient fixées sur le carpe.

Alors arrive le tour des sept plus grandes rémiges primaires qui partent du métacarpe et des doigts, lesquelles se détachent dans le même ordre de succession que les précédentes, à des intervalles de douze à quinze jours.

Après la chute de la cinquième rémige, les pennes attachées à l'humérus, ou les pennes scapulaires, celles qui sont fixées sur l'épaule tombent, et, dès lors, le pigeon entre en pleine mue.

Bientôt il a l'aspect d'un oiseau en guenilles : sa tête se dégarnit complétement, ses rémiges bâtardes et ses rémiges secondaires se détachent, et la mue envahit impitoyablement le cou, le jabot et la poitrine. Pas une seule plume n'échappe à la mue qui est inexorable, il faut que toutes se renouvellent.

La queue d'un pigeon voyageur est composée de douze pennes qu'on appelle rectrices, parce qu'on prétend qu'elles lui servent de gouvernail pour se diriger au milieu des airs ; mais je suis d'avis que c'est là une profonde erreur, attendu qu'un pigeon auquel on a arraché la queue, se dirige dans l'espace aussi bien que ceux qui sont munis de ce prétendu gouvernail.

La mue de la queue se fait aussi graduellement et suit à peu près la même marche du dedans au dehors que dans l'aile, dans l'ordre suivant :

Les deux premières pennes qui se détachent, sont celles qui suivent immédiatement les deux rectrices médianes, ou les deux pennes qui occupent le milieu de la queue ; celles-ci se détachent huit jours après, et puis la mue consomme son œuvre en détachant successivement la quatrième et la troisième pennes ; elle saute ensuite à la première, et revient sur ses pas pour faire tomber finalement la seconde.

Lorsque les pigeons sont en pleine mue, on ne devrait pas les laisser reproduire, car, dès la naissance des petits, la mue s'arrête brusquement pour ne reprendre son cours que lorsque les petits peuvent se suffire à eux-mêmes.

Outre que ce moment d'arrêt est nuisible à la santé des pigeons, il offre l'inconvénient grave de voir la mue reprendre son cours au mois d'octobre dans de mauvaises conditions, si le froid ne l'arrête pas de nouveau soudainement. En ce dernier cas, le pigeon n'achèvera sa mue qu'au printemps suivant et fera tache pendant toute l'année dans le colombier.

D'ailleurs, pendant toute la durée de la mue, le pigeon est dans un état de souffrance et de langueur qui ne peut manquer d'exercer une influence de débilité sur les petits qu'il nourrit ; et, s'il les mène à bien, ils ne formeront jamais que des sujets qui devraient être éliminés de la reproduction.

Pour accélérer la mue, on peut la faire recommencer, en cas d'arrêt par accident : il suffit d'enfermer le pigeon dans une cave humide, pendant quelques jours, et il ne tardera pas à se dépouiller de ses plumes.

Je ne suis pas partisan cependant des systèmes artificiels et antinaturels, dont les bénéfices réels me paraissent très-problématiques ; et il est mieux, ce me semble, de laisser la nature suivre son cours normal, à moins que la mue n'ait été contrariée dans sa marche régulière par une cause quelconque, dont il faut corriger les effets pernicieux.

En suivant la chute successive des rémiges des ailes, on a pu observer que la mue n'entrave jamais le vol du pigeon que pendant très-peu de jours, à l'époque où il perd sa dernière rémige primaire qui est la plus importante de toutes.

Dans cette situation, il a le vol laborieux et est inapte à effectuer des voyages ; car l'avant-dernière rémige n'ayant pas encore atteint toute sa longueur lorsque la dernière se détache, le pigeon a, par ce fait, son envergure considérablement raccourcie, en même temps qu'il est privé des principales rames avec lesquelles il a l'habitude de fendre les airs et de soutenir son vol.

Une bonne nourriture variée et de l'eau ferrugineuse contribuent puissamment à hâter la mue et à maintenir le pigeon en bonne condition.

J'ai eu lieu de remarquer que les pigeons qui sont tenus en captivité, font leur mue avec moins de régularité que ceux qui jouissent de leur liberté. Il y aurait à induire de cette observation que le manque d'exercice peut faire dégénérer la mue en une maladie fatale.

Il y a aussi un moyen de retarder la mue. Le docteur Chapuis, qui, de tous les auteurs, a le mieux écrit sur les pigeons voyageurs, s'étend longuement sur ce sujet dans un ouvrage intitulé : le *Pigeon voyageur belge,* que tout colombophile sérieux devrait avoir dans sa bibliothèque.

La mue coïncidant avec la saison des concours, beaucoup d'amateurs, qui sont membres de sociétés colombophiles, ont recours à ce moyen qui augmente considérablement leurs chances de succès; car il est évident que les pigeons dont la mue est tardive et qui ont conservé la moitié de leurs rémiges primaires, au moment de la course, se trouvent dans des conditions de lutte beaucoup plus favorables que ceux de leurs concurrents qui sont presque complétement déplumés et en proie au découragement, aux souffrances que doivent nécessairement engendrer la naissance de nouvelles plumes.

Pour atteindre ce résultat, le docteur Chapuis recommande de modérer, autant que possible, l'ardeur naturelle du pigeon et d'en retarder la manifestation hâtive au printemps, en diminuant la nourriture et en la rationnant au strict nécessaire. Cette pratique ne réussit pas toujours dès la première année, il faut la répéter pendant trois ou quatre ans; les pigeons en prendront l'habitude, cesseront de nicher pendant la saison froide, exactement comme les oiseaux exotiques qui pondent et couvent dans leur pays pendant l'hiver, s'habituent, sous l'effet de l'acclimatation, à obéir à la volonté de l'homme qui, par des étapes progressives, recule insensiblement l'époque de la ponte jusqu'au printemps. Si l'on ne réussit pas, dès la première génération, il est bien rare que les efforts persévérants des éleveurs ne soient couronnés de succès à la seconde ou à la troisième génération.

La Nourriture.

Le pigeon de course, une fois logé dans un colombier bien aéré et bien tenu, ne demande plus qu'une bonne nourriture pour se mettre à nicher et à multiplier.

Il aime à labourer de coups de bec un bloc de sel gemme, qu'on pose généralement dans un coin du pigeonnier où il ne gêne pas. On ne doit jamais le réduire en poudre ; le sel écrasé, dont le pigeon de course est très-avide, ne lui convient pas, parce qu'il en consomme une trop grande quantité à la fois, se sent ensuite en proie à une soif ardente, boit démesurément et dégorge dans le bec de ses petits une nourriture aqueuse et salée qui provoque de l'inflammation dans les intestins.

Une nourriture sèche, bien nette de poussière, forte, abondante et variée assure la bonne venue des petits et mène au perfectionnement ; tandis qu'une nourriture faible et insuffisante produit l'anémie et la dégénérescence.

La nourriture qui convient le mieux aux pigeons voyageurs, je n'hésite pas à ajouter même qu'elle leur est indispensable, c'est la vesce, la féverole et le pois jarat.

Une ration de gros blé ou de chènevis, comme régal ou pour varier la nourriture, peut leur être servie avec avantage de temps en temps, et ne peut que contribuer à maintenir les pigeons en bonne condition ; mais jamais on ne réussira à élever des pigeons voyageurs, forts, robustes et ayant du fond, en les nourrissant de sarrasin et de petit blé chargé de toutes sortes de graines de mauvais aloi, comme on vend généralement à Paris.

Le pigeon de course, qui se remue, voyage et est appelé à chaque instant à parcourir quelques centaines de kilomètres par jour, est comme le cheval qui travaille : il lui faut des aliments riches et toniques en rapport avec les services qu'on réclame de lui et les forces qu'il dépense, autrement il ne pourra pas supporter les fatigues des longues courses et mourra de consomption.

Comment pouvez-vous prouver, me demanda un colombophile, que la vesce est plus nutritive que le sarrasin et le petit blé ?

La preuve est facile à fournir : il suffit de peser un hectolitre de chaque grain, et l'on verra que la vesce et la féverole pèsent environ, à quantité égale, un quart de plus que le sarrasin et le petit blé.

Or, un pigeon qui aura avalé une poignée de vesces ou de féveroles, aura dans le jabot la même quantité de nourriture mais *un quart de plus en poids* que celui qui se sera nourri d'une égale quantité de sarrasin ou de petit blé. Il est donc facile de constater lequel des deux pigeons a le plus de substance nutritive dans le jabot.

La consommation moyenne du pigeon voyageur est évaluée à environ 40 grammes par jour, mais il me serait extrêmement difficile de déterminer exactement les rations quotidiennes d'aliments qu'on doit donner aux pigeons messagers, d'autant plus que le nombre d'hôtes varie à chaque instant en plus ou en moins, suivant la quantité de pigeonneaux qu'il y a dans les boulins.

La mangeoire, qui ne devrait jamais être *complétement* vide, indiquera de la façon la plus pratique si l'éleveur distribue à ses volatiles des rations en rapport avec leur appétit.

Si l'amateur veut être bien rémunéré des soins qu'il prodigue à ses pigeons, il faut qu'il leur fasse deux distributions d'aliments variés par jour, et leur serve à manger à discrétion ; car, sous l'effet d'une nourriture insuffisante, le pigeon de course change vite d'aspect, et ne tarde pas à avoir l'air d'un avorton.

Au fur et à mesure que les petits grandissent et que leur nombre grossit, il faut augmenter la pitance proportionnellement à leur consommation.

Pendant la saison de la reproduction, le premier repas doit être servi de bonne heure, car le pigeonneau demande à être nourri de bon matin, et le jabot vide jusqu'à une heure avancée de la journée nuit à son développement, retarde sa maturité et détermine des rejetons mal venus.

La seconde distribution peut leur être faite entre trois et quatre heures de l'après-midi.

Le même aliment ne peut être donné constamment aux pigeons sans détériorer leur santé; on peut laisser prédominer la graine qu'on veut; mais on doit alterner la vesce avec le pois jarat et la féverole. On peut allier à cela, avec avantage, de temps à autre, un ration de gros blé ou de chènevis.

Je dois ajouter, cependant, que le chènevis étant trèséchauffant, n'est pas un aliment qu'il faille donner en abondance aux pigeons voyageurs ni à aucun volatile.

La vesce, comme graine prédominante, convient le mieux aux petits pigeons de race liégeoise, qui ont le bec très-petit et ne peuvent ingurgiter la féverole qu'avec difficulté.

Qu'on fasse bien attention à la qualité des grains qu'on sert aux pigeons et qu'on s'assure bien qu'ils soient secs et sains; car, lorsque la vesce et la féverole sont humides, elles provoquent la diarrhée presque toujours fatale aux pigeonneaux.

On doit avoir soin aussi de leur servir tous les jours de l'eau fraîche et de ne jamais la laisser croupir dans la fontaine, surtout pendant l'été lorsqu'elle se charge de toutes sortes de matières organiques qui, sous l'influence de la chaleur, entrent rapidement en fermentation, tombent en putréfaction, et nuisent extrêmement à la santé des pigeons.

L'eau ferrugineuse, pendant la saison de la reproduction, est la boisson qui leur convient le mieux; elle enrichit le sang, augmente l'éclat du plumage en même temps qu'elle contribue puissamment à la bienvenue des petits.

Elle est facile à faire : il suffit de se procurer chez le serrurier de la limaille de fer qu'on introduit dans une demi-douzaine de bouteilles remplies d'eau ; chaque matin on en verse dans l'abreuvoir la consommation du jour, qu'on remplace par une quantité égale d'eau fraîche, et l'on en obtient ainsi indéfiniment.

L'entraînement.

Le pigeon voyageur transporté au loin, à des distances considérables, retourne à son colombier de tous les points de l'horizon, si, dès son premier âge, il a été soumis à un entraînement régulier.

On aurait tort de croire que le pigeon messager, transporté du coup, par exemple, à 1,000 kilomètres de son colombier, retournerait instinctivement à son gîte; il n'en est absolument rien : on doit lui faire son éducation et lui apprendre, par étapes progressives, à franchir de grandes distances.

Dès l'âge de quatre mois, on soumet les pigeons voyageurs aux premières épreuves, et l'époque choisie par les colombophiles pour procéder aux entraînements préparatoires, est généralement le mois de juillet.

Il n'y a donc guère que les pigeonneaux nés en mars et en avril qui, à l'époque du dressage, aient atteint une maturité suffisante pour supporter les fatigues des courses préparatoires, et l'on ne s'occupe de l'éducation des jeunes nés à l'arrière-saison qu'au retour du printemps.

Voici comment on procède la première fois : on transporte le pigeonneau à une distance de 1 à 2 kilomètres de son pigeonnier, d'où on le met en liberté.

Il y a des amateurs qui le portent du coup à une distance de 10 kilomètres; mais ce n'est pas le système que je préconise; car, lorsque le jeune pigeon qui n'a jamais pris ses ébats qu'autour de son colombier, dans un rayon de cinquante à cent mètres, est lâché pour la première fois dans un lieu qui lui est complétement inconnu, on voit par l'hésitation de son vol, par les longues et interminables circonvolutions qu'il trace dans l'air au-dessus du point de départ, par les oscillations répétées de son bec dans toutes les directions comme s'il cherchait à explorer tous les points de l'horizon, qu'il est désorienté et qu'il se sent perdu dans l'espace. C'est pour cette raison qu'il faut agir avec précaution, et si l'on ne veut pas s'exposer à perdre ses pigeonneaux, dès la première étape, il faut faciliter leur retour au colombier et non pas l'hérisser de difficultés.

Le surlendemain on répète le procédé en transportant une seconde fois le pigeonneau au même endroit.

Dès lors, le jeune messager ailé comprend ce qu'on exige de lui; il sait qu'il y a une certaine distance qui le sépare de son colombier et qu'il doit la franchir pour rentrer à son gîte. Aussi, dès qu'on lui donne la volée, s'élève-t-il, d'un bond, à une altitude incommensurable, trace quelques courtes spirales dans les airs et file résolûment dans la direction de son colombier.

On le transporte après, deux fois de suite, à deux jours d'intervalle, à une distance de trois kilomètres, chaque fois dans une direction différente, et finalement à environ 12 kilomètres.

Après cet entraînement préparatoire, il ne reste plus, pour l'achèvement de l'éducation des pigeons de course, qu'à indiquer les étapes progressives adoptées par la Société colombophile de Paris, lesquelles correspondent, du reste, à la méthode suivie par les Sociétés belges.

La Société colombophile de Paris, après avoir soumis ses pigeonneaux aux épreuves rudimentaires déjà indiquées, continue leur éducation, sans désemparer, par étapes réglées et progressives dans l'ordre suivant :

1re année d'entraînement :

17 juillet, 1re étape — Choisy-le-Roi, distance 10 kilomèt.
20 » 2e » — Juvisy, » 20 »
23 » 3e » — Brétigny, » 32 »

26 juillet, 4° étape — Étampes, distance 56 kilomèt.
29 » 5° » — Toury, » 89 »
2 août, 6° » — Artenay, » 102 »

On remarquera qu'afin de ne pas trop fatiguer les jeunes coursiers aériens, on leur accorde trois jours de repos après chaque voyage.

Après la dernière étape, la Société colombophile laisse reposer les jeunes élèves pendant six jours et donne ensuite, à une semaine d'intervalle, trois concours successifs auxquels prennent part tous les pigeonneaux ayant participé aux courses préparatoires :

1er concours, 8 août, Beaugency, distance 147 kilomèt.
2e » 15 » Amboise, » 211 »
3e » 22 » Châtellerault, » 299 »

Là s'arrête l'éducation des pigeonneaux ; les traînards sont restés en route et les oiseaux d'élite ont mis en relief leurs qualités instinctives qu'on aura soin de développer au printemps suivant.

Entre temps, la mue va poursuivre son cours normal de métamorphose, et l'amateur veillera à ce qu'elle se passe dans de bonnes conditions.

Il y a des colombophiles qui exercent leurs jeunes pigeons bien davantage, et les soumettent à des épreuves beaucoup plus importantes ; mais, partisan de petites étapes progressives, je pourrais trouver beaucoup d'objections de détail à cette pratique. Le pigeonneau qu'on surmène intempestivement, est comme le poulain qu'on attelle et qu'on fait travailler trop jeune ; le trop grand exercice est nuisible à sa santé en même temps qu'il entrave le plein développement de ses qualités physiques ; car le pigeon n'est entièrement formé qu'à l'âge de trois ans faits et si, avant qu'il n'ait atteint tout son développement, avant qu'il n'ait les ailes vigoureuses et bien conformées, on le fatigue par des voyages de long cours, par de trop rudes labeurs, il ne durera pas longtemps, ne rendra pas de longs services à son propriétaire et ne produira que des rejetons à tempérament lymphatique, sans fond ni énergie.

C'est là mon avis ; mais les amateurs n'en conserveront pas moins leur liberté de jugement sur cette importante question ; car les essais sérieux qui ont été tentés, sont trop récents pour mettre déjà en relief les avantages et les inconvénients des traversées de longue haleine, et je n'ai pas de données assez exactes sur des épreuves antérieures pour oser me prononcer, sans hésitation, dans un sens ou dans l'autre.

Il n'est donc pas tout à fait démontré que le cercle d'entraînement dans lequel on s'est renfermé jusqu'à présent, ne soit appelé à subir prochainement d'amples élargissements. L'éventualité n'en est pas tellement imaginaire, elle peut même n'être pas tellement lointaine, qu'on doive la traiter légèrement.

Un précédent qui milite en faveur de ce dernier argument, c'est qu'aujourd'hui on fait courir les chevaux de course à l'âge de deux ans, tandis qu'autrefois ils ne faisaient leur apparition sur le turf qu'à trois ans révolus.

M. Ed. Cassiers, dont les pigeonneaux ont fourni le trajet d'Agen (651 kilomètres de Paris), la plus grande distance qui ait jamais été franchie par de jeunes élèves de l'année, pourra peut-être, par une étude comparative entre les deux systèmes, nous fournir l'année prochaine des renseignements instructifs sur cette question.

Entre temps, jusqu'à preuve du contraire, je persiste dans mon opinion peu sympathique à l'exécution des voyages de long cours par des pigeonneaux à peine éclos de quelques mois, parce qu'à cet âge, ils ont les os fort tendres ; leurs formes sont peu développées et leurs ailes ne sont pas assez vigoureuses pour soutenir avec continuité les labeurs des longs trajets, sans fatiguer leurs articulations et, partant, sans compromettre le développement, la puissance de leur vol.

Deuxième année.

Après avoir achevé sa mue, le pigeonneau se trouve revêtu de sa plus belle parure ; l'œil a atteint tout son brillant ; le ruban charnu autour des yeux, les caroncules nasales et le bec ont pris du développement ; la poitrine a gagné de l'ampleur ; bref, l'oiseau est ce qu'on appelle *en couleur*, et a cessé d'être un pigeonneau proprement dit.

Cependant, au printemps suivant, il ne sera pas encore dans la plénitude de sa vigueur et il faudra continuer à le ménager ; car ses articulations seront encore tendres ; ses os n'auront pas toute la dureté qu'ils auront à l'âge de trois ans révolus, et le muscle qui lie l'épaule à la poitrine (l'humérus au sternum) et qui donne le violent coup d'aile au vol du pigeon, n'aura pas acquis toute sa force ni toute sa puissance.

Quelques amateurs laissent même reposer leurs pigeons pendant toute la seconde année, et ne continuent leur éducation qu'à la troisième, afin de ne pas entraver leur développement par les fatigues et les privations qui sont les accompagnements inévitables des longues traversées ; mais ces amateurs forment l'exception, et la grande majorité, plus impatiente de jouir, de remporter des prix, agit autrement.

Deux mois avant l'ouverture de la saison des concours, on prépare les pigeons à la lutte ; on supprime le sarrasin et le petit blé qui ont formé leur principale alimentation pendant l'hiver, pour les remplacer par une nourriture plus substantielle, plus tonique, qu'on varie de façon à réveiller et à exciter constamment l'appétit. Les aliments qui leur conviennent le mieux alors, sont les féveroles, les vesces et le gros blé qu'on alterne de la façon suivante : le matin, on leur sert une ration de féveroles ; l'après-midi, une ration de vesces et, tous les deux jours, on remplace l'un des deux aliments précités par une ration de gros blé.

Le pigeon messager est comme le cheval de course ; il faut qu'il soit bien nourri et, comme disent les sportmen, *in good condition;* autrement, s'il est mou, il succombera aux fatigues des longs trajets et restera même en route aux premières étapes de l'entraînement.

Souvent l'excès des maux vient de l'excès des biens, dit Le Bailly ; il ne faut donc par bourrer les pigeons de course outre mesure ; l'abondance excessive de nourriture porte à l'engraissement, et, le trop d'embonpoint, comme l'extrême maigreur, empêche le coursier ailé de lutter avantageusement avec ses concurrents dans les courses aériennes. Le trop de graisse rend le vol lourd et laborieux, et la maigreur excessive, outre qu'elle fait du pigeon le jouet des vents, est un indice de faiblesse qui rend la pauvre bête inapte à supporter aucune fatigue.

Les deux extrêmes mèneraient à un résultat diamétralement opposé à celui qu'on veut atteindre. Il suit de là que le pigeon de course ne doit être ni trop gras ni trop maigre pour prendre part aux concours aériens ; il faut qu'il ait la chair ferme, l'aile bien conformée et les allures vives : la pétulance des mouvements est l'indice d'une bonne santé et d'une excellente constitution. Les rémiges des ailes doivent être au grand complet, sans lacunes, en parfait état, car l'absence d'une ou deux rémiges diminuerait sensiblement la puissance de son vol et ses chances de succès.

Voilà donc le pigeon en excellente condition pour prendre part, à chances égales avec ses concurrents les plus redoutables, aux entraînements préparatoires et aux concours de seconde année, dont la Société colombophile de Paris a fixé les dates et les lieux comme suit :

1re étape, — Juvisy,   20 kilom., course préparatoire.
2e   »   — Brétigny,   32   »   »
3e   »   — Étampes,   56   »   »

4ᵉ étape, — Toury, 89 kilom., course préparatoire.
5ᵉ » — Orléans, 121 » »
6ᵉ » — Blois, 178 » »

1ᵉʳ concours, — Amboise, 211 kilomètres.
2ᵉ » — Châtellerault, 299 »
3ᵉ » — Angoulême, 445 »

Deux jours de repos sont accordés aux pigeons après chaque course préparatoire, et huit jours après chaque concours.

Après ces épreuves, on peut considérer l'éducation du pigeon voyageur comme achevée, et il ne reste plus qu'à attendre qu'il ait atteint le terme de sa croissance et de son développement pour le soumettre aux fatigues des voyages les plus lointains.

Entrainement des pigeons de trois ans révolus.

Nous voici enfin en présence de l'oiseau complétement formé, dans la plénitude de sa vigueur, de ses forces physiques et de ses qualités instinctives.

Dès à présent, il n'y a plus à le ménager; il est entré dans la catégorie de ce qu'on appelle *les vieux routiers;* il faut qu'il marche ou qu'il succombe; il faut qu'il revienne de Bayonne à Paris d'une seule traite, et que, lâché le matin de bonne heure, il traverse la France d'une extrémité à l'autre à tire d'aile, sans découcher. Voilà ce que l'on peut exiger d'un pigeon voyageur belge de trois ans.

La Société colombophile procède à leur éducation de la manière suivante :

1ʳᵉ étape, Brétigny, 32 kilomètres.
2ᵉ » Étampes, 56 »
3ᵉ » Toury, 89 »
4ᵉ » Orléans, 121 »
5ᵉ » Blois, 178 »

1ᵉʳ concours, Amboise, 211 kilomètres.
2ᵉ   »   Châtellerault, 289 »
3ᵉ   »   Angoulême, 445 »

Concours extraordinaires :

1ᵉʳ concours, Bordeaux, 595 kilomètres.
2ᵉ   »   Auch, 685 »
3ᵉ   »   Bayonne, 815 kil., etc., etc., etc.

Un repos de trois jours est accordé aux pigeons, après chacune des cinq premières étapes ; de huit jours, après chacun des concours d'Amboise, de Châtellerault et d'Angoulême, et de trois semaines après chacun des concours extraordinaires.

Voilà l'itinéraire exact des voyages d'entraînement suivi par la Société colombophile de Paris, et c'est le meilleur guide que je puisse recommander aux amateurs de pigeons voyageurs.

Plan d'ensemble d'entraînement.

Le développement des facultés instinctives des pigeons messagers étant le point le plus important de leur éducation, faisons une récapitulation sommaire des étapes ou distances progressives qu'on leur fait franchir pendant les trois années consacrées à leur entraînement, afin de mettre sous les yeux des jeunes amateurs un plan d'ensemble complet et facile à suivre.

Ainsi donc, sans autre préambule, entrons en matière.

Nous avons dit que, dès l'âge de quatre mois, on soumet les pigeonneaux aux épreuves rudimentaires du dressage, en les transportant successivement dans la direction de chacun des quatre points cardinaux, à une distance de 2 kilomètres de leur colombier, d'où on les met en liberté pour leur apprendre à s'orienter.

Immédiatement après les épreuves d'entraînement premier, on procède à leur dressage sérieux qui embrasse une période de trois ans, et qui consiste à leur faire parcourir des distances graduellement plus grandes et toujours dans la même direction, comme suit :

1re *année d'entraînement.*

1re étape, 10 kilomètres, course préparatoire.
2e   »   20   »   »
3e   »   30   »   »
4e   »   60   »   »
5e   »   90   »   »
6e   »   125   »   »
7e   »   150   »   concours.
8e   »   200   »   »
9e   »   300   »   »

On laisse les pigeons se reposer de leurs fatigues pendant trois jours, après chacune des six premières courses préparatoires, et pendant huit jours, après chacun des trois concours.

2e *année d'entraînement.*

Au printemps suivant, on continue leur éducation et on les transporte successivement aux distances suivantes :

1re étape, 20 kilomètres, course préparatoire.
2e   »   30   »   »
3e   »   60   »   »

4ᵉ étape, 90 kilomètres, course préparatoire.
5ᵉ   »   125   »   »
6ᵉ   »   175   »   »
7ᵉ   »   250   »   concours.
8ᵉ   »   300   »   »
9ᵉ   »   450   »   »

Comme d'habitude, on laisse reposer les pigeons pendant trois jours, après chaque course préparatoire, et pendant huit jours après chaque concours.

3ᵉ année d'entraînement.

On attend de nouveau le retour du beau temps et, au mois d'avril, on procède à l'achèvement du dressage des pigeons messagers en les lâchant successivement des étapes progressives et toujours dans la même direction, comme suit :

1ʳᵉ étape, 30 kilomètres, course préparatoire.
2ᵉ   »   60   »   »
3ᵉ   »   100   »   »
4ᵉ   »   150   »   »
5ᵉ   »   200   »   »
6ᵉ   »   250   »   concours.
7ᵉ   »   300   »   »
8ᵉ   »   450   »   »
9ᵉ   »   600   »   »
10ᵉ »   700   »   »
11ᵉ »   800   »   »
12ᵉ » 1000   »   »

Trois jours de répit sont accordés aux coursiers aériens, après chacune des cinq premières étapes; huit jours, après chaque course au-dessus de 200 kilomètres et n'en excédant pas 500, et trois semaines après chaque traite de 500 kilomètres et au-dessus.

Les concours d'hiver réussissent rarement, parce que la

courte durée des jours ne permet pas aux pigeons de franchir de grandes distances, et le froid extrême paralyse leurs qualités physiques et instinctives.

Sifflet pour préserver les pigeons des oiseaux de proie.

M. Paul Champion a fait à la Société d'acclimatation, de Paris, une intéressante communication dans sa séance du 1er juin 1866, sur un moyen employé par les Chinois pour préserver les pigeons des oiseaux de proie.

Lorsqu'on se promène aux environs de Pékin, dit M. Champion, on est souvent surpris d'entendre des sifflements de plusieurs espèces assez prolongés, et qui semblent venir d'une grande hauteur. On ne découvre cependant en l'air que des pigeons volant par bandes serrées. Voici en quelques mots l'explication de ce fait. On rencontre à Pékin un grand nombre de vautours et d'autres oiseaux de proie qui font une guerre acharnée aux pigeons. Pour éviter leur destruction, les Chinois ont inventé des espèces de sifflets de formes différentes, fabriqués de petites courges ou de petits morceaux d'écorce de bambou superposés, dans lesquels on ménage des ouvertures destinées à produire de longs sifflements lorsque le vent vient à s'y engouffrer. Ces sifflets rendent plusieurs sons à la fois. Ils sont excessivement légers, pèsent à peine quelques grammes, et sont munis d'une petite lame de bois percée d'un trou. C'est par là qu'on attache ces instruments aux plumes de la queue des pigeons, le plus près possible de la partie où elles s'insèrent dans le corps de l'animal, au moyen de petits fils résistants, et non pas sur le dos du pigeon comme on l'a représenté à tort sur la figure.

Cette opération se fait spécialement sur le pigeon qui, dans les vols, se trouve à la tête de la bande. La rapidité du vol force l'air à frapper vivement ce sifflet, qui rend alors les sons prolongés dont j'ai déjà parlé. Les oiseaux de proie qui voudraient les attaquer, effrayés de ce bruit qui leur est inconnu, et qui est assez violent pour qu'on l'entende à une grande distance, laissent passer tranquillement les pigeons qui, par conséquent, grâce à cette invention, sont à l'abri de tout danger. Ces petits instruments, dont M. Champion a présenté à la Société d'acclimatation deux modèles différents recueillis à Pékin, sont couverts d'un vernis très-solide qui empêche l'humidité et la pluie de les altérer. Outre l'avantage qu'ils en retirent, il faut ajouter aussi que ces sifflets sont un sujet d'amusement pour les Chinois. Il paraît qu'on les emploie dans plusieurs autres parties du *céleste Empire*.

M. A. Geoffroy Saint-Hilaire a fait venir de Chine un grand nombre des curieux et intéressants appareils présentés par M. Champion et a eu l'amabilité de m'en donner deux. Je les ai expérimentés à diverses reprises et ils ont produit, en effet, un bruit prolongé et presque aussi violent que le coup de sifflet de nos locomotives dont les machinistes aiment tant à étourdir les voyageurs, à leur entrée dans les gares de chemins de fer.

L'utilité de faire battre les champs par les pigeons voyageurs.

La majorité des colombophiles ont l'habitude de ne donner aucune nourriture à leurs pigeons de course pendant une quinzaine de jours par an, afin de leur apprendre à aller se nourrir aux champs, ce qui leur est d'une utilité incontestable lorsqu'ils font des voyages de long cours. C'est là même une précaution indispensable; car le pigeon voyageur qui a, par exemple, mille kilomètres à franchir, ne les parcourt pas d'une traite, sans s'arrêter en route pour réparer ses forces et étancher sa soif. Or, s'il n'a jamais été aux champs, il ne sait où aller se nourrir, succombe à la fatigue ou, poussé par la faim, pénètre dans un colombier étranger et se fait prendre.

Je m'empresse d'ajouter qu'il serait fort imprudent de forcer les pigeons à aller aux champs pendant la saison de la chasse, surtout à Paris; car les Nemrods parisiens qui se livrent les dimanches et les lundis au plaisir d'une chasse banale dans les environs de la capitale, où le gibier persiste à se faire remarquer par son absence, ont la cruauté d'abattre les pigeons domestiques et les petits oiseaux insectivores pour s'épargner la confusion de rentrer bredouille au logis.

Le docteur Chapuis, dans son intéressant ouvrage, *le Pigeon voyageur belge*, dit à ce sujet : lorsque le pigeon, pendant son voyage, se trouve fourvoyé, ou que le trajet est trop long, s'il a l'habitude de chercher sa nourriture pendant deux ou trois mois de l'année, il ne sera pas embarrassé de la découvrir. — Un autre avantage, c'est de forcer le pigeon à prendre beaucoup d'exercice et surtout dans une saison où il est enclin à l'inaction, pendant la saison de la mue; cet exercice leur est éminemment salutaire, et, pour s'en convaincre, il suffit d'inspecter le colombier au mois d'octobre; les pigeons ont terminé leur mue; par leur genre de vie presque indépendante, ils ont gagné de la vivacité, un air un peu farouche qui leur sied très-bien; leurs plumes sont plus lisses, plus propres, plus serrées, et ils ressemblent davantage aux oiseaux sauvages et libres.

Il y a des pigeons, dit le docteur Chapuis, qui s'obstinent à ne pas vouloir aller aux champs et, en ce cas, le savant docteur recommande de les y faire porter au moins en partie: ils seront enfermés dans un panier, dont les barreaux seront assez espacés pour permettre aux pigeons d'y passer la tête, et muni d'une ouverture fermée par une cloison que l'on peut ouvrir à volonté. Arrivés dans un champ de froment, dont la récolte est terminée, la personne chargée du transport sème autour du panier des graines ou des vesces, elle en fait des traînées. En même temps, une ficelle est attachée à la cloison mobile et la personne se retire à trente ou à quarante pas de distance : les pigeons affamés commencent à manger; on tire tout doucement la cloison qui ferme l'entrée du panier, les oiseaux sortent et s'aventurent dans la campagne. Cette expérience leur indique où ils peuvent trouver de la nourriture; ils reviendront et amèneront les autres. Parmi ces derniers, il s'en trouvera peut-être quelques-uns de moins intelligents; si l'on tient à leur conservation, on les soumettra à la même expérience, et bientôt le propriétaire n'aura plus à s'en embarrasser. Les pigeons ont bonne mémoire et il est probable que l'année suivante, il ne sera pas nécessaire de les faire porter aux champs, ils en prendront eux-mêmes la route connue.

J'ai vu pratiquer la méthode du docteur Chapuis, avec le succès le plus complet, par M. le colonel Laussedat, président de la Commission d'aérostation militaire, et par M. E. Cassiers.

Les pigeons de M. Cassiers montrèrent tant d'obstination à rester au colombier, où toute nourriture avait été supprimée depuis plusieurs jours, qu'ils menaçaient de se laisser mourir de faim. C'est alors que l'habile spécialiste prit la résolution de les porter aux champs dans un immense panier, et suivit les ingénieuses indications du docteur Chapuis, qui réussirent complétement. Depuis lors, ses pigeons ne cessent d'aller se pourvoir aux champs *deux fois par jour*, et élèvent leurs jeunes comme par enchantement.

M. C. Derouard, secrétaire de la Société colombophile de Paris, soutint dans l'*Epervier*, de Bruxelles, avec autant de logique que d'énergie, que le pigeon voyageur soumis journellement, à une certaine époque de l'année, à la nécessité de courir les champs pour y trouver sa nourriture, prend un exercice fréquent et gradué qui développe son instinct d'orientation, fortifie ses muscles, le tient en longue haleine et le rend ainsi plus apte aux voyages lointains que le pigeon presque sédentaire, qui ne prend ses ébats qu'autour de son colombier.

Le célèbre colombophile, dont la compétence en semblable matière ne saurait être révoquée en doute par aucun spécialiste sérieux, ajouta que, sur 31 lauréats, au concours de Châtellerault, il y en eut 26 qui avaient l'habitude de battre les champs et qu'en présence de ce fait concluant il faut bien se rendre à l'évidence.

M. Ed. Cassiers, ancien président de la Société colombophile l'Espérance, de Paris, relate également des faits qui corroborent l'opinion émise par M. Derouard et qui concluent à la nécessité de faire transporter les pigeons aux champs, d'après le système préconisé par le docteur Chapuis, s'ils s'obstinaient à ne pas vouloir y aller, afin de leur apprendre à découvrir leur nourriture en voyage.

M. Cassiers raconte que ses pigeons ont l'habitude d'aller se nourrir aux champs; que le 28 août 1875, séduit par l'immense succès que ses jeunes messagers ailés avaient obtenu au concours de Châtellerault, il transporta d'un bond à Agen, à 512 kilomètres de Paris, vingt-deux jeunes pigeons voyageurs, nés en 1875, qui n'avaient jamais fait que l'étape de Châtellerault, dont la distance de Paris, à vol d'oiseau, n'est que de 247 kilomètres!

Peu de temps après le lâcher, un violent orage se déchaîna sur la ville d'Agen et vint porter ses fureurs jusque dans les environs de Paris. Ayant à lutter contre une pluie effroyable et un vent impétueux qui entravèrent le vol des jeunes coursiers aériens, le premier ne rentra à Paris que le lendemain à dix heures du matin.

Le lundi 30 août, un second pigeon fit son apparition au colombier, et, le jour suivant, six autres voyageurs vinrent grossir le nombre des arrivés.

Le 4 septembre, treize sujets sur vingt-deux avaient accompli le voyage le plus long que jamais de jeunes pigeons voyageurs de leur âge eussent entrepris.

Je me réjouis avec M. Cassiers de ce succès éclatant, d'autant plus que parmi le nombre des premiers arrivés se trouvait un de mes jeunes élèves dont j'avais eu l'honneur de faire don à l'habile spécialiste.

M. Cassiers n'hésite pas à attribuer ce succès inouï à ce que ses pigeons ont l'habitude d'aller se nourrir aux champs.

En effet, si les jeunes pigeons que M. Cassiers a transportés si témérairement à une distance de 512 kilomètres de leur colombier, eussent été habitués à être nourris au colombier et n'eussent jamais fait les champs, ils se seraient trouvés fort embarrassés, pendant un voyage qui a duré du 28 août au 4 septembre, de trouver à boire et à manger ailleurs que dans des colombiers étrangers où, à coup sûr, ils se seraient fait capturer ; et, comme le pigeon voyageur est de nature excessivement hésitante et craintive, il est même à présumer que la plupart auraient préféré se laisser mourir de faim et de soif que de pénétrer dans un autre pigeonnier que le leur.

A l'appui de ses assertions, M. Cassiers ajoute que ses pigeons sont rentrés au colombier gros et gras et le jabot bien garni, ce qui prouve jusqu'à l'évidence que, pendant leur longue absence, les champs leur avaient fourni régulièrement les rations quotidiennes d'aliments auxquelles ils étaient habitués.

Voilà donc une règle bien prouvée et admirablement mise en lumière par deux spécialistes le mieux entendus en matière colombophile.

Un dernier fait : il était parti du jardin des Arts et Métiers un ballon conduit par l'aéronaute Jules Godard, accompagné de M. Laussedat, colonel du génie, et de deux autres officiers de la même arme, qui prenaient part à cette ascension, pour se livrer à quelques expériences scientifiques dont ils étaient chargés par la Commission de l'aérostation militaire.

M. Laussedat avait emporté avec lui trois pigeons voyageurs : l'un des trois, lâché vers 3 heures à la hauteur de 1,000 mètres, a parfaitement regagné son gîte. Les deux autres ont été lâchés au moment de la descente, qui s'est opérée vers 5 heures à Laverrière : ils sont rentrés à leur colombier le lendemain matin.

Ce petit voyage en ballon avait mis les pigeons en appétit, car aussitôt que la liberté leur eût été rendue, ils descendirent dans les champs, à 150 mètres environ de l'endroit où ils avaient pris l'essor ; cette particularité étonna MM. les officiers, au point de les engager à la consigner dans leur rapport.

Ces diverses opinions concluent toutes à la nécessité impérieuse de supprimer annuellement la nourriture au colombier pendant une quinzaine de jours, afin d'apprendre aux pigeons à se réconforter en route pendant les traversées de longue haleine.

Quelques observations cependant :

1º Il ne faut pas abuser de cette pratique, qui n'est pas sans danger ; car c'est aux champs que le pigeon rencontre le piége, le chasseur, le chat, l'émouchet, etc., etc.;

2º Il ne faut pas contraindre les pigeons à aller quérir leur nourriture aux champs à l'époque des semailles, parce que les cultivateurs ont l'habitude d'enduire leurs graines de produits chimiques qui donnent la mort aux oiseaux;

3º Il ne faut pas non plus les forcer à battre les champs pendant l'hiver, lorsque la campagne est nue et ne leur offre pas assez d'aliments substantiels pour suffire à leurs besoins, outre que c'est la saison de la chasse ;

4º Il faut, pour ces divers motifs, ne supprimer la nourriture au colombier que pendant l'été seulement, et limiter cette suppression à trois semaines à un mois, ou, pour m'expliquer avec toute franchise, il faut en faire une question d'éducation et non pas une question d'économie. On ne doit envoyer ses pigeons aux champs que pendant tout juste le temps nécessaire à leur apprendre à découvrir leur nourriture à la campagne, en prévision de la nécessité où ils se trouveront de se sustenter en route, lorsqu'ils seront appelés à faire des voyages de long cours.

Mais il n'en reste pas moins prouvé que, malgré les dangers auxquels on expose ses pigeons, la suppression de la nourriture au colombier pendant trois semaines à un mois par an, fait partie inhérente d'une bonne éducation, et que, pendant les longues traversées, le pigeon trouvera, le jour de la lutte, son salut dans le champ de blé où la veille il a failli rencontrer sa perte.

Les pigeons font-ils du mal aux récoltes et a-t-on le droit de les tuer sur ses terres ?

D'après l'avis de la majorité des fermiers, le pigeon qui n'est pas un oiseau pulvérateur, ne cause absolument aucun préjudice aux récoltes ; car il ne gratte pas la terre, il se contente de parcourir les champs et ne ramasse que les grains perdus, qui tombent de l'épi trop mur, de la gousse entr'ouverte, et ceux que la herse n'a pas enterrés. Sa nature craintive l'empêche de suivre le cultivateur pendant qu'il sème, et il ne s'abat dans les champs que lorsque la herse y a passé. Hors de la saison des semailles, il se nourrit de semences, de vesces sauvages, de plantes parasites, de lentille, de nielle, et d'une infinité d'autres plantes qui croissent parmi les céréales et leur sont nuisibles. Ils détruisent également beaucoup d'insectes et aussi les petits escargots, etc.; de sorte qu'en définitive, ils font plus de bien que de mal aux récoltes, en détruisant les plantes parasites, en enlevant le grain qui n'est pas enterré et qui végèterait néanmoins suffisamment pour gêner la croissance des bonnes plantes.

Si beaucoup de personnes sont d'avis que la question de leur utilité n'est pas résolue, il me semble que le fait seul que tous les fermiers tiennent eux-mêmes des pigeons, qui vont se pourvoir aux champs, prouve jusqu'à l'évidence qu'ils ne sont pas nuisibles aux récoltes.

Il y a un proverbe anglais qui dit : *Give your dog a bad name and hang him.* C'est précisément ce mauvais nom, l'instinct pillard dont les révolutionnaires l'ont accusé, en 1789, qui est resté au pigeon et dont il est encore victime aujourd'hui.

Du temps de la féodalité, la noblesse se réserva le pigeon, et le droit de colombier devint un de ses priviléges. Aussi, dès les premiers jours de la révolution de 1789, il y eut des clameurs générales contre les pigeons qu'on traitait de maraudeurs, de pillards, de fléau de l'agriculture, et chacun s'efforçait de son mieux d'exagérer les prétendus préjudices qu'ils causaient aux récoltes.

Toutes ces accusations hypocrites dont il y a lieu de suspecter la sincérité, ne masquaient que la soif ardente du peuple de dépouiller la noblesse de tous ses priviléges, et, notamment, de celui de son droit de colombier.

Ces clameurs publiques ne visaient, en réalité, que le privilège du seigneur et aucunement le pauvre pigeon qui porta le châtiment de crimes dont il n'était pas coupable; car, dès le lendemain de la déclaration de l'abandon du droit de colombier que M. le comte de Tirieu fit, au nom de la noblesse, pendant la nuit du 4 août 1789, le peuple se rua autant sur les pigeons que sur les pigeonniers de haut vol, exactement comme il abattit partout les girouettes qui dominaient les tours à créneaux et les châteaux à pont-levis.

Il y eut une proscription générale contre les pigeons ; puis, des lois qui autorisèrent les paysans à tuer les pigeons sur leurs terres, furent édictées et sont encore en vigueur aujourd'hui ; car la cour suprême de France a posé, le 15 janvier 1875, les principes suivants qui sont encore l'écho des accusations exagérées et sans fondement qui furent formulées contre l'instinct pillard du pigeon, en 1789 :

1º Seuls les propriétaires ou fermiers ont le droit de tirer sur les pigeons des voisins qui maraudent sur leurs champs ou jardins ;

2º Ils ne peuvent les tirer qu'au moment où ces volatiles font des dégâts à leur préjudice, et sur le lieu même, non ailleurs.

La loi dont le fermier peut se prévaloir pour tuer nos pigeons voyageurs, est une loi barbare, une tache dans le code d'une nation civilisée qui, dans l'intérêt de la moralité publique et de la conservation des pigeons des Sociétés colombophiles, et des colombiers militaires, ne saurait tarder à être réformée tant en France qu'en Belgique.

Boitard et Corbié disent à ce sujet : « On a fait une remarque prouvant assez que le pigeon ne diminue pas le produit des récoltes : c'est qu'en l'ouvrant, soit à l'époque des semailles, soit dans toute autre saison, l'on ne trouve jamais dans son estomac et dans son jabot que des graines de plantes parasites ; ou, s'ils contiennent quelques graines de graminées à l'usage de l'homme, elles n'y sont que pour un huitième au plus, encore ce qu'on y en trouve est presqu'en totalité de *mauvais grains*.

Les cultivateurs sarclent leurs champs avec beaucoup de peine lorsque les plantes nuisibles sont développées, le pigeon fait mieux, il détruit les mauvaises herbes dans leur principe, en enlevant leurs graines à mesure qu'elles tombent sur la terre.

Après la Restauration, plusieurs hommes éminents prirent la défense des pigeons, entre autres M. Vitry, qui prouva que, « au moment de l'arrêt porté contre eux, il y avait quarante-deux mille colombiers en France qui fournissaient annuellement au peuple soixante-quatre millions d'onces de nourriture saine et, en général, à bas prix. Enfin, en divisant 64,800,000 onces par 16, pour connaître le nombre de livres de viande dont l'arrêt contre les pigeons nous a privés, on trouvera qu'à l'époque de leur prescription, les pigeonniers entraient pour quatre millions deux cent mille livres pesant de viande dans la nourriture de la France, et diminuaient d'autant la consommation des autres substances animales. »

« Il résulte un autre dommage de la suppression des pigeonniers de haut vol : la perte de leur fiente, un des plus puissants engrais pour nos terres, et qu'on a vu vendre dans quelques départements au même prix que le blé. »

M. Beffroy, en prenant la défense des pigeons, à une des séances de la Société d'agriculture, dit : « Les services qu'ils rendent à l'agriculture sont tels que, dans le canton de Dizy, département de l'Aisne, où l'on a toujours récolté le blé le plus beau, le plus net, le meilleur, on s'est promptement aperçu de la perte des pigeons. Les terres s'y couvraient d'herbes qui étouffaient les récoltes ; la paille y était mince et rare, le grain peu nourri, les cultivateurs l'avaient remarqué ; aussi, en prenant à cens les grandes terres, ils imposaient aux propriétaires d'y bâtir un pigeonnier. Cette condition fut remplie, parce qu'il fallait assurer les récoltes, et, dans beaucoup d'endroits, des pigeonniers furent élevés à grands frais. On a remarqué encore que les pays les plus abondants en blé, tel que la Beauce, étaient ceux où les pigeonniers étaient en plus grand nombre. »

M. Beffroy démontre « que les pigeons ne ramassent que les graines non recouvertes de terre ; qu'ils ne mangent pas les graines chaulées et qu'ils n'attaquent jamais les graines une fois qu'elles sont germées.

« En supprimant le privilége féodal des pigeonniers, ajoute M. Beffroy, on décréta que chaque particulier pourrait avoir des pigeons ; mais à la charge de les tenir enfermés pendant l'époque de la maturité des grains, et on accorda à chacun la faculté de les tirer sur sa propriété. Cette faculté secondait le germe de la destruction contenu dans la condition imposée aux éleveurs de les tenir enfermés à certaines époques. »

Le point important à mettre en relief dans ce qui précède, c'est que le fermier français est armé d'une loi qui lui permet de tirer impunément tous les pigeons voyageurs des colombiers militaires qui viennent picorer sur ses terres; mais j'ai l'intime conviction qu'il suffira de signaler l'existence de cette loi barbare à M. le ministre de la guerre pour qu'elle soit réformée bientôt.

Le Vol,

L'ALTITUDE ET LA VITESSE

Il résulte des observations faites par les aéronautes et par les délégués du gouvernement de la Défense nationale, pendant le siége de Paris, que le pigeon voyageur s'élève rarement, dans les airs, à plus de 150 mètres de hauteur, quand il voyage; et, quant à la rapidité de son vol, en compulsant les résultats de cinquante-cinq concours belges, je trouve une moyenne de 1 kilomètre 80 mètres, et une vitesse extrême de 1 kilomètre 350 mètres que le pigeon a parcourus par minute.

L'instinct d'orientation chez le pigeon voyageur.

> Les pigeons qui portent des lettres sont une merveille de la toute-puissance divine, digne de notre admiration et de nos hommages... Comment pourrions-nous ne pas admirer en eux l'ouvrage du Tout-Puissant, puisque, dans le plus court espace de temps, ils rendent une lettre que le courrier le plus diligent ne pourrait apporter qu'en plusieurs jours? Ils ne se lassent point de remplir leur service, et surpassent tout ce que l'on peut imaginer, par leur célérité à transmettre des nouvelles; remplissant fidèlement la commission dont ils sont chargés, ils confirment le proverbe qui leur donne la dénomination *d'oiseaux d'heureux présage*. Certes ils l'emportent de beaucoup sur les messagers terrestres : les nuages sont leurs rênes; l'air est la carrière qu'ils parcourent; leurs ailes sont leur monture; les vents leur escorte. Ils ne redoutent dans les routes ni les brigands des déserts, ni les dangers des passages périlleux.
>
> ABOUL-'L-KASEM,
> Surnommé DHOU-'L-BALATAÏN.
> (Traduit de l'arabe par
> A.-I. Silvestre de Sacy.)

Quel est donc cet étrange instinct d'orientation qui guide le pigeon messager à travers l'espace, comme s'il était muni d'une boussole dont l'aiguille aimantée lui indique constamment la direction qu'il doit suivre?

Plusieurs opinions ont été émises en ces derniers temps. A distance elles paraissent toutes logiques; mais, lorsqu'on s'en approche pour les examiner, elles s'écroulent dans un nuage d'hypothèses contradictoires qu'il suffit d'énoncer pour en démontrer l'absurdité.

Nous avons déjà dit que le pigeon voyageur transporté à des distances considérables de son colombier, d'où il est mis en liberté, retourne à son gîte de tous les points de l'horizon. Ce phénomène plein de mystères qu'on attribue à tort à l'instinct, est, à mon avis, plutôt le fait d'une aptitude spéciale qui reste à étudier et qui permet au pigeon voyageur, comme à l'oiseau migrateur, de s'orienter dans les airs.

Qui de nous n'a assisté aux préparatifs d'un départ d'hirondelles? On les voit se masser sur le toit d'une église, en proie à une vive agitation; elles ont l'air de se parler, de se concerter, de conférer ensemble, de se communiquer mutuellement leurs appréhensions sur les dangers et les fatigues du long trajet qu'elles vont entreprendre; elles hésitent, partent, s'exercent, reviennent au point du départ; elles hésitent encore; puis, tout à coup, d'un commun accord, elles se lancent franchement dans le vide, décrivent dans les airs mille circuits de leur vol agile et capricieux, comme si elles cherchaient à explorer tous les points de l'horizon ou à découvrir dans les couches aériennes un courant atmosphérique favorable à la rapidité de leur vol, et qui les pilote dans leur migration. Bientôt les dernières retardataires qui étaient restées sur le toit, ont rejoint la masse dans l'espace, et, alors, elles filent résolûment toutes ensemble, sans jamais se tromper de route, dans la direction des zones tempérées.

La savante ignorance explique ce phénomène étrange par le sentiment et la résolution spontanés qui ne sont ni le résultat de la prévoyance ni de la réflexion, mais de ce qu'on appelle l'*instinct*.

Rien n'est plus facile que de trancher ainsi d'un trait de plume les questions que nos sens ne savent pas atteindre; mais, si la réflexion n'y est pour rien, comment expliquer que l'hirondelle quitte, à l'automne, le nid de boue qu'elle a construit avec un art merveilleux sous la fenêtre d'une chaumière située dans un lieu caché, au milieu des champs, dans un département de la France occidentale, pour aller chercher dans des contrées chaudes les insectes qui, bientôt, vont lui faire défaut ici? Et ce qui est plus incompréhensible encore, comment expliquer par l'instinct, ou l'absence de réflexion, que cette même reine des airs quittera, au retour du printemps, l'Afrique ou l'Asie ; retraversera la Méditerranée, ne s'arrêtera ni à Marseille, ni à Lyon, ni à Paris ; mais retournera à la chaumière dans le *département du Finistère* qu'elle avait quittée six mois auparavant, pour échapper aux intempéries de notre climat ?

L'homme ne fait pas un pas sans réfléchir. Or, pourquoi supposerions-nous gratuitement que l'oiseau migrateur entreprend ces longs voyages instinctivement, c'est-à-dire à tout hasard, comme une machine ; lorsque ces préparatifs de départ, sa précaution de choisir un vent favorable à son vol, de devancer l'heure du départ, si l'hiver menace d'être précoce, prouvent jusqu'à l'évidence l'intervention d'une lucide réflexion.

Mais, me dira-t-on, on ne peut pas comparer les oiseaux migrateurs aux pigeons voyageurs que l'homme dresse, par étapes progressives, à franchir de grandes distances.

Cette appréciation serait exacte, si l'on faisait voyager constamment les pigeons voyageurs dans la même direction, et si on les transportait successivement, par exemple, à 10, 25, 50, 100, 200 et 300 kilomètres. Il en résulterait qu'on pourrait supposer, avec raison, que le pigeon voyageur étant doué d'une surprenante mémoire locale et d'une vue excessivement perçante, reconnaît l'ensemble général de la contrée qu'il a déjà parcourue et que d'étape en étape, de ville en ville, il sait diriger son vol vers son colombier.

Dans cette hypothèse, tous les adversaires de la théorie de la vue et de la mémoire locale seraient dans l'erreur ; mais les colombophiles ne suivent pas constamment cette pratique ; et, comme nous avons déjà dit, M. Ed. Cassiers, après avoir transporté de jeunes pigeons à Châtellerault, à 299 kilomètres de Paris, les a transportés ensuite *d'un bond* à Agen, à 651 kilomètres de Paris. Or, cette distance énorme de 352 kilomètres qui sépare Châtellerault d'Agen, que les jeunes élèves du célèbre colombophile ont parcourue, sans entraînement préalable, par étapes progressives, reste absolument sans explication, si l'on ne met en jeu que la puissance de la vue et le développement de la mémoire locale, et si l'on tient compte de la sphéricité du globe dont nous allons parler tout à l'heure.

Pour mieux démontrer que le pigeon est surtout guidé par la vue, on a prétendu que la parfaite sérénité de la masse d'air qui flotte entre la terre et les nuages, est une des conditions indispensables à son retour, et que le pigeon s'égare par les brouillards ou si on l'aveugle.

Le premier point à examiner est de savoir si le pigeon voyageur n'a pas besoin du concours de tous ses sens pour s'orienter dans l'espace, pour retrouver son colombier, et si, en le privant ou en paralysant l'un de ses sens, surtout la vue, on ne paralyse pas toutes ses facultés.

Le docteur Chapuis est du même avis et dit : « Non les faits rapportés ne prouvent rien ; le pigeon n'a plus le libre exercice de ses facultés; on ne peut en préjuger la puissance, si l'on élève des obstacles à la manifestation complète de l'une ou de l'autre d'entre elles; c'est uniquement dans leur *synergie* qu'il faut en mesurer l'étendue.

« N'est-ce pas là, l'état de l'homme lui-même, lorsque par malheur il a perdu les yeux ou que sa vue est profondément altérée? il marche à tâtons, tout lui paraît obstacle ou précipice ; il perd toute confiance en lui-même et ses facultés en subissent la plus déplorable influence. »

Du reste, le brouillard produit une autre cause qui a été peut-être trop méconnue jusqu'à présent, il produit une perturbation atmosphérique qui trouble la stratification normale des couches aériennes dont il sera question plus loin.

L'opinion qui met en jeu la puissance visuelle et la mémoire des lieux, est celle qui est la plus accréditée et qui, encore aujourd'hui, est soutenue à chaque instant avec fracas dans les journaux colombophiles. C'est pour cette raison qu'elle appelle une réfutation spéciale et énergique, afin de mettre fin, une fois pour toutes, à ces faux raisonnements qui décèlent une impardonnable ignorance, tant de la part de ceux qui les publient que de ceux qui les adoptent sans examen.

Nous savons par les aéronautes que les pigeons lancés d'une hauteur de 6,000 mètres ont leurs facultés complétement paralysées et se laissent tomber dans le vide comme des masses inertes!

M. le colonel Laussedat, président de la Commission d'aérostation militaire, m'a dit que le pigeon qu'il avait lancé d'une hauteur de 1,080 mètres, avait pris franchement son vol, mais qu'il était descendu rapidement par spirales vers la terre.

M. Gaston Tissandier m'a affirmé que les pigeons qu'il avait lancés de 300 mètres de hauteur, n'avaient pas maintenu leur vol à cette altitude et étaient également descendus rapidement vers la terre en traçant de longues spirales dans les airs.

Les 44 lâchers de pigeons faits par les vaillants colombophiles MM. Cassiers, van Rosebeke, Traclet et Thomas, délégués du gouvernement de la Défense nationale, pendant le siége de Paris, ont démontré aussi que le pigeon voyageur ne s'élève jamais à une hauteur de 300 mètres, ce qui, en effet, représente déjà la hauteur des tours de Notre-Dame de Paris quatre fois superposées!

Or, si les expériences faites par MM. le colonel Laussedat et Gaston Tissandier, ont prouvé que le pigeon, lancé de la nacelle d'un ballon, arrivé à des hauteurs de 7,000, 6,000 5,000 mètres (1) a le *vol paralysé* et se laisse tomber dans le

---

(1) L'aéronaute Glaisher, à sa grande ascension de Wolverhampton, emporta six pigeons. Le premier mourut dans la nacelle ; le second fut très-malade, mais se remit complétement ; le troisième fut lancé dans le vide à une altitude de 4,807 mètres et tomba comme une feuille de papier ; le quatrième, jeté à une hauteur de 8,048 mètres, tomba comme une masse inerte ; le cinquième, lancé à une altitude de 6,437 mètres put s'élever en volant jusque sur le haut du ballon et s'y reposer, et le sixième précipité dans l'espace à une hauteur de 6,434 mètres, prit résolûment son vol (?) et disparut en tourbillonnant, mais ne retourna pas à son colombier.

vide comme une masse inerte ; si lancé tour à tour des hauteurs de 1,090, 800 et 300 mètres il s'est précipité vers la terre en décrivant de longues spirales dans les airs, comment peut-on soutenir que le pigeon voyageur soit guidé à travers l'espace par la vue, puisqu'il suffit d'établir un simple calcul pour démontrer, qu'en raison de la sphéricité du globe, le pigeon voyageur devrait s'élever tour à tour à des hauteurs :

De   785 mètres, pour voir à une distance de 100 kilomèt.
    3.143 »   —   —   200 »
    7.076 »   —   —   300 »
   12.586 »   —   —   400 »
   19.688 »   —   —   500 »

Il résulte, de ce calcul (1), que les jeunes élèves que M. Cassiers a transportés d'un bond de Châtellerault à Agen, auraient dû s'élever à une altitude de 7,000 mètres pour apercevoir Châtellerault d'Agen, et nous savons que dans ces hautes régions le pigeon a ses facultés paralysées, ne vole pas et se laisse tomber à terre comme une pierre.

Comme je viens de le prouver de la façon la plus irréfutable, le pigeon n'est pas guidé par la vue ; il ne nous reste donc d'autre hypothèse pour expliquer cette étrange faculté de s'orienter dans l'espace dont la providence a doué le pigeon voyageur, qu'à lui attribuer un sens dont nous n'avons pas soupçon, ou d'en chercher la cause dans les courants

---

(1) Calculs démontrant qu'en raison de la sphéricité du globe, le pigeon devrait s'élever tour à tour à des hauteurs de 785 mètres, 3,143 mètres, 7,076 mètres, 12,588 mètres, 19,688 mètres pour voir à des distances de 100, 200, 300, 400 et 500 kilomètres.

Calculer les valeurs de x, quand AMN vaut :
1º 100 kilomètres,
2º 200 —
3º 300 —
4º 400 —
5º 500 —
sachant que ABC est rectangle en A.

L'INSTINCT D'ORIENTATION CHEZ LE PIGEON VOYAGEUR

atmosphériques déterminés, peut-être dans des courants de chaleur qui le pilotent vers son colombier et dont nous ne connaissons pas la marche, car la science sait très-peu de choses sur les mouvements atmosphériques.

Michelet dit : « être éminemment électrique, l'oiseau est plus qu'aucun autre en rapport avec nombre de phénomènes de météorologie, de chaleur et de magnétisme que nos sens et notre appréciation n'atteignent pas. Il les perçoit dans leur naissance, dans leurs premiers commencements, bien

1°
Nous allons d'abord calculer l'angle B :
La circonférence totale $= 40,000$ kilomètres.
L'arc AMN $= 100$ kilomètres.

On a donc $\dfrac{40,000}{100} = \dfrac{360°}{B}$ d'où l'on tire

$$B = \dfrac{360°}{400} = 0° 54'$$

Nous savons d'ailleurs que dans un triangle rectangle un côté quelconque de l'angle droit est égal à l'hypothénuse multipliée par le cosinus de l'angle adjacent à ce côté.
Ce qui donne : $c = a \times cos\ B$ d'où l'on tire

$$a = \dfrac{c}{cos\ B}$$

c c'est le rayon de la circonférence qui a 40,000 kilomètres de tour, il est donc égal à

$$c = \dfrac{40,000}{2\pi} = \dfrac{40,000}{6,2831852} = 6,366^k,198$$

La valeur de $cos\ B$ se trouve dans des tables, elle est égale à
$$cos\ B = cos\ 54' = 0,9998767$$

On a donc $a = \dfrac{6366^k,198}{0,9998767} = 6,366^k,983$

Ce qui donne : $x = 6366^k,983 - 6366^k,198 = 0^k,785$.

2°
Lorsque AMN $= 200$ kilomètres, on a :

$$\dfrac{40,000}{200} = \dfrac{360°}{B}$$

$$B = \dfrac{360°}{200} = 1° 48'$$

$$a = \dfrac{c}{cos\ B} = \dfrac{6366^k,198}{0,9995\ 065} = 6369^k,341$$

$$x = 6369^k,341 - 6366^k,198 = 3^k,143.$$

avant qu'ils se prononcent. Il a même une prescience physique.

« Au milieu de l'océan, l'oiseau fatigué qui repose une nuit sur le mât d'un vaisseau, entraîné loin de sa route par ce mobile abri, la retrouve néanmoins sans peine. Il reste dans un rapport si parfait avec le globe et si bien orienté que, le lendemain matin, il prend le vent sans hésiter ; la plus courte consultation avec lui-même lui suffit. Il choisit sur l'abîme immense, uniforme et sans autre voie que le sillage du vaisseau, la ligne précise qui le mène où il veut aller. Là, ce n'est point comme sur la terre, nulle observation locale, nul point de repère, nul guide : les seuls courants de l'air, en rapport avec ceux de l'eau, peut-être aussi d'invisibles courants magnétiques, pilotent ce hardi voyageur. »

3° Lorsque AMN = 300 kilomètres, on a :
$$\frac{40.000}{300} = \frac{360°}{B}$$
$$B = \frac{27°}{10} = 2° 42'$$
$$a = \frac{c}{\cos B} = \frac{6366^k,198}{0,9988897} = 6373^k,274$$
$$x = 6373^k,274 - 6366^k,198 = 7^k,076.$$

4° Lorsque AMN = 400 kilomètres, on a :
$$\frac{40.000}{400} = \frac{360°}{B}$$
$$B = \frac{36°}{10} = 3° 36'$$
$$a = \frac{c}{\cos B} = \frac{6366^k,198}{0,9980269} = 6378^k = 6378^k,784$$
$$x = 6378^k,784 - 6366,198 = 12^k,586.$$

5° Lorsque AMN = 500 kilomètres, on a :
$$\frac{40.000}{500} = \frac{360°}{B}$$
$$B = \frac{9°}{2} = 4° 30'$$
$$a = \frac{c}{\cos B} = \frac{6366^k,198}{0,996917} = 6385^k,886$$
$$x = 6385^k,886 - 6366^k,198 = 19^k,688.$$

Aux appréciations de Michelet joignons celles des oiseleurs qui sont tous d'accord pour constater que les oiseaux se cachent dans les broussailles et dans les bois, lorsque le vent souffle du nord ou de l'est. Nous savons déjà que ce sont les vents du sud et de l'ouest que les oiseaux migrateurs choisissent pour entreprendre leurs pèlerinages.

Ces faits n'accusent-ils pas chez l'oiseau une excessive impressionnabilité atmosphérique, dont nous n'avons pas d'idée, et ne prouvent-ils pas jusqu'à l'évidence que l'oiseau sait que du nord vient le froid, du midi le chaud, de l'est le sec, de l'ouest l'humide, puisque les oiseleurs affirment que la *tenderie* n'est d'aucun rapport lorsque le vent souffle du nord, parce que les oiseaux se cachent dans les récoltes et dans les bois?

Cette impressionnabilité atmosphérique hautement développée chez ces êtres éminemment électriques, comme dit Michelet, n'accuse-t-elle pas aussi des rapports avec d'autres phénomènes météorologiques que nos sens n'atteignent pas? Elle atteste, dans tous les cas, des connaissances atmosphériques incontestables dont il convient de tenir compte.

Nous savons par l'intrépide aéronaute, M. Gaston Tissandier, qu'il existe dans l'air des courants opposés. « Nous « savons aussi que l'atmosphère est électrisée non pas seu- « lement en temps d'orage, mais toujours. Lorsque le ciel « est serein, l'électricité de l'air est positive; elle n'est appré- « ciable qu'à une certaine distance du sol, la terre devant « évidemment dépouiller d'électricité les couches en contact « avec elle. La dose d'électricité répandue dans l'atmosphère « est d'ailleurs variable *aux diverses heures* de la journée, « suivant le plus ou moins d'humidité de l'air. Quant à la « cause productrice de cette électricité, elle réside peut-être « dans le phénomène de l'évaporation.

« Lorsque le ciel est couvert, les nuages sont électrisés, « les uns positivement, les autres négativement, et ces nuages « jouent alors le rôle de machine électrique par rapport au « sol ou aux autres nuages; il ne faut pas oublier que les

« nuages, formés de vapeurs d'eau condensée, sont des corps
« conducteurs qui peuvent, par conséquent, subir et exercer
« des actions d'influence.

« D'ailleurs, si l'électricité de l'atmosphère est positive,
« ainsi que les nuages qui s'y sont formés et qui n'ont fait
« que recueillir l'électricité des couches où ils se sont con-
« densés, électricité qui s'est portée à leur surface en s'y
« accumulant, la terre est alors électrisée négativement à sa
« surface par action d'influence ; et ce sont naturellement les
« points les plus saillants, les plateaux élevés, les collines,
« les *montagnes qui auront la plus forte tension négative*. Or,
« ces points sont généralement chargés de nuages qui emprun-
« tent au sol son électricité négative et l'emportent avec eux,
« lorsque, détachés par les vents, ils sont entraînés dans l'at-
« mosphère. »

J'ai cru devoir répéter ici ces appréciations d'électricité atmosphérique pour mieux démontrer l'influence que ces phénomènes exercent sur les pigeons voyageurs, en certaines occasions.

On a remarqué que, lorsqu'il se produit des perturbations atmosphériques, lorsque, par exemple, un orage éclate, le pigeon ne trouve plus à s'orienter dans l'espace et s'égare.

Comment expliquer ce phénomène autrement que par l'accumulation sur les nuages de l'électricité qui se trouvait dans l'air, par le trouble de l'équilibre atmosphérique et de la stratification des couches aériennes. Dès lors, le pigeon ne trouvant plus dans l'espace le courant aérien normal qui doit le piloter, se sent perdu dans le vide, s'égare et ne continue pas sa route, ne sachant plus comment diriger son vol au milieu de ce bouleversement atmosphérique.

Si le pigeon n'était pas guidé dans le vide par des courants atmosphériques, il est évident que les perturbations, les bouleversements qui se produisent dans l'air, n'exerceraient absolument aucune influence sur les facultés d'orientation dont la providence l'a doué.

Ainsi, il suffit encore qu'un brouillard plane à la surface

de la terre pour que le pigeon se trouve de nouveau désorienté dans l'immensité. Comment expliquer ce nouveau désarroi autrement que par la perturbation atmosphérique? Nous savons que le brouillard est ce qu'on appelle en physique un conducteur; or, ne résulte-t-il pas de là que, toutes les fois qu'un brouillard plane à la surface de la terre, l'électricité de l'atmosphère s'échappe par l'humidité, pour aller s'accumuler dans des régions plus hautes auxquelles le pigeon ne s'élève pas, et, dès lors, l'oiseau, ne trouvant plus dans cette atmosphère dérangée les courants aériens qui le guidaient à travers l'espace, est désorienté, et arrête sa course.

Lors de la traversée de la Manche par le capitaine Boyton, dans son vêtement insubmersible, des pigeons voyageurs ont été lancés d'heure en heure des bateaux à vapeur qui suivaient l'intrépide navigateur; et l'on a pu constater que les pigeons lancés dans l'immensité se sont élevés au-dessus du brouillard qui planait à la surface de l'eau et, une fois arrivés dans les couches aériennes à l'état normal, ils se sont parfaitement orientés, et sont retournés à leur colombier. Lancés dans le vide, en pleine mer, les pigeons devaient forcément prendre leur vol; et leur élévation au-dessus de l'épaisseur du brouillard démontre, une fois de plus, l'intervention d'une lucide réflexion.

Lorsque le ciel est pur et serein, nous enseigne la physique, l'électricité de l'air n'est appréciable qu'à une certaine distance du sol; la terre devant évidemment dépouiller d'électricité les couches en contact avec elle. Cet éloignement doit être plus grand encore le matin, lorsqu'un léger brouillard plane à la surface de la terre. Or, c'est précisément alors que le pigeon s'élève dans les airs à sa plus grande hauteur.

Par raison inverse, lorsqu'il pleut, l'électricité de l'air est appréciable à une distance moins grande du sol; et, selon toute probabilité, pour la même raison qui fait monter le pigeon très-haut lorsque le ciel est pur et serein, il vole très-bas lorsqu'il pleut et que le ciel est chargé et couvert.

La physique nous enseigne encore qu'en certaines circonstances déjà expliquées plus haut, la terre étant électrisé négativement par action d'influence, ce sont les points saillants, les *montagnes qui auront la plus forte tension négative*.

Il résulte de ces appréciations qu'à la surface des montagnes, l'atmosphère n'est plus la même, car nous savons que l'inégalité de température des jours et des nuits produit les mouvements de l'air et qu'ainsi se produisent des courants ascendants et descendants le long des flancs des montagnes.

Eh bien ? que fait le pigeon voyageur ? Il dirige son vole résolûment vers la montagne et, soudain, il s'arrête tout court et rebrousse chemin.

Qu'est-ce qui l'arrête? On a voulu prouver que le pigeon hésite à franchir les montagnes parce qu'il sait qu'elles servent de retraite aux oiseaux de proie ; mais ce n'est là que de la pure conjecture, et ce n'est pas *au moment même où il a atteint la montagne* qu'il apprend à savoir qu'elles sont peuplées de vautours et d'autres oiseaux rapaces.

Non, il n'en est rien, lorsque le pigeon arrive dans les régions atmosphériques qui subissent l'influence électrique des montagnes et des plateaux élevés dont nous avons parlé plus haut, il tombe dans une autre atmophère ; le courant aérien qui l'a piloté jusqu'alors dans sa course, lui fait tout à coup défaut, et, dès lors, se sentant troublé, perdu, désorienté dans l'espace, il s'arrête tout court, rebrousse chemin et cherche à retrouver dans d'autres couches aériennes le courant qui l'avait guidé jusqu'alors.

C'est précisément pour éviter les montagnes dont les colombophiles ont appris à leurs dépens à connaître les funestes effets, sans savoir à quoi en attribuer les causes, qu'on fait voyager généralement les pigeons voyageurs dans la direction de Bayonne à Paris, parce qu'en jetant un coup d'œil sur la carte topographique de la France, on découvre une seule vallée non interceptée par de hautes montagnes qui s'étend depuis Bayonne jusqu'à Bruxelles. Il est donc à présumer que, dans cette vallée, il règne des courants atmosphériques non interrompus qui amènent le pigeon voyageur lancé de Bayonne en droite ligne vers son colombier.

Le docteur Chapuis, tout en assignant une autre cause, celle de l'intimidation par les oiseaux rapaces, à l'obstacle que les montagnes présentent au retour du pigeon à son colombier, n'en est pas moins d'accord avec moi sur ses effets et dit : « Deux concours remarquables ont été donnés le même jour, l'un à Saint-Sébastien en Espagne, par la *Société de la Concorde*, de Liége; l'autre à Perpignan, par la *Société du Saint-Esprit*, de Verviers. Le 7 août 1862, les pigeons ont été lâchés, à peu près à la même heure, les uns à Saint-Sébastien, les autres à Perpignan. Le même jour, un pigeon lancé de Saint-Sébastien rentrait à son colombier et son arrivée était certifiée par la *Société de la Concorde;* le lendemain, c'est-à-dire pendant la journée du 8 août, quinze concurrents emportaient toute la série des prix.

» A ce résultat remarquable comparons maintenant celui du concours de Perpignan. Quoique l'éloignement de cette dernière ville soit moindre de plus de vingt lieues, le premier pigeon arrive seulement le lendemain 8 août, à huit heures du matin, et il faut attendre jusqu'au 14 pour constater l'arrivée de quinze pigeons !

» A quoi attribuer la réussite du concours de Saint-Sébastien et le désastre de celui de Perpignan ?

« L'explication de cette différence, ajoute le savant docteur, ne présente d'autre solution possible que la configuration du sol; d'un côté une plaine immense, de la frontière espagnole au sol belge; de l'autre, un trajet hérissé de difficultés par la présence des montagnes Noires, des monts de l'Espinous, des pics élevés de l'Auvergne. »

Ces lignes étaient écrites lorsque M. Gaston Tissandier m'envoya le n° 97 de *la Nature* dans lequel il relate l'ascension de longue durée du ballon le *Zénith* et ses savantes observations météorologiques qui jettent quelque lumière sur le sujet qui nous occupe; M. Gaston Tissandier dit :

« Nous parlerons tout à l'heure des résultats généraux de notre ascension ; continuons actuellement notre voyage qui s'exécute toujours par un vent N.-N.-E., dans la direction de la Rochelle et de l'Océan.

« A quatre heures trente du matin, un spectacle grandiose va se présenter à nos yeux. La lune qui n'a pas cessé de briller dans l'azur du ciel, s'entoure d'un halo resplendissant, d'un cercle de feu, dû à la réfraction de la lumière à travers les paillettes de glace suspendues dans l'atmosphère ; ce cercle est blanc comme de l'argent, il se découpe sur un fond obscur, et grandit à vue d'œil, en prenant bientôt l'aspect d'une ellipse. Peu à peu, une croix de lumière étend ses quatre branches autour de la lune et complète ce tableau étrange, plein de majesté, qu'ont admiré parfois les explorateurs des régions polaires.

« L'atmosphère offrait à ce moment un aspect particulier ; au-dessus de la terre une buée semi-transparente d'environ 500 mètres d'épaisseur avait diminué d'opacité au moment du lever de la lune, ce qui avait déterminé une ascension de l'aérostat. Elle allait se dissiper complétement deux heures après le lever du soleil.

« Le halo et la croix lumineuse, qui ont graduellement apparu, disparaissent de même, lentement et progressivement ; la lueur se dissipe avec l'apparition du soleil, qui se montre bientôt au-dessus des nuées lointaines. La terre s'éclaire et l'Océan ouvre au loin l'immensité de ses eaux. »

Cette buée semi-transparente d'environ 500 mètres d'épaisseur dont parle M. Tissandier, correspond aux vapeurs qui voilent l'atmosphère le matin, et qui, de même que le brouillard, empêchent le pigeon de s'orienter jusqu'à ce que sous l'action du soleil ces vapeurs disparaissent pour aller combler, dans les hautes régions, cette espèce de vide résultant de l'ascension des masses d'air échauffées par le grand astre.

Les colombophiles en connaissent tous les effets désastreux ; et il est à présumer que ces vapeurs, dans leur ascension, produisent la même perturbation atmosphérique que le brouillard et déplacent momentanément les courants aériens, qui guident le pigeon voyageur à travers l'immensité.

M. Gaston Tissandier dit ensuite :

« Aussitôt que le soleil a dépassé la ligne de l'horizon, l'atmosphère, toujours sèche à la hauteur de 1850 mètres où nous planons, se charge subitement d'électricité. Les feuilles d'or de l'électroscope approché de notre fil de cuivre se dévient en effet de $0^m,06$. La quantité d'électricité décroît successivement, pour devenir très-faible, jusqu'au moment où nous passerons au-dessus de la Gironde, qui réfléchit les rayons solaires avec intensité et produit une élévation de température considérable.

« Cette traversée du grand fleuve, exécutée à 10 heures du matin, en vue de la tour de Cordouan, est certainement un des moments les plus émouvants de notre voyage. Le *Zénith* s'engage sur la Gironde à l'endroit de sa plus grande largeur, il y passe majestueusement et n'atteint l'autre rivage que trente-cinq minutes après. »

Il résulte de cette observation météorologique que l'atmosphère, au-dessus du fleuve la Gironde était beaucoup plus chargée d'électricité et d'humidité, et que la température y était plus élevée qu'au-dessus de la terre.

Cette appréciation est très-précieuse, en ce sens qu'elle explique de nouveau, par une perturbation ou dérangement atmosphérique, l'hésitation du pigeon voyageur à traverser les fleuves et les grandes nappes d'eau.

Jusqu'ici on n'était pas parvenu à s'expliquer cette hésitation et on l'avait attribuée à la frayeur ; mais les observations de M. Tissandier prouvent jusqu'à l'évidence que l'atmosphère au-dessus des grandes nappes d'eau n'est pas la même qu'au-dessus de la terre, et tendent conséquemment à confirmer mon hypothèse, que le pigeon, guidé dans son vol par un courant atmosphérique, tombant tout à coup dans une atmosphère différente, lorsqu'il traverse un lac ou un fleuve, se sent désorienté, le courant qui l'avait piloté jusque-là, lui faisant tout à coup défaut.

La même hésitation a lieu lorsque le pigeon a à franchir des forêts. Or, M. Gaston Tissandier m'a affirmé que les ballons descendent sensiblement lorsqu'ils planent horizontalement au-dessus des forêts, parce que l'atmosphère y est beaucoup plus dense, à cause de la vapeur aqueuse qui se dégage des feuilles, et cette différence de densité de l'air se fait sentir jusqu'à une altitude de 1,000 mètres.

On a attribué jusqu'ici l'hésitation que le pigeon manifeste à franchir les forêts, à la même cause qui le fait rebrousser chemin lorsqu'il rencontre des montagnes, c'est-à-dire à la crainte d'être attaqué par des oiseaux rapaces. C'est là, encore une fois, de la conjecture pure et simple qui ne repose sur aucune preuve, tandis que les savantes observations de M. Gaston Tissandier prouvent, au contraire, que c'est la différence de la densité de l'air qui règne au-dessus des forêts, qui provoque une hésitation analogue à celle que nous avons déjà eu lieu de constater, lorsque le pigeon rencontre de grandes nappes d'eau et des montagnes.

« Après avoir traversé la Gironde, continue M. Tissandier, le vent qui nous entraîne nous dirige vers l'étang de Carcans, que nous apercevons bientôt, et vers l'Océan, qui n'en est séparé que par une mince langue de terre. Heureusement que quelques feux, allumés à la surface du sol, au milieu des plaines marécageuses qui ouvrent les landes, laissent échapper une fumée épaisse qui se dirige dans la direction du S.-E. Cette observation nous indique nettement qu'il règne à la surface du sol un courant aérien du N.-O., dont nous pourrons profiter pour nous éloigner de la mer.

« Cependant le soleil est devenu très-ardent : le *Zénith* se gonfle avec rapidité ; le gaz se dilate et s'échappe par l'appendice en descendant à flot jusque dans la nacelle.

« Nous montons rapidement jusqu'à l'altitude de 1,200 mètres, niveau qu'il y aurait imprudence à dépasser dans un si proche voisinage de la mer. M. Sivel donne un coup de soupape, et l'aérostat cesse bientôt de s'élever ; mais l'action du soleil produit une dilatation de gaz si considérable, que le *Zénith*, à peine descendu de 200 mètres, remonte encore, et c'est par cinq ou six fois qu'il faut ouvrir la soupape béante, pour le faire revenir à 60 mètres au-dessus de la terre, où il est entraîné par le courant inférieur.

« Ce courant inférieur était très-humide, tandis que le courant supérieur était d'une sécheresse presque absolue, comme nous l'avons constaté, M. Crocé-Spinelli et moi, à l'aide de l'hygromètre à point de rosée et du spectroscope.

« Le passage de l'aérostat de la couche d'air supérieure à l'autre courant fut signalé par des mouvements de rotation renouvelés et énergiques. On ressent une pression particulière quand on se trouve à la limite de séparation de deux vents ainsi superposés ; l'air est agité, le ballon frissonne et tourbillonne, son étoffe tremble, tandis qu'il est parfaitement immobile quand il est bien équilibré dans l'atmosphère. Il y a là, entre les deux courants, des remous, des vagues aériennes que l'on ne voit pas, mais dont l'aérostat subit l'influence ; il y a des mouvements analogues à ceux qui existeraient à la surface inférieure d'huile glissant sur une nappe d'eau, douée elle-même d'un mouvement rapide. Le courant inférieur va peu à peu diminuer d'épaisseur jusqu'à la fin du jour, où il n'aura plus qu'une hauteur de 150 mètres environ, mais en même temps il gagnera de vitesse. Le courant supérieur, au contraire, va régner uniformément, c'est toujours le N.-N.-E., bien établi dans l'atmosphère. »

M. Tissandier signale là des courants, des remous, des vagues aériennes que l'on ne voit pas, mais dont l'aérostat subit l'influence. La nature de ces courants reste à étudier comme les mystères de l'atmosphère en général.

Les aéronautes affirment tous l'existence de ces courants sans en connaître la marche déterminée.

Cependant, la marche horizontale du ballon, le *Zénih*, démontre que le parcours des couches aériennes s'ordonne suivant les surfaces du niveau et qu'elles font en quelque sorte corps avec le globe, car le sillage tracé par le *Zénith* pendant son long voyage, ne forme qu'une ligne parallèle non interrompue avec la surface de la terre, sauf quelques exceptions dues à des soulèvements des couches aériennes supérieures par les courants ascendants qui battent les flancs des montagnes.

Voyons maintenant ce que dit M. Tissandier du passage des montagnes par les ballons :

« On voit que la température de l'air était plus élevée dans tout le parcours que la température du sol. Le diagramme montre encore que le ballon, quand il était maintenu sur l'horizontale, suivait les proéminences du sol et s'élevait de lui-même, poussé par un vent ascendant quand il passait au-dessus d'une colline. Ce fait est surtout rendu manifeste par le passage du ballon à 600 mètres au-dessus d'un monticule situé dans la Touraine, et dominant de 268 mètres le niveau de la mer. Le tracé graphique de l'ascension met en évidence la ligne courbe suivie par un courant aérien, pendant un long parcours ; le ballon s'est, en effet, fréquemment éloigné d'une direction en ligne directe ; ce tracé montre enfin les variations très-appréciables de la vitesse du vent, qui fait environ cinq mètres à la seconde pendant la nuit, dix mètres au lever du jour, et qui diminue de vitesse dans les hautes régions, contrairement à ce qui a lieu le plus habituellement. La vitesse du courant N.-N.-E. dans les landes de la Gironde ne dépassait pas la vitesse de trois mètres à la seconde, tandis que le vent inférieur dont la vitesse s'est accrue jusqu'au moment de l'atterrissage, était d'abord de sept mètres à la seconde, pour atteindre ensuite près de douze mètres. »

Ce vent ascendant que M. Tissandier a constaté quand le ballon passait au-dessus des montagnes, concorde exactement avec mes appréciations, que le pigeon, lorsqu'il atteint les montagnes, tombe dans une atmosphère différente, et qu'il est désorienté toujours par la même cause : que le courant aérien qui l'avait piloté jusqu'alors, lui fait tout à coup défaut, et qu'en conséquence se sentant perdu dans l'espace, il rebrousse chemin et recherche à s'orienter dans d'autres couches aériennes dans l'espoir d'y retrouver le courant atmosphérique dont il a perdu le sillon.

Nous savons aussi que le pigeon voyageur est désorienté lorsque la terre est couverte de neige.

Voici ce que dit encore M. Tissandier :

« Nous avons dit tout à l'heure que la constitution des nuages offrait une grande diversité. Leur aspect, vu d'en haut, n'est pas moins varié. Tantôt leur surface supérieure est régulièrement mamelonnée, tout à fait blanche comme la neige, et elle est alors si brillante, quand les rayons du soleil s'y réfléchissent, que l'œil peut à peine en supporter l'éclat. Tantôt des masses plus ou moins volumineuses dominent çà et là et très-irrégulièrement une surface plane, imitant l'aspect d'un grand lac gelé et couvert de neige. D'autres fois, quand les vapeurs atmosphériques sont grises, et non éclairées par le soleil, elles s'étendent régulièrement sur un même plan, sans qu'on y aperçoive aucune saillie. Les spectacles aériens sont tout différents, quand on les considère pendant le jour ou pendant la nuit, à la lueur de la pleine lune ; ils changent, on peut le dire, à l'infini, et offrent toujours des scènes nouvelles à l'aéronaute, quel que soit le nombre des ascensions qu'il ait exécutées. »

Il est tout à fait probable que ce rayonnement que M. Tissandier a constaté, cause une perturbation atmosphérique qu'on peut expliquer par le froid ; car nous savons par M. Tissandier que le froid intense paralyse la faculté d'orientation du pigeon voyageur, toujours par la même raison, qu'en hiver, l'air étant très-sec, dépouillé qu'il est de sa vapeur d'eau par le froid, l'atmosphère n'est plus à l'état normal.

Or, lorsque la terre est couverte de neige, la température est au-dessous de zéro, conséquemment l'atmosphère n'est pas à l'état naturel, et c'est pour cette raison que le pigeon ne sait pas s'y orienter, pas plus que dans les autres cas de perturbation atmosphérique déjà mentionnés.

Le lieutenant Prayer, l'explorateur autrichien des régions arctiques, a exposé, devant la Société de géographie de Vienne, quelques-uns des résultats de ses explorations.

Au sujet de l'influence du froid extrême sur l'organisme humain, il rapporte que le 14 mars 1874, lui et ses compagnons firent un voyage en traîneau sur le glacier Semi Klar. Ce jour-là, le thermomètre marquait 58° Fahrenheit, 36°,6 centigrades au-dessous de zéro. Malgré ce froid énorme, M. Prayer et un Tyrolien sortirent du campement avant le lever du soleil pour faire des observations et des croquis.

Au moment du lever du soleil, il parut entouré, comme cela a lieu à un haut degré de froid, de petits soleils et la lumière était éblouissante.

Les voyageurs voulant boire du rhum furent obligés de ne pas toucher de leurs lèvres le bord en métal des coupes ; car le contact de celles-ci aurait été aussi dangereux que si le métal avait été rouge. Le rhum avait perdu toute sa force et sa fluidité, et il était aussi fade et aussi épais que de l'huile. Il était impossible de fumer, car les cigares ou la pipe se transformaient rapidement en un morceau de glace.

Le métal des instruments était, comme celui des coupes, semblable à du fer rouge au contact. M. Prayer dit que le froid arrivé à ce degré paralyse la volonté, et que sous son influence les hommes par leur démarche incertaine, leur bégayement et la lenteur de leur opération mentale, ressemblent à des hommes enivrés. Un autre effet du froid est une soif ardente due à l'évaporation de la moiteur de la peau.

Il est malsain d'employer de la neige pour satisfaire la soif : cela donne des inflammations violentes de la gorge, du palais et de la langue. De plus, c'est au point de vue de la soif elle-même, ajoute M. Prayer, un mauvais moyen, attendu qu'à une température qui varie de 35 à 58° Fahrenheit au-dessous de zéro, elle semble à la bouche comme du métal fondu. Dans le Nord, les mangeurs de neige sont faibles et efféminés, de la même manière qu'un mangeur d'opium dans l'Est.

Les voyageurs, quand ils traversèrent des champs de glace, furent enveloppés d'épaisses vapeurs formées par les émanations de leurs corps, ces émanations se répandaient à l'extérieur, malgré les fourrures dont ils étaient enveloppés et se condensant tout aussitôt, tombaient par terre avec un bruit léger, en petits cristaux qui rendaient l'atmosphère épaisse et impénétrable.

Malgré l'humidité de l'air, une sensation désagréable de sécheresse se faisait continuellement sentir.

Les sons s'entendaient à de très-longues distances. Une conversation à voix ordinaire pouvait s'entendre facilement à cent pas, tandis que le bruit du canon tiré du sommet de hautes montagnes s'entendait à peine. M. Prayer explique ce fait par la présence d'une grande humidité dans l'atmosphère.

L'odorat et le goût étaient beaucoup affaiblis ; les forces étaient diminuées ; les yeux se fermaient involontairement et se gelaient. Quand on s'arrêtait, la plante des pieds devenait insensible. Les sécrétions des yeux et du nez augmentaient et la transpiration s'arrêtait.

La seule protection contre ces froids intenses consiste à être très-chaudement couvert et à s'efforcer d'empêcher, autant que possible, la suppression de la transpiration.

Ces renseignements confirment mes allégations et celles de M. Gaston Tissandier, qui dit dans son charmant ouvrage : *En ballon pendant le siége de Paris* :

« L'hiver, les froids ne tardèrent pas à rendre de plus en plus rare l'arrivée des pigeons.

« La poste des pigeons manquait par sa base ; les messagers n'arrivaient plus régulièrement. La mauvaise saison de l'hiver leur faisait perdre leurs merveilleuses facultés. Nous avons déjà dit qu'il ne rentra à Paris que deux pigeons dans le courant de janvier ! »

La Légia nous donne, à ce sujet, les détails suivants :

« La journée du 21 novembre 1875 a été pour le sport colombophile liégeois la plus néfaste qu'il ait eu à enregistrer.

« L'étape choisie était Saint-Quentin. Le lâcher a eu lieu dimanche, à huit heures du matin, par un temps sombre et incertain.

« Ce qui s'est perdu de pigeons dans ce voyage est incalculable. Sur 127 pigeons qui prenaient part à ce concours pour le compte de la Société *la Colombe*, faubourg Sainte-Marguerite, à Liége, pas un seul n'est revenu le jour même; lundi seulement 5 prix étaient remportés; les autres prix sont restés jusqu'au mardi, et, à cette heure, plus des trois quarts des pigeons lâchés n'ont pas encore regagné leur gîte.

« Nous citons la Société *la Colombe;* toutes les autres Sociétés sont dans le même cas : ce malheureux concours de Saint-Quentin a jeté le désarroi dans les rangs des colombophiles qui y avaient engagé des pigeons de valeur.

« Autant ce concours est désastreux, autant celui d'Erquelines, du dimanche précédent, s'est opéré dans de bonnes conditions.

« En effet, les pigeons lâchés le 14 courant à Erquelines avaient fait la traversée en 1 heure 17 minutes; résultat rarement atteint pendant la bonne saison des voyages au mois de juin.

« C'est égal, la défaite du concours de Saint-Quentin sera une fière leçon pour les amateurs qui ne se font aucun scrupule de risquer aux concours d'hiver de jeunes pigeons qui se sont signalés aux petits voyages d'été. »

Tout en admettant que mes recherches ne sont encore qu'à l'état d'embryon, il n'en est pas moins certain qu'elles ouvrent une voie nouvelle à la science, et, quelle que soit la valeur de mes hypothèses, il n'en résulte pas moins cette conclusion que le pigeon voyageur n'est nullement guidé à travers l'espace par la vue, puisqu'en raison de la sphéricité du globe, il devrait s'élever à la hauteur impossible de *quinze mille mètres* pour voir à une distance de *cent lieues*, distance à laquelle les colombophiles belges transportent fréquemment leurs pigeons d'un bond, après avoir fourni l'étape de Paris.

Il en résulte aussi cette conclusion incontestable que les perturbations atmosphériques empêchent le pigeon voyageur de s'orienter, le déroutent complétement et, dès que l'atmosphère cesse d'être le théâtre d'un phénomène météorologique extraordinaire, rentre dans son état normal, le pigeon trouve de nouveau, dans les diverses couches aériennes, des courants atmosphériques ou de chaleur qui le guident vers son colombier.

Nous devons nous arrêter là pour le moment, car les mouvements atmosphériques sont malheureusement un problème encore à résoudre et si la science, dit M. Gaston Tissandier, commence à entrevoir les lois qui président aux mouvements de l'Océan, c'est que des navigateurs ont sillonné la surface de ses eaux, dans leur étendue tout entière ; c'est que des observateurs ont jeté la sonde dans leurs abîmes, ont mesuré leur température à différentes profondeurs.

Si nous voulons connaître l'atmosphère qui enveloppe notre globe, qui règle le cours des saisons, qui entretient la vie, il faut procéder de la même façon ; il faut la parcourir sur de vastes étendues, la sonder de bas en haut, depuis la surface de la terre jusqu'à ses plus hautes régions. De là, la nécessité de deux modes d'exploration par les aérostats : ascensions de longue durée, ascensions à grande hauteur.

Les expéditions aériennes des Biot et des Gay-Lussac, des Robertson, des Welsh, de MM. Barral et Bixio, de M. Glaisher, en Angleterre, ont glorieusement ouvert la voie de l'exploration scientifique de l'atmosphère. Dans ces dernières années un grand nombre d'autres voyages aéronautiques, ayant pour but d'étudier les phénomènes aériens, ont été exécutés en France, notamment par MM. C. Flammarion, W. de Fonvielle, etc.; des résultats intéressants ont été obtenus ; mais bien des obstacles, bien des entraves arrêtent l'observateur livré à ses propres ressources.

Le Pigeon voyageur sait-il s'orienter de tous les points cardinaux ?

> « Dans la rapidité merveilleuse de leur vol, ils devancent les vents : aussi prompts qu'un clin d'œil, du matin au soir, ils apportent sous leurs ailes, par une course rapide, les nouvelles de ce qui se passe dans des lieux éloignés d'un mois de route.
>
> « ABOU-AHMED KAIROWANI. »

Il est incontestable et il a été prouvé par un grand nombre de faits que le pigeon voyageur sait diriger son vol et regagner son gîte de tous les points de l'horizon ; — s'il ne se présente pas sur son passage de chaînes de hautes montagnes (voir chapitre Instinct d'orientation).

Voici un premier fait à l'appui de mes assertions que j'emprunte au journal l'*Epervier :*

« ON NOUS CITE un fait qui prouve jusqu'à quel point sont développés chez le pigeon voyageur l'instinct d'orientation et l'amour du colombier natal.

« M. G..., d'Anvers, avait, au mois d'octobre 1874, cédé à un amateur de Hambourg 4 pigeons reproducteurs. L'un de ces pigeons parvint à s'échapper le 2 juin 1875, vers 7 heures du soir, et le 5, il rentrait au colombier de M. G....

« Cet intelligent oiseau n'avait jamais été entraîné que dans la direction du midi ; enfermé depuis 7 mois dans un colombier, il a néanmoins, et malgré la chaleur intense de ces derniers jours, pris courageusement son vol vers la Belgique, et il est parvenu à rentrer au gîte qui l'avait vu naître.

« Ce fait prouve qu'il n'y a pas que les entraînements qui mettent nos voyageurs sur la trace de leurs colombiers. »

Voici d'autres faits cités par le docteur Chapuis :

Le pigeon voyageur, dit le savant docteur, sait regagner son colombier non-seulement en dirigeant son vol du midi vers le nord, mais encore de toutes les directions possibles ; l'expérience en a été faite : les villes de Milan et de Rome ont été choisies pour les concours ; dans une direction tout à fait opposée, les villes de Liverpool, de Birmingham, de Hull, en Angleterre, ont eu les leurs ; on a lancé des pigeons de Dresde en Saxe. Si de nos jours on préfère la direction du midi et spécialement celle de Bordeaux, c'est grâce à la facilité et à la rapidité des expéditions ; nous ajouterons même que les pigeons reviennent mieux de Bordeaux et de Bayonne que de partout ailleurs ; cela tient, non à la situation méridionale de ces villes, mais à d'autres causes dont il est facile de se rendre compte (voir chapitre Instinct d'orientation.)

L'expérience suivante que j'ai faite moi-même, me confirme du reste entièrement dans cette opinion : il y a quelques années, je me rendais d'Anvers à Londres par le bateau à vapeur *le Victor*, dont j'étais l'armateur, lorsqu'un ardent colombophile de Schaerbeek-lez-Bruxelles mit l'occasion à profit pour me remettre un petit panier contenant huit pigeons voyageurs, avec prière de les lâcher à Londres.

Je m'acquittai avec plaisir de cette commission ; je pris les pigeons à bord de mon steamer, et le lendemain, à six heures du matin, après une traversée heureuse, nous arrivâmes devant l'hôpital de Greenwich, près de Londres.

Le temps était splendide. Cependant, craignant qu'à Londres il n'y eût du brouillard, comme d'habitude, je fis servir à boire et à manger aux pigeons, et je les mis immédiatement en liberté au milieu d'une forêt de mâts de navires qui encombraient la Tamise.

Après avoir plané pendant longtemps au-dessus de l'observatoire de Greenwich, ils disparurent soudainement à nos regards dans la direction de Londres, et je les croyais perdus ; mais à mon retour à Bruxelles, j'étais agréablement surpris lorsque les huit voyageurs ailés me furent présentés par leur heureux propriétaire, qui me déclara qu'ils étaient rentrés tous à leur colombier le jour même du lâcher, à sept heures du soir.

Or, ces pigeons n'avaient jamais fait que les voyages du midi de la France à Bruxelles ; ils n'avaient jamais traversé la mer auparavant, et, sans avoir fait les étapes réglementaires de Bruges, Ostende, Douvres, etc.; ils avaient été transportés d'un bond à Londres, contrairement à tous les usages en pratique en Belgique.

Mais il n'en est pas moins certain qu'ils retournent mieux à leur colombier, lorsqu'ils ont été entraînés constamment dans la même direction ; les pigeons voyageurs qui ont l'habitude, par exemple, de faire le voyage de Paris à Bruxelles, finissent même, grâce à leur surprenante mémoire locale, par connaître leur route, à tel point qu'ils s'impatientent dans les paniers, du moment qu'ils entrent à la gare du Nord de Paris, où ils ont l'habitude d'être lâchés ; et, quand on leur accorde la liberté, ils s'élèvent d'un bond jusqu'à la couche atmosphérique où l'air offre le moins de résistance à la rapidité de leur vol, et, sans tracer des circonvolutions multiples dans l'espace, comme de jeunes pigeons qui s'orientent pour la première fois, ils filent sans hésitation comme des flèches en droite ligne dans la direction de la Belgique.

Les amateurs comme les incrédules pourront facilement s'assurer de l'authenticité de mes assertions, en se rendant un dimanche à la gare du Nord, à Paris, où se font les lâchers des pigeons belges.

Ces lâchers se font ordinairement avant sept heures du matin. C'est un spectacle fort intéressant que d'assister au départ de ces bandes composées de plusieurs milliers de voyageurs ailés qui prennent simultanément leur vol et disparaissent à l'œil, avec la rapidité de l'hirondelle, dans la direction du nord.

Mais si, au contraire, ces mêmes pigeons sont transportés à une égale distance de Bruxelles, dans un lieu dont la situation géographique est diamétralement opposée à celle de Paris, ils sont beaucoup plus résignés dans les loges où ils sont enfermés ; et, quand on leur donne la volée, ils tracent de longues spirales au-dessus du point du départ ; s'élèvent à une grande altitude ; font osciller leur bec en tous sens comme pour explorer tous les points de l'horizon ; prennent avec hésitation leur vol tantôt dans une direction tantôt dans une autre ; reviennent en arrière, jusqu'à ce qu'enfin on les voie filer résolûment dans une direction très-souvent opposée à celle qui mène à leur colombier.

C'est pour ces motifs que je conseille de diviser les pigeons voyageurs des colombiers militaires en quatre groupes, que je recommande de dresser chacun *dans une direction différente*.

Les mâles voyagent-ils mieux que les femelles ?

Voilà une question qui m'a été posée maintes fois et qui n'est pas sans importance.

Dans des conditions égales de santé et d'âge, la femelle voyage incontestablement aussi bien que le mâle ; mais il n'en est pas moins vrai qu'à l'époque de la ponte, la femelle se trouve souvent dérangée, et est incapable de lutter contre les fatigues d'un long trajet.

Il est évident qu'une femelle, par exemple, qui, expédiée par chemin de fer de Bruxelles à Bayonne, a pondu ses deux œufs en voyage, se trouve considérablement affaiblie et, partant, ne se trouve pas dans les mêmes conditions de lutte que le mâle qui se porte bien.

Il peut se trouver aussi que la femelle soit sur le point de pondre, au moment où on la met en liberté à une distance de mille kilomètres de son colombier. Dans cette situation critique, elle se trouvera encore une fois dans l'impossibilité d'accomplir le voyage sans s'arrêter en route pour déposer son œuf ; elle s'en trouvera affaiblie et, conséquemment, pas en mesure de lutter à chances égales avec ses concurrents de l'autre sexe.

Toutefois, il ne faut pas que ces diverses considérations amènent l'amateur à ne plus jamais faire voyager les femelles, car ce serait s'exposer à voir baisser rapidement le niveau des qualités instinctives de ses pigeons, attendu qu'il a été prouvé jusqu'à l'évidence que les animaux transmettent à leurs descendants leurs qualités physiques et intellectuelles. Or, si l'on permettait aux femelles de faire les paresseuses et si l'on ne continuait pas à s'occuper, sans relâche, du développement de leur instinct d'orientation en leur apprenant, par étapes progressives, à franchir les plus grandes distances, il est probable que leur progéniture hériterait de leur indolence et que bientôt la dégénérescence envahirait le pigeonnier.

Les voyages d'aller et retour.

> « Tendre colombe, précipite ton vol vers ma bien-aimée, et hâte-toi de m'apporter sa réponse ; car l'amour a troublé mes esprits. »
>
> « Le papier de ce billet m'est aussi cher que le blanc de mes yeux ; et les traits que ma main y a tracés me sont aussi précieux que ma prunelle. Adieu, tendre et sensible messager. »
>
> MICHEL SABBACH.

M. Joseph Bertrand, de Liége, m'entretint le premier des voyages *d'aller et retour*, et M. Geoffroy Saint-Hilaire, directeur du jardin d'Acclimatation, me conseilla même de communiquer cette innovation au département de la guerre.

Les voyages d'aller et retour m'intéressaient énormément et je m'apprêtais à faire un essai de cette ancienne pratique orientale, lorsque le hasard vint inopinément à mon aide et me démontra par les allées et venues d'un pigeon voyageur, toute la possibilité de mettre en pratique cette innovation que j'avais considérée jusqu'alors comme une utopie : l'année dernière, je fis don à M. Cassiers, l'ancien président de la Société colombophile *l'Espérance*, de Paris, d'un beau pigeon voyageur mâle, âgé de six mois, qui avait été élevé chez moi et avait volé à mon colombier pendant toute la belle saison.

M. Cassiers accoupla mon pigeon avec une femelle de même race, le lâcha au moment où il pourchassait sans relâche sa compagne qui était sur le point de pondre son premier œuf, et parvint facilement à l'aduire.

Mon pigeon semblait avoir oublié complétement son colombier natal, ne quittait pas un instant sa femelle et semblait avoir élu domicile irrévocablement, sans arrière-pensée, dans son nouveau colombier, lorsque son nouveau maître s'avisa de supprimer la nourriture au pigeonnier pour apprendre à ses pigeons à aller se pourvoir aux champs, conformément à une pratique commune en France et en Belgique.

Alors, la faim rafraîchissant sa mémoire, mon vieux pigeon se ressouvint du toit natal, et, au lieu de suivre la bande voyageuse aux champs, il vint régulièrement deux fois par jour, matin et soir, se nourrir dans mon colombier et, lorsqu'il avait le jabot plein, il s'en retournait chez M. Cassiers.

Le docteur Chapuis cite un exemple semblable et que voici : « Un amateur avait donné à l'un de ses amis une femelle ; elle paraissait se plaire dans sa nouvelle demeure et ne reparaissait à son ancien domicile qu'à certaines époques : l'amateur observa que lorsque la femelle revenait, c'était uniquement pour rendre visite au vase où il déposait son menu gravier mélangé de sel et d'écailles d'œufs. Informations prises, il fut établi que ces réapparitions coïncidaient avec les pontes, et que cette femelle venait chercher à son ancien domicile ce qu'elle ne trouvait pas dans le nouveau. »

Ces deux exemples de surprenante mémoire prouvent, jusqu'à l'évidence, qu'un pigeon voyageur qu'on a fait changer de domicile, s'en retournera toujours chercher à son ancien colombier ce qui lui manque au nouveau.

Or, en supprimant la nourriture au nouveau pigeonnier, il entreprendra deux fois par jour un voyage à son colombier natal pour aller se nourrir et, de cette façon, deux amateurs peuvent parfaitement correspondre ensemble sans être astreints à faire un échange de pigeons, comme cela se pratique généralement en Europe.

M. Joseph Bertrand, de Liége, qui a étudié cette question à fond, m'écrit :

« Je suppose pour *l'aller et le retour* qu'il s'agisse de voyager de Paris à Versailles et *vice versa*. — Je commence par laisser voler mes pigeonnaux à leur colombier natal pendant trois mois ; je les transporte ensuite à Versailles où je les tiens enfermés pendant un mois, je les accouple et puis je les aduis.

« Lorsqu'ils sont bien habitués à leur nouveau colombier à Versailles, je les ramène à leur colombier natal à Paris, où je les retiens captifs pendant huit jours, et je leur accorde ensuite la liberté.

« Il est bien entendu que le colombier établi à Versailles doit être identique à celui auquel les pigeons sont aduits à Paris. Chaque couple doit retrouver au pigeonnier de Versailles son petit espace, son terrain à soi, son terrain affectionné. Les perchoirs doivent être les mêmes, établis tels que ceux du pigeonnier de Paris. Bref, tout l'aménagement du colombier de Versailles, surtout la cage d'entrée, adaptée à l'extérieur du pigeonnier et qui lui sert de portail, doit être rigoureusement copié à tous égards sur celui de Paris.

« Lorsque les pigeons aduits à Paris auront repris, quelques mois durant, leurs ébats autour de leur colombier, on les entraînera par petites étapes progressives dans la direction de Versailles. Après cet exercice, qui réclame quelques jours, l'on sera arrivé à Versailles. Là, les pigeonnaux, après avoir été privés de nourriture à Paris pendant vingt-quatre heures, seront introduits de nouveau dans leur ancien colombier (à Versailles), et y recevront un repas copieux de graines friandes, mais on aura soin de ne pas leur donner à boire. Aussitôt le repas fini, on les chassera brutalement afin qu'ils retournent à Paris. Au pigeonnier de Paris, les pigeonneaux retrouveront, en arrivant, l'abreuvoir, l'eau fraîche !

« Dès lors, toute nourriture sera supprimée au colombier de Paris, et chaque jour les pigeons seront portés, deux fois par jour, au pigeonnier de Versailles, où il leur sera servi à manger.

« Après un mois de cet exercice, on chassera les pigeons du colombier de Paris, à l'heure accoutumée des repas, afin qu'ils s'en aillent se nourrir au pigeonnier de Versailles et ils finiront par s'habituer à s'y rendre en droite ligne comme des flèches, exactement comme ils se rendent aux champs lorsqu'on les y contraint.

« Il convient d'ajouter que les pigeons qui font ces voyages d'aller et retour, seront tenus constamment en captivité à Paris dès qu'il ne s'agit pas de leur sortie pour aller prendre leurs repas à Versailles ou pour y porter et en rapporter des billets. Sous aucun prétexte, l'on ne doit permettre aux pigeons de passer la nuit dans le colombier de Versailles et encore moins d'y construire leur nid.

Voilà une très-incomplète ébauche d'ensemble. A la suite de ceci, par le temps, par des observations de chaque jour, par des études et des perfectionnements constants d'éducation, l'on peut obtenir des pigeons voyageurs et spécialement des pigeons barbets, des faits merveilleux, provoquant l'admiration des colombophiles les plus expérimentés et les plus passionnés.

Le Sport des pigeons voyageurs en Belgique.

La Belgique, la terre classique de l'association, compte actuellement mille à douze cents cercles colombophiles. Chaque village possède sa société qui a ses statuts, son président, son vice-président, son secrétaire et sa commission administrative.

Leur but est d'organiser annuellement des courses aériennes auxquelles les pigeons appartenant aux membres de la Société prennent part.

La province de Liége seule compte plus de DEUX CENT MILLE pigeons voyageurs dont la valeur varie de cent francs à dix francs.

En assignant à chaque pigeon une valeur moyenne de DIX FRANCS (ce qui n'est certes pas exagéré), on arrive au chiffre imposant de DEUX MILLIONS de francs.

Il est plus d'une famille de petits armuriers et de modestes cultivateurs à Ans, à Rocour, à Vaux-sous-Chèvremont, à Tilleur, etc., dont le pigeonnier compose toute la richesse. Aussi le trafic de ces oiseaux s'exerce-t-il sur une grande échelle, et la vente APRÈS DÉCÈS d'un amateur bien connu attire-t-elle beaucoup d'amateurs.

Tel pigeon a son nom et sa généalogie (!) à l'égal de GLADIATOR ou des principaux vainqueurs du turf.

Le sport des pigeons voyageurs vaut à coup sûr le sot et stupide plaisir de voir un être humain, rachitique et épuisé, se rompre deux ou trois côtes sur une haridelle tout aussi efflanquée que lui.

Il y a au moins dans le sport des pigeons voyageurs une utilité réelle à recueillir, un moyen d'arriver à établir des voies de communication, jugées jusqu'ici impossibles et imaginaires; il y a, somme toute, un profit, un avantage pour l'humanité — sans compter encore le plaisir et toutes les émotions inséparables de ces tournois pacifiques.

Les Concours.

Des délégués de sociétés concurrentes accompagnent les paniers renfermant les pigeons et président au LANCER.

Chaque panier est scellé d'un cachet spécial. Procès-verbal est dressé de l'heure et de la minute auxquelles la liberté est rendue aux pigeons, qui se précipitent à plusieurs milliers dans l'espace, en obscurcissant réellement l'atmosphère.

Il n'y a rien d'exagéré à le dire : c'est vraiment un spectacle qui ne laisse pas que de frapper vivement l'imagination. L'air grave et recueilli des délégués, le silence profond gardé par tous les assistants, l'horizon large et étendu qui se déroule devant vous, le bruissement de ces milliers d'ailes, ce tumulte soudain, tout cela forme un ensemble des plus intéressants, et parfois assez émouvant.

Mais ce qui est plus curieux, c'est le spectacle que présente une commune qui a concouru.

Depuis le moment où une dépêche télégraphique a donné l'avis du LANCER, tous les habitants, toutes les familles élisent domicile dans la rue. Les événements les plus graves se produiraient qu'aucun amateur ne bougerait de son poste d'observation.

Femmes, enfants, vieillards, pères, mères, tous sont là, immobiles, inspectant l'atmosphère et discutant les chances des concurrents les plus estimés.

Tout à coup un point noir est signalé à l'horizon. C'est un pigeon !... plus de doute !... — Mais sur quel pigeonnier s'abattra-t-il ? Là est la question !

Le voilà qui tombe comme une bombe, sans force, haletant, épuisé, sur un toit voisin. Et la foule se précipite, car il n'y a pas un moment à perdre.

Le premier prix, en effet, n'est pas accordé au pigeon qui est REVENU LE PLUS RAPIDEMENT, mais au pigeon dont la présence A ÉTÉ CONSTATÉE LE PLUS TÔT AU SIÉGE DE LA SOCIÉTÉ. Des coureurs, se relayant de poste en poste, transportent alors à toute vitesse le pigeon au comité de la Société, qui dresse procès-verbal de l'arrivée.

Tels sont les principaux incidents des concours de pigeons qui, comme émotion et rivalités, ne le cèdent guère à ceux que peuvent présenter les autres genres de sport.

Pour donner au lecteur une idée de l'importance de ces concours, j'emprunte au journal *le Colombophile*, de Bruxelles, le programme suivant :

MOLENBEEK-SAINT-JEAN

La Société du *Progrès*, établie chaussée d'Anvers, *à la Cour de Tilmont*, chez le sieur Velge, a décidé de donner cette année quatre grands concours auxquels tous les amateurs du royaume pourront participer.

10,000 FR. DE PRIX D'HONNEUR FR. 10,000
répartis comme suit :

POUR VIEUX PIGEONS
Le 11 Juin
2,000 FR. BLOIS FR. 2,000

POUR VIEUX PIGEONS
Le 25 Juin
4,000 FR. ST-SULPICE-LORIERS FR. 4,000

POUR JEUNES PIGEONS
2,000 FR. ÉTAMPES FR. 2,000

2,000 FR. VENDOME FR. 2,000

Voici d'autres renseignements intéressants sur le sport colombophile, que j'emprunte au journal l'*Epervier*, de Bruxelles : « Il y a eu, pendant l'année 1874, 1,340 concours, dont 1,229 en Belgique, auxquels il a été affecté 30,520 prix. En prenant un prix en moyenne par huit pigeons, et une mise de Fr. 3 par pigeon, on sait que, pendant la dernière campagne, 244,160 pigeons ont participé aux 1,340 concours pour lesquels avaient été exposés 30,520 prix d'une valeur de Fr. 734,480. Ces chiffres prouvent l'importance et l'extension que prend le sport colombophile en Belgique.

Les loges ou paniers de voyage.

Les nouveaux paniers de la société Saint-Michel, de Bruxelles, que j'ai remarqués au jardin d'Acclimatation, au lâcher de pigeons qui s'y fit le 29 septembre 1872, avaient les dimensions suivantes : longueur, 1^m,50; largeur, 1 mètre; et hauteur, 35 centimètres. Ils étaient confectionnés très-habilement d'osiers placés à une distance l'un de l'autre de 3 centimètres. Le fond des loges était recouvert de toile et garni d'une *litière de tan desséché* pour empêcher la colombine de s'attacher aux pattes des pigeons; et j'ai pu constater toute l'utilité de cette précaution par l'état de grande propreté des hôtes, qui étaient collectionnés par nuances et offraient à l'œil un aspect charmant.

Les paniers étaient ingénieusement fermés par des ficelles, et plombés : c'est malheureusement une précaution indispensable à prendre, lorsqu'on fait voyager ces volatiles sur les grandes lignes de chemins de fer en France, sans les faire accompagner par un convoyeur, pour les mettre à l'abri de la rapacité des employés, qui, pour une pièce de 5 francs, glissent une main criminelle dans le panier, en enlèvent sans scrupule les plus beaux pigeons, et y substituent des oiseaux appartenant à des amateurs du pays.

Ces faits inqualifiables m'ont été signalés maintes fois par des amateurs belges; et les administrations de chemins de fer ne sauraient exercer assez de surveillance à l'arrivée de paniers de pigeons dans les gares.

Un abreuvoir de zinc s'étendait extérieurement tout le long des loges, et la nourriture, consistant en vesces, leur fut distribuée à profusion à travers les osiers et répandue sur la couche de tan qui couvrait le fond des paniers.

Chaque panier renfermait *trente* pigeons seulement ; et les mâles et les femelles étaient séparés, comme de coutume, pour éviter les batailles.

Il conviendrait de prendre note du nombre de pigeons que

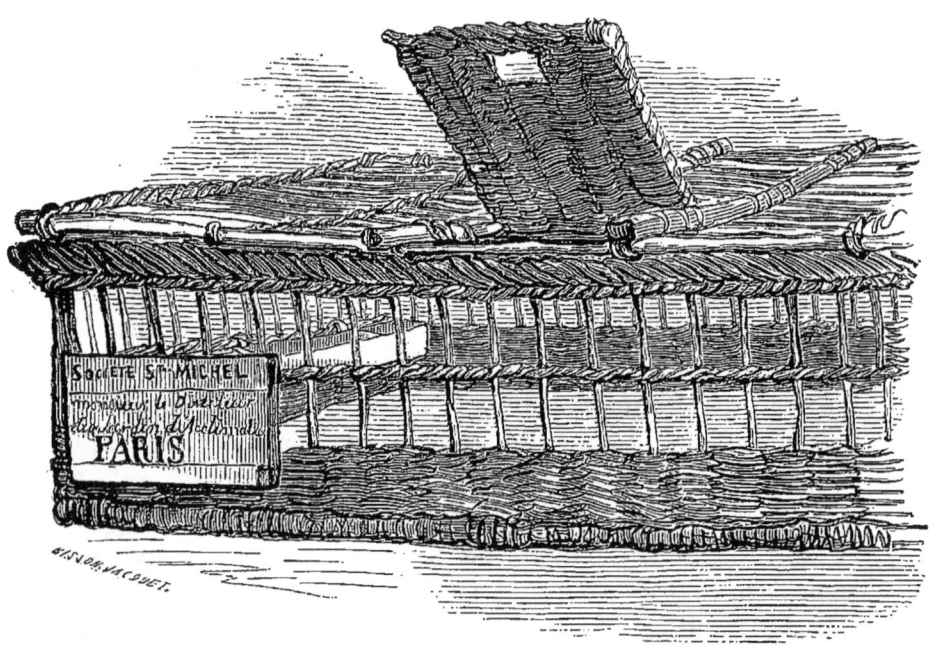

Paniers de voyage.

les Belges enferment dans un panier, et de la précaution qu'ils prennent de séparer les sexes pendant le voyage.

Voici un extrait du journal *l'Épervier* relatif au peu de sécurité qu'offrent les paniers qui servent au transport des pigeons.

Depuis quelque temps déjà, les amateurs colombophiles sont à la recherche d'un *panier-type*, qui réunirait les meilleures conditions du confortable, tout en mettant nos voyageurs aériens à l'abri de certains bipèdes rapaces et peu scrupuleux.

Je crois que, pour approcher de cet idéal, je ferais confectionner le panier de la manière suivante :

Faces latérales en osiers serrés, laissant sur trois côtés une ouverture à claire-voie commençant à une hauteur de 12 à 15 centimètres du fond, de sorte que les pigeons ne puissent parvenir à y passer la tête ; ces ouvertures n'auraient que 5 ou 6 centimètres de hauteur.

Les réservoirs à eau, ou gouttières, seraient appliqués extérieurement à l'un des grands côtés latéraux, qui porterait une ouverture à claire-voie de 5 centimètres, commençant à 6 ou 7 centimètres du fond.

Les couvercles seraient doublés et s'ouvriraient en sens opposé, c'est-à-dire que l'un s'articulerait au bord antérieur du panier, et l'autre au bord postérieur : le couvercle inférieur porterait, vers son milieu, une petite porte, pour l'introduction des pigeons.

Ces deux couvercles seraient confectionnés à claire-voie et formés de gros osiers placés en sens opposé pour chacun des deux couvercles, de sorte que, par leur abaissement, les baguettes s'entrecroiseraient pour laisser des ouvertures quadrangulaires qui donneraient de la lumière aux prisonniers, en facilitant aux convoyeurs la répartition uniforme de la nourriture.

Pour ce qui concerne le couvercle supérieur, je ferais tresser entre elles les extrémités des grandes baguettes, afin qu'il devienne impossible de faire glisser des osiers, comme cela s'est pratiqué déjà trop souvent.

De la nécessité de séparer les mâles et les femelles dans les loges de voyage.

La précaution que prennent les colombophiles de faire voyager séparément les mâles et les femelles, est une mesure très-sage et il ne me sera pas difficile de mettre en relief tous les avantages qui en découlent.

Il faut éviter surtout de faire voyager un mâle avec sa femelle ensemble dans le même panier, parce qu'il arrive fréquemment que la femelle est sur le point de pondre ; dès lors, le mâle ne lui laisse plus ni paix ni trêve, la poursuit sans relâche, l'accable de coups de bec et la ramène constamment par la force à son nid. Il en résultera, si on les enferme ensemble dans la même loge de voyage, que le mâle ne suspendra pas un instant ses poursuites accablantes pendant toute la durée du trajet ; il n'aura d'autre préoccupation que de forcer sa femelle à pondre ; il ne lui laissera pas même un moment de répit pour se réconforter, et la pauvre bête, à la suite de ces obsessions perpétuelles, arrivera au lieu du lâcher dans un état de complet anéantissement de forces, ce qui la mettra dans l'impossibilité de supporter les fatigues du voyage.

A l'appui de mes allégations le journal *l'Épervier* cite l'exemple pratique suivant qui milite puissamment en faveur de l'utilité, sinon de la nécessité absolue, de séparer les deux sexes en voyage :

« On nous relate un fait qui présente une coïncidence assez singulière :

« MM. C. et D., amateurs, domiciliés à Uccle, avaient engagé chacun trois pigeons au concours de Poitiers organisé le

4 juillet par le *Club colombophile* de Saint-Jose-ten-Noode ; le concours était à peine clôturé, que chaque amateur constatait le retour de deux de ses pigeons ; le troisième manquait à chacun d'eux, et depuis cette époque ils ne comptaient plus le revoir.

« Un des jours de la semaine dernière, M. C. vit tournoyer autour de son habitation deux pigeons ; l'un d'eux ne tarda pas à s'abattre sur la cage et à rentrer au colombier. C'était le retardataire de Poitiers.

« L'autre pigeon s'étant dirigé vers la demeure de M. D., M. C. s'empressa d'aller annoncer le retour de son pigeon favori, en lui racontant que son voyageur avait un compagnon de voyage qui avait semblé s'abattre sur le toit de M. D.

« Ils montent au colombier de ce dernier, et jugez de leur surprise, lorsqu'ils trouvent, en effet, le second retardataire de Poitiers. »

Il me paraît évident que ces deux pigeons avaient employé utilement leurs moments de loisir à contracter mariage en route ; et, lorsqu'on leur aura donné la volée, ils auront profité de leur liberté pour donner pleine carrière à leurs amours, et seront allés vivre conjugalement, comme des héros de roman, dans un lieu inaccessible aux mains profanes jusqu'à ce que dame Mue s'en mêlant, aura calmé leur ardeur et les aura déterminés à reprendre la voie qui mène au toit natal.

Expédition des pigeons par chemin de fer.

Après avoir introduit les pigeons dans les loges de voyage, on leur jette à travers les osiers un litre de vesces ou de fèveroles, et on leur présente à boire dans une auge *mobile* qu'on pose à l'extérieur du panier et non pas à l'intérieur comme le dessinateur l'a représenté à tort sur la figure; car l'eau se répandrait dans le panier, mouillerait la litière de tan et les pigeons se saliraient promptement. C'est pour la même raison que les colombophiles belges ont abandonné l'abreuvoir fixe qui est représenté sur la figure

On plombe ensuite les couvercles des paniers, exactement comme les douaniers plombent les colis, afin d'empêcher qu'une main déloyale les soulève pour opérer des détournements de pigeons, et on les expédie, en été, par des trains voyageant la nuit, pour ne pas exposer les oiseaux à la chaleur accablante qui se concentre dans les wagons sous l'action du soleil.

Si les trajets sont longs, on aura soin de prier les chefs des stations où les trains s'arrêtent, *par lettre jetée à la poste la veille,* de servir à boire et à manger aux pigeons, à leur passage, et l'on aura soin d'y joindre, à cet effet, un petit sac de toile contenant des graines, qu'on attache aux paniers. En France, les chefs de gare sont très-aimables et ne refusent jamais ce petit service.

Convoyage.

Le plus souvent, les sociétés colombophiles belges font accompagner les pigeons d'un convoyeur qui se charge de les soigner en route et de les lâcher aux lieux de destination à l'heure convenue.

Le convoyage n'a d'autre inconvénient que de coûter fort cher; mais, en faisant accompagner les pigeons par un spécialiste de confiance, on est sûr qu'ils seront bien traités et soignés en route, qu'une main indélicate ne se glissera pas à travers les osiers des paniers pour en soustraire les oiseaux les plus beaux et qu'à leur arrivée à destination ils seront remisés dans des locaux, où ils seront à l'abri de la pluie et des traîtres chats qui rôdent la nuit dans les gares de chemin de fer.

Observations sur les lâchers.

On doit servir à boire et à manger aux pigeons avant de les mettre en liberté. — On ne doit jamais les lâcher avant le lever du soleil, on doit attendre jusqu'à ce que la buée demi-transparente qui voile l'atmosphère le matin ait disparu, car elle empêche les pigeons de s'orienter.

Quand la masse d'air qui flotte entre la terre et les nuages est dans un parfait état de sérénité, on peut lâcher les pigeons à toute heure de la journée, si les distances qu'ils ont à parcourir sont courtes. (Voir chapitre Instinct d'orientation.)

On sait déjà que le mâle et la femelle veillent ensemble aux besoins de leurs petits et leur dégorgent la nourriture dans le bec. On sait aussi que les premiers jours après l'éclosion, la muqueuse stomacale est garnie d'une infinité de glandules qui sécrètent une espèce de bouillie jaunâtre ou de nourriture succulente appelée vulgairement la pâtée, que les pigeons donnent à leurs petits pendant les six premiers jours après leur naissance. Dès la sixième heure après leur éclosion, les pigeons nourrissent déjà leurs pigeonneaux et le liquide laiteux sécrété par la muqueuse stomacale devient de moins en moins abondant à mesure que les petits grandissent, et après cinq ou six jours, ils les nourrissent de graines qu'ils ont laissé gonfler pendant plusieurs heures dans le jabot.

Il faut induire de l'ensemble de ces observations, qu'on ne peut arracher, sans danger, les pigeons à leurs petits pendant les huit premiers jours après leur éclosion, pour les faire voyager, car, s'ils ne trouvent pas à dégorger dans l'œsophage de leurs petits la bouillie qu'ils sécrètent dans la muqueuse stomacale, l'inflammation s'y mettrait et produirait la ladre, qui est fatale dans la plupart des cas.

On doit éviter avec soin de lâcher des pigeons par des temps d'orage, de neige, de givre et de brouillard ; car les perturbations atmosphériques désorientent, déroutent le pigeon et paralysent ses facultés instinctives.

Il ressort aussi d'expériences qui ont été tentées pendant le siége par M. Cassiers, que le pigeon se sent désorienté et s'égare facilement lorsque le sol est couvert de neige ou quand il gèle.

Lorsqu'on lance un pigeon, on ne devrait jamais perdre de vue le nombre de kilomètres qu'il a à franchir pour rentrer chez lui et, si l'heure de la journée est trop avancée pour lui permettre de regagner son gîte avant la nuit, il faut retarder de le lancer jusqu'au lendemain matin.

Mettre en liberté des pigeons à des heures indues, lorsqu'un millier de kilomètres séparent les pauvres bêtes de leur colombier, c'est agir sans intelligence, sinon avec cruauté; car c'est forcer le pigeon à coucher dehors et l'exposer gratuitement, sans aucune utilité, à mille dangers.

On devrait éviter aussi, autant que possible, de lâcher les pigeons lorsque les vents du nord et de l'est soufflent avec violence; car, outre qu'ils sont extrêmement défavorables à la rapidité du vol des oiseaux, ils leur sèchent le gosier au point qu'ils se sentent à chaque instant le besoin de s'arrêter, en proie à une soif ardente, pour aller s'abreuver à la rivière ou à la mare du village, et, autant de haltes, autant de dangers.

Il y a des auteurs qui s'attachent à démontrer que le pigeon voyageur lâché, par exemple, à Bayonne, traversera la France d'une traite, sans s'arrêter en route pour boire et manger!

Cette allégation gratuite me paraît passablement hypothétique, comme je vais essayer de le démontrer. Personne n'a jamais suivi un pigeon au vol depuis Bayonne jusqu'à Paris; or, personne ne sait comment le pigeon se comporte en route. Ce qui est certain, c'est qu'à chaque voyage on tue des pigeons voyageurs dans les champs, ce qui prouverait plutôt qu'ils s'abattent à chaque instant dans les champs pour se réconforter.

Quant à prétendre que les pigeons savent soutenir leur vol durant dix heures sans boire, je n'en crois absolument rien; car il suffit de supprimer l'abreuvoir au colombier, pendant une matinée seulement, pour qu'ils nous démontrent par leurs allées et venues continuelles qu'ils souffrent de la soif, et, lorsque vers midi on reparaît au pigeonnier avec l'abreuvoir et l'eau fraîche, ils se lancent dessus et boivent à pleines gorgées; ce qui prouve suffisamment qu'ils ne soutiennent pas leur vol durant dix heures consécutives sans s'arrêter en route pour étancher leur soif qui, à chaque instant, surtout quand le vent souffle du nord, doit être ardente et difficile à supporter.

LES VOITURES VOLIÈRES MILITAIRES

Les services que les pigeons voyageurs peuvent rendre aux armées, en temps de guerre, n'ont plus besoin d'être démontrés; et il est à présumer que, dans les futures guerres européennes, les corps d'armée qui se mettront en campagne, emporteront des pigeons messagers pour faire connaître leurs mouvements au Commandant en chef, par l'envoi de ces facteurs ailés porteurs de dépêches attachées à une plume caudale ou d'un signe convenu.

Cette innovation, quoique n'ayant pas encore été expérimentée, existe néanmoins à l'état de projet; et le problème à résoudre qui se présente tout d'abord à l'imagination, c'est le mode de transport le plus commode, le moins fatigant et le moins nuisible à la santé des pigeons; car un sujet fatigué ou souffrant ne saurait être utilisé dans le but qu'on se propose.

Or, nous savons que les pigeons voyageurs aiment à vivre au grand air, et que les amateurs leur font journellement tracer dans les airs de longues circonvolutions autour du colombier, pour les accoutumer aux fatigues des voyages et les exercer à franchir les espaces immenses qu'ils leur font parcourir.

Les pigeons ne sauraient donc suivre les armées, enfermés et entassés durant plusieurs semaines dans des paniers de voyage ordinaires, sans que leur santé ne se détériorât promptement. Du reste, les extrémités des rémiges externes de leurs ailes venant en contact constant avec les osiers des loges ne tarderaient pas à s'user, par le frottement, et à se couvrir d'une couche de malpropreté qui paralyserait leur vol et les rendrait inaptes à remplir leur destination.

Il résulte de ces observations que ce mode de transport doit être écarté ; et, pour éviter les inconvénients qu'il entraîne, j'ai imaginé que le meilleur moyen consisterait à créer des volières spacieuses montées sur des roues, qui suivraient les armées, et où les pigeons pourraient s'ébattre, se déployer les ailes et respirer l'air à pleins poumons, durant leur captivité.

La nécessité des voitures-volières étant admise, il ne reste plus qu'à en indiquer les dimensions, les formes et les prescriptions hygiéniques.

Les voitures-volières devraient être largement ouvertes à l'air ; car le pigeon a besoin de beaucoup d'oxygène, puisqu'il respire deux fois aussi vite et, partant, dans un temps égal, absorbe deux fois autant d'air que l'homme. A cet effet, les quatre façades des volières devraient être à claire-voie, et, pour les rendre inaccessibles aux rongeurs qui souvent pullulent si abondamment dans les camps, il serait prudent de les construire entièrement en fer.

Pour protéger les pigeons contre les intempéries, les voitures-volières devraient être surmontées d'un toit de bois et munies de rideaux en toile cirée, se fermant et s'ouvrant à volonté, qui s'accrocheraient par des anneaux enfilés à une tringle établie sous la corniche et faisant tout le tour de la cage.

De nombreux perchoirs, une trémie et un abreuvoir en fer en constitueraient tout l'ameublement.

Lorsque les voitures-volières se mettront en marche pour suivre les armées, on aura soin d'en enlever l'abreuvoir, car, sous l'action du cahotage, l'eau se répandrait sur le sol et convertirait la colombine et le sable en une marc de boue puante où les pigeons s'éclabousseraient et se saliraient promptement.

Afin d'éviter que la colombine s'attache aux pattes et aux grandes pennes des ailes des pigeons, l'aire des volières devrait être couverte d'une couche de sable fin et les excréments des oiseaux devraient en être retirés deux ou trois fois par jour, si les captifs ailés sont nombreux.

L'humidité et la malpropreté sous toutes les formes étant essentiellement pernicieuses à la santé des pigeons voyageurs, qui ont besoin de toutes leurs forces pour franchir les grandes distances qu'on leur fait parcourir, on veillera à ce que les perchoirs et le sable qui couvre le sol ne se mouillent jamais, et, à cet effet, on aura soin, en temps de pluie, de fermer les rideaux de toile cirée dont j'ai déjà parlé.

Quant au cubage et aux dimensions des volières, je pense que $1^m,50$ de long et de large sur 2^m de haut atteindraient le résultat cherché.

Une petite porte ménagée dans l'une des façades, ayant 70^c de large sur 1^m de haut, et munie d'un petit cadre en fer dans lequel elle glisse à coulisse, donnera accès, à l'intérieur, à la personne chargée des soins des prisonniers.

Une porte de plus grande dimension aurait l'inconvénient, en l'ouvrant, de permettre trop facilement aux pigeons de s'échapper.

Ma voiture-volière, qui n'existe jusqu'à ce jour que dans mon imagination, n'est peut-être pas la perfection suprême; mais la mise en pratique permettrait de juger promptement de ses imperfections et des modifications qu'il conviendrait d'y apporter.

LES SONNERIES ÉLECTRIQUES
appliquées à la rentrée des pigeons voyageurs.

Dans la plupart des concours, dit la *Revue colombophile*, de Tourcoing, les vrais amateurs aiment à constater *de visu* la rentrée de leurs voyageurs : c'est une satisfaction qui ne manque pas de charmes ; mais, pour cela, il faut qu'ils n'y perdent pas patience. Si la rentrée devait être attendue durant quelques heures, évidemment ce serait une fatigue. On ne peut pas interroger l'horizon pendant une demi-journée.

Il y a des concours qui éprouvent fatalement du retard, soit à cause du mauvais temps, soit par suite d'un accident quelconque.

De là, la nécessité d'appliquer les sonneries électriques. Elles sont surtout urgentes dans les voyages lointains. Ainsi, par exemple, le concours national de Bruxelles sur Montauban, en 1875, dura jusqu'au mardi.

Ce fut une perte de temps et une grande fatigue pour les colombophiles anxieux depuis le samedi jusqu'au mardi. Et puis que de déceptions n'éprouve-t-on pas !

Il y a quatre ans, lors du concours de Dax à Bruxelles, M. P. C..., de Mouscron, constata l'arrivée de son pigeon le dimanche à trois heures du matin, et ne put le marquer qu'à huit heures ; une personne, étrangère au jeu, avait vu le pigeon rentrer la veille à cinq heures. Le voyageur fatigué s'était blotti dans une nichette inhabitée. Heureusement, il fut encore au nombre des lauréats, mais il aurait obtenu le 1er prix si une sonnerie électrique avait averti son propriétaire.

Dans notre ville, plusieurs essais ont été tentés ; celui qui jusqu'ici a le mieux réussi et fonctionne depuis trois ans sans accident, se trouve au café Delvoye, à Tourcoing, il est de toute simplicité.

Le fond de la trappe est une planche susceptible, les jours de concours, de s'affaisser de 1 centimètre. Quand le pigeon tombe dessus pour rentrer, un bouton en cuivre représentant le pôle positif en touche un autre qui est le pôle négatif, la sonnerie qui est dans le café, fonctionne alors tant que le pigeon est sur la planche. Elle s'arrête quand il est descendu dans le pigeonnier.

Ce mécanisme est aussi ingénieux que facile à comprendre, tout le travail consiste, les jours de concours, à alimenter les piles. C'est peu de chose et nous sommes persuadés que, dans quelques années, les colombophiles le posséderont tous.

L'expérience prouvera qu'il est indispensable aux amateurs.

LES SOCIÉTÉS COLOMBOPHILES

Les sociétés colombophiles n'avaient autrefois qu'un but de récréation ; mais, depuis le siége de Paris, tous les gouvernements de l'Europe, la Prusse en particulier, se sont préoccupés d'encourager la création de sociétés pigeonnières dans toutes les villes importantes au point de vue stratégique, dans le but d'augmenter le nombre des messagers ailés utilisables en temps de guerre.

Pour venir en aide aux personnes qui voudraient prendre l'initiative et doter leur pays d'une société colombophile, j'ai cru utile d'insérer, comme modèle, dans cet ouvrage, les statuts adoptés par la *société du Progrès*, de Bruxelles, auxquels les promoteurs apporteront quelques modifications selon les exigences et les besoins que les lieux et les circonstances pourront seuls déterminer.

Statuts de la Société du Progrès.

CHAPITRE PREMIER
DISPOSITIONS GÉNÉRALES

Art. 1er. — La société prend pour titre distinctif : **du Progrès**.

Art. 2. — Les affaires de la société sont régies par une commission administrative.

Art. 3. — Les décisions sont prises à la majorité des suffrages, par voie de scrutin secret ou différemment, par la société, spécialement convoquée à cet effet.

Art. 4. — La caisse de la société couvre les dépenses et les divers frais qui lui incombent.

Art. 5. — Le but de la société est de cimenter l'union parmi ses membres et de rechercher le progrès dans les concours de pigeons voyageurs.

Art. 6. — L'année sociale commence le 1er octobre et finit le 30 septembre de l'année suivante.

Art. 7. — La durée de la société est illimitée : sa dissolution ne pourra être prononcée que du consentement des quatre cinquièmes des membres.

CHAPITRE II
DE LA COMMISSION ADMINISTRATIVE

Art. 8. — Le conseil d'administration est composé de six membres, savoir : un président, un vice-président, un trésorier, un secrétaire, un secrétaire adjoint et un économe.

Art. 9. — La commission administrative est renouvelée tous les ans ; les élections ont lieu, par scrutin secret, *le deuxième lundi d'octobre*. Cette commission entre immédiatement en fonctions.

Art. 10. — Le membre qui, dans le courant de l'année sociale, cesse de faire partie de la commission, est remplacé à la première séance.

Art. 11. — Le président surveille l'exécution des statuts et signale tout ce qui y est contraire ; il dirige les séances et accorde la parole ; il a la faculté de faire voter par scrutin secret ou autrement, à l'exception des cas prévus par les art. 9, 20, 29 et 34 des statuts ; il maintient les discussions dans leur but, proclame le résultat des scrutins et signe tous les procès-verbaux conjointement avec le secrétaire.

Art. 12. — Le vice-président aide le président dans ses fonctions et le remplace en cas d'absence.

Art. 13. — Lorsque tous deux sont absents, la présidence revient de droit au membre le plus âgé de la commission.

Art. 14. — Le trésorier est chargé des recettes et des dépenses ; il est dépositaire des fonds et présente chaque année la situation de la caisse de la société. Il en est donné connaissance en la séance du mois d'octobre. A l'expiration de chaque trimestre, il fait recevoir à domicile ce qui est dû par les membres qui étaient absents aux séances mensuelles écoulées.

Art. 15. — Le secrétaire tient les écritures, prend note des propositions soumises à la société et transcrit les décisions sur le registre à ce destiné.

Art. 16. — Le secrétaire adjoint aide le secrétaire dans ses fonctions et le remplace en cas d'absence.

Art. 17. — L'économe est spécialement chargé de la surveillance du mobilier et du matériel ; il tient un registre d'entrée et de sortie de tous les objets appartenant à la société ; il est tenu de dresser, dans le dernier mois de sa gestion, un état représentant la situation du matériel indiqué ci-dessus.

CHAPITRE III
DU CONSEIL D'ADMISSION

Art. 18. — Il est institué un comité d'admission composé de six membres de la commission administrative et de six sociétaires élus tous les ans en l'assemblée générale du deuxième lundi d'octobre.

Art. 19. — Le but du comité est de rechercher, par tous les moyens en son pouvoir, si les personnes présentées réunissent toutes les qualités requises pour faire partie de la société.

Art. 20. — Le comité statue par scrutin secret sur l'admission provisoire des nouveaux candidats. Cette élection n'est valable que pour autant qu'il y ait au moins cinq membres présents à la réunion.

Art. 21. — Le candidat qui échoue ne pourra être représenté dans le courant de l'année de son rejet ; le second échec est définitif.

Art. 22. — Lorsqu'une place devient vacante dans le courant de l'année, il est pourvu à son remplacement par le Comité ; le nouvel élu achève le mandat devenu libre.

Art. 23. — Aucun sociétaire n'a le droit d'interpeller le comité sur ses actes ou sa gestion.

Art. 24. — Les membres du comité s'engagent à ne rien divulguer de ce qui se dit dans ses réunions, concernant l'admission ou le rejet des candidats. Une amende de 25 fr. est infligée à celui qui aurait commis une indiscrétion quelconque. Toutefois, l'application de l'amende ne pourra être faite que par les deux tiers des membres du comité et dans le cas où l'indiscrétion serait suffisamment prouvée.

CHAPITRE IV
DES PRÉSENTATIONS, ADMISSIONS, DÉMISSIONS ET EXCLUSIONS DES MEMBRES

Art. 25. — Nul n'est admis à faire partie de la société s'il n'est âgé de seize ans au moins.

Art. 26. — La présentation d'un candidat se fait par lettre adressée au président, qui en donne communication aux membres du comité d'admission, en faisant connaître les nom et prénoms, l'âge et la demeure du candidat ainsi que le jour du ballottage.

Art. 27. — Les présentations doivent se faire par un membre de la société.

Art. 28. — L'admission ou le rejet d'un candidat se décide par la voie du scrutin secret, après son admission provisoire par le comité d'admission.

Art. 29. — Le membre nouvellement admis en est informé par lettre; il acquitte à la première séance le droit d'entrée, fixé à 10 fr. plus les mensuels arriérés.

Art. 30. — Le sociétaire qui désire donner sa démission l'envoie par écrit au président; il en est donné lecture à la première séance.

Art. 31. — Sont exclus de la société :

1º Tout membre qui n'acquitte pas le droit d'entrée ;

2º Tout membre qui ne paye pas pendant trois mois la cotisation mensuelle et les amendes qu'il a encourues ;

3º Tout membre qui par sa conduite se sera rendu indigne de faire partie de la société ;

4º Tout membre qui contrevient aux dispositions de l'article 64 des statuts.

Art. 32. — Toute proposition d'exclusion est communiquée par la commission administrative à la société, spécialement convoquée à cette fin ; toutefois, avant de procéder à la proposition d'exclusion, le membre inculpé est appelé devant la commission pour faire valoir ses moyens de justification.

Art. 33. — La société assemblée pour délibérer sur une proposition d'exclusion, après avoir entendu le rapport de la commission, passe immédiatement au vote par voie de scrutin secret. Il ne peut y être procédé si deux tiers des membres de la société ne sont présents.

Le membre inculpé ne peut assister à cette séance.

Art. 34. — Lorsque l'exclusion d'un sociétaire est prononcée, il en est averti par le secrétaire dans les trois jours de la décision.

Art. 35. — Le membre qui cesse de faire partie de la société est tenu de liquider jusqu'au jour de sa démission ou exclusion et n'a aucun droit à l'avoir de la société.

Art. 36. — Le membre qui quitte la société sans liquider ses arriérés sera affiché pendant trois mois dans le local des réunions ; il en sera prévenu par le trésorier, qui est chargé de tous les encaissements.

Art. 37. — La liste des membres de la société est close à un nombre illimité.

CHAPITRE V
DES SÉANCES, RÉUNIONS ET ASSEMBLÉES

Art. 38. — Il y a chaque année une assemblée générale, fixée au deuxième lundi d'octobre ; tout sociétaire, qui n'assiste pas à cette séance et à l'heure désignée par la convocation est passible d'une amende de 1 franc.

Art. 39. — Les séances ont lieu à 8 heures du soir, à partir du deuxième lundi d'octobre jusqu'au deuxième lundi d'avril inclusivement.

Art. 40. — Indépendamment des séances mensuelles, le président a la faculté de faire convoquer extraordinairement la société aussi souvent que la commission administrative le juge nécessaire; il peut en outre rendre les séances mensuelles extraordinaires.

Art. 41. — A la demande par écrit, motivée et signée par un quart des membres, le président est tenu de faire convoquer la société.

Art. 42. — Toute convocation se fait par circulaire désignant le but, le jour et l'heure de la réunion.

Art 43. — Tous les sociétaires sont obligés d'assister aux séances pour lesquelles ils sont convoqués, sous peine d'une amende de 25 centimes; l'amende est de 50 centimes pour les séances extraordinaires; une amende de 15 centimes est encourue par le membre retardataire ainsi que par celui qui, sans autorisation préalable, quitte les séances un quart d'heure après l'heure fixée.

Art. 44. — Les sociétaires ne seront dispensés de l'amende que pour le cas de maladie sérieuse et en avertissant le président par écrit avant l'ouverture de la séance. L'amende de 25 centimes sera portée à 1 franc pour toute fraude tendant à l'exemption.

Art. 45. — Chaque sociétaire est tenu de constater sa présence aux séances ou assemblées en s'inscrivant sur le registre à ce destiné, à défaut de quoi il est passible de l'amende.

CHAPITRE VI
DES RECETTES ET DES DÉPENSES

Art. 46. — Les dépenses de la société sont supportées par la caisse alimentée par la cotisation mensuelle, fixée à *deux francs* par membre et payable par anticipation, plus les entrées et les amendes ou cotisations quelconques.

Art. 47. — La répartition des fonds à allouer à chaque concours est votée par la société lors des décisions des concours.

CHAPITRE VII
DES CONCOURS

Art. 48. — La société donne, chaque année au moins, deux concours de vieux pigeons et deux concours de jeunes pigeons.

Art. 49. — Les conditions des concours seront arrêtées par la société, convoquée à cet effet.

Art. 50. — La société pourra, outre les concours privés, décider des concours généraux.

Art. 51. — Hors le cas de concours général, les pigeons des sociétaires seuls sont admis. La commission administrative est chargée de vérifier, par tel moyen qu'elle juge utile, si les pigeons volent au domicile du sociétaire pour lequel ils sont inscrits.

Art. 52. — Les membres qui tiennent des pigeons en société dans un même colombier, sont tenus de faire marquer ceux qu'ils tiennent aux concours de la société ; ces pigeons ne peuvent, en aucun cas, figurer sur les listes de concours en dehors de la société qu'en leur nom.

Art. 53. — La durée de chaque concours est arrêtée dans la séance où il est décidé.

Art. 54. — En cas de concours général donné par la société, les membres sont tenus de ne faire inscrire leurs pigeons qu'en leur nom.

Art. 55. — Les pigeons admis au concours recevront les marques de la société ; si l'une d'elles se perdait, la commission serait convoquée pour statuer sur cet incident.

La commission marquera les premiers dimanches d'avril, mai, juin et juillet, les jeunes pigeons que les sociétaires destinent aux concours. Cette marque est exigible pour être admis à concourir.

Art. 56. — Le pigeon qui a franchi la distance d'un concours est apporté au local de la société, où il est déposé et tenu note de son arrivée ; l'heure est modifiée d'après le plus ou moins de trajet que le sociétaire a à parcourir pour arriver jusqu'au local de la société, et ce, à raison de deux minutes par kilomètre.

Le pigeon ainsi reconnu le premier rentré, remporte le premier prix, et ainsi de suite. Procès-verbal en est formé sur les registres de la société à ce destinés.

Art. 57. — Les prix sont remis aux propriétaires des pigeons reconnus vainqueurs ; les prix non remportés deviennent de droit la propriété de la sociétés.

Art. 58. — Un bureau de constatation, composé de deux personnes rétribuées par les concours, sera formé à chaque lâcher ; elles pourront constater pendant tout le cours de l'année sociale.

Art. 59. — Dans les concours non terminés le même jour, les pigeons vainqueurs ne pourront être retenus plus longtemps que jusqu'au lendemain, à 8 heures du soir ; à cette heure, les pigeons sont remis à leurs propriétaires eux-mêmes, ou contre un écrit signé par le propriétaire et adressé au Président.

Art. 60. — Le sociétaire qui contrevient aux conditions, tant spéciales que générales, d'un concours, perd tous les droits qui y sont relatifs et est en outre passible d'une amende de 25 francs ; en cas de récidive, il est exclu de la Société.

CHAPITRE VIII
ENTRAINEMENTS

Art. 61. — Pour les entraînements des pigeons, les membres de la société sont obligés de mettre au moins trois pigeons à chaque étape préparatoire inclus Paris.

Art. 62. — Les dates et les villes où se font tous les lâchers, sont désignées par la société immédiatement après que les concours auront été arrêtés. L'emploi du matériel de la société est autorisé à cet effet.

Art. 63. — Une amende de 2 francs est appliquée au membre désigné pour une corvée et qui n'aurait pas prévenu la commission un jour à l'avance pour pourvoir à son remplacement.

Art. 64. — Le convoyeur désigné pourra se faire remplacer en avertissant la commission un mois après le tirage au sort ; il sera pourvu à son remplacement.

Art. 65. — Lors des entraînements, un itinéraire fixera l'heure à laquelle les pigeons devront être rendus au local de la société ; ceux qui arrivent après l'heure indiquée sont refusés.

Art. 66.— Le sociétaire qui participe à un entraînement est tenu de liquider sa part des frais avant le départ.

Art. 67. — Ne sont admis dans les paniers de la société que les pigeons des membres ; celui qui contrevient à cet article est passible d'une amende de 5 francs ; en cas de récidive, il y a lieu d'exclusion de la société.

Art. 68. — Les membres faisant partie de la commission administrative seront dispensés des corvées pendant la durée de leur mandat.

Art. 69. — Les noms des membres qui auront été désignés pour une corvée ne seront plus portés dans l'urne, lors du tirage au sort, à moins que l'insuffisance des membres n'oblige à recommencer la liste.

Art. 70. — Toutes les contestations relatives aux portées ou aux concours sont soumises aux délibérations de la commission administrative ; ses décisions sont irrévocables.

CHAPITRE IX

DISPOSITIONS FINALES

Art. 71. — Aucune modification aux présents Statuts ne peut être votée que par les trois cinquièmes au moins des membres pour la première convocation ; à la seconde, la majorité des membres présents décide.

Art. 72. — Il est remis un exemplaire du présent règlement à chaque membre de la société ; contre la somme de 50 centimes destinée à couvrir les frais d'impression.

Art. 73. — Les présents statuts sont déclarés obligatoires à partir du 24 décembre 1875.

Art. 74. — Les membres de la société du *Progrès* déclarent accepter les présents statuts et vouloir s'y conformer.

Fait et arrêté en assemblée du 24 décembre 1875.

Le Secrétaire,   Le Président,
J. Vander Staeten.   J. Redouté.

RÈGLEMENT D'UN CONCOURS

CLUB COLOMBOPHILE de Saint-Josse-ten-Noode (Bruxelles-Nord)
SECOND GRAND CONCOURS NATIONAL
POUR VIEUX PIGEONS

Offert à tous les Amateurs dont le pigeonnier est établi sur le territoire belge

ARGENTON
Le Dimanche 2 Juillet 1876

1,000 fr. GARANTIS — PRIX D'HONNEUR ET DE POULES IRRÉDUCTIBLES — fr. **1,000** GARANTIS

Quel que soit le nombre de pigeons

Dix Pendules en marbre et Coupes, visibles au local de la Société, dès le 25 Mai

Prix d'honneur, garantis, à gagner par série de deux pigeons, non désignés, volant au même colombier :

	fr.
1r pr., 1 pend. (châlet), mre gravrs or av. coupes	180
2e — — — — —	130
3e — — — — —	100
4e — — — — —	80
5e — — (Richer), —	60

Prix de poules, garantis à un franc par pigeon, à gagner par série de deux pigeons, non désignés :

	fr.
1r pr., 1 pend. (châlet), mre gravrs or av. coupes	125
2e — — — — —	100
3e — — — — —	95
4e — — — — —	95
5e — — — — —	85

Les prix d'honneur et de poules seront augmentés si le nombre des concurrents dépasse **500** pigeons. Les prix supplémentaires — à gagner par pigeon — seront de **Trente** francs en espèces, pour les prix d'honneur, par vingt inscriptions, et de **Vingt** francs, pour les prix de poules. — Les pigeons vainqueurs par série ne pourront pas participer à ces prix.

Les prix de mises, par pigeon, seront établis comme suit :

1r pr., 140 fr.	11e pr., 45 fr.	21e pr., 40 fr.	31e pr., 35 fr.	41e pr., 30 fr.	51e pr., 30 fr.
2e — 130 —	12e — 45 —	22e — 40 —	32e — 35 —	42e — 30 —	52e — 30 —
3e — 120 —	13e — 45 —	23e — 40 —	33e — 35 —	43e — 30 —	53e — 30 —
4e — 100 —	14e — 45 —	24e — 40 —	34e — 35 —	44e — 30 —	54e — 30 —
5e — 80 —	15e — 45 —	25e — 40 —	35e — 35 —	45e — 30 —	55e — 30 —
6e — 70 —	16e — 45 —	26e — 40 —	36e — 35 —	46e — 30 —	
7e — 60 —	17e — 45 —	27e — 40 —	37e — 35 —	47e — 30 —	
8e — 55 —	18e — 45 —	28e — 40 —	38e — 35 —	48e — 30 —	**2500 francs**
9e — 55 —	19e — 45 —	29e — 40 —	39e — 30 —	49e — 30 —	
10e — 50 —	20e — 45 —	30e — 40 —	40e — 30 —	50e — 30 —	

soit 2,500 francs pour 500 pigeons, à diminuer, proportionnellement, si ce nombre n'était pas atteint.

Les prix de mises seront augmentés, si le nombre dépasse CINQ CENTS pigeons, à raison d'un prix de **vingt-cinq francs** par cinq inscriptions supplémentaires ; pour 1.000 pigeons il y aura donc CENT CINQUANTE-CINQ prix de mises. — Enfin, les bénéfices des amendes et du solde des comptes, s'il y a lieu, seront convertis en prix de **vingt francs** et moins. — Un **magnifique Diplôme** accompagnera chaque prix. — Un tableau général, mentionnant tous les amateurs participant au concours, avec le nombre de leurs pigeons et les inscriptions sur la poule, ainsi qu'un tableau de tous les prix à remporter suivant les bases ci-dessus, en même temps que la situation générale des dépenses et des recettes, seront affichés au local de la Société, dès le Samedi 1er Juillet.

RÈGLEMENT D'UN CONCOURS

RÈGLEMENT :

Article premier. — L'entrée est fixée à 7 fr. 50 par pigeon. — Poule facultative 1 fr.

Art. 2. — L'inscription est obligatoire et se fera, au local du *Club colombophile*, chez Monsieur F. VAN CAMP, *Hôtel d'Angleterre, rue du Progrès, 19, Bruxelles (Nord)*, les Dimanche 25, Lundi 26 et Mardi 27 juin de 8 à 10 heures du soir. Passé ce délai, il sera perçu 50 centimes en plus par pigeon, comme amende.

Art. 3. — Les pigeons recevront les empreintes, le Vendredi 30 juin, de 6 heures du matin à midi sur la présentation de la quittance d'inscription.

Art. 4. — Les pigeons, dont la constatation devra se faire par télégraphe, seront contre-marqués par un groupe spécial d'amateurs, lesquels appliqueront un second numéro à côté de la première empreinte et tiendront note de leurs opérations. A la fin du marquage, la liste du contre-marquage sera mise sous enveloppe cachetée, laquelle ne sera ouverte qu'après la clôture du concours.

Art. 5. — Le convoyeur procédera à la mise en liberté des pigeons, à ARGENTON, vers 4 à 5 heures du matin, si le temps le permet, le Dimanche 2 juillet. Il aura soin, au préalable, de constater l'état des paniers et dressera, subséquemment, procès-verbal de tous ses actes, depuis l'arrivée des pigeons, jusqu'au moment du lâcher. Il annoncera, par télégramme, l'heure exacte du lâcher et les conditions atmosphériques. Cette heure, *plus dix minutes*, servira de base aux calculs.

Art. — 6. Les pigeons vainqueurs seront classés en raison de leur vitesse propre.

Art. 7. — Le tableau des distances, prises à vol d'oiseau en ligne directe, sur la carte du journal *l'Epervier* (dernière édition) sera affiché huit jours à l'avance et comprendra toutes les localités, dont la Société aura reçu avis d'adhésion au concours. Aucune réclamation sur les distances ne sera admise, après le Jeudi 28 juin.

Art. 8. — Si le concours ne se termine pas le même jour, la journée de vol sera prise de 3 h. du matin à 8 heures 3/4 du soir.

Art. 9. — Le retour des pigeons, pour l'agglomération bruxelloise, sera constaté par la remise au local de la Société. — Le premier jour du lâcher, il sera accordé des bureaux de constatation auxiliaires, qui devront être établis dans les locaux de Sociétés colombophiles connues depuis au moins trois mois, et seront distants les uns des autres d'environ 500 mètres au moins. — L'échange des constatateurs, la mise à l'heure et sous cachet des montres, etc., se feront au local de la Société, le matin à 7 heures précises. — Il est de l'intérêt des amateurs que les délégués soient munis de bonnes montres ; l'arrêt d'une montre entraine suppression du bureau ; — le retard sera ajouté intégralement aux heures de constatation ; — l'avance au contraire, sera défalquée proportionnellement. — Tous les pigeons constatés aux bureaux auxiliaires, devront, être contrôlés au bureau principal.

Art. 10. — Les amateurs de la province pourront constater par dépêche télégraphique, *urgents*, qui comptera dès lors de sa transmission par le bureau expéditeur. Les dépêches devront mentionner le *signalement* du pigeon et les *deux numéros* dont il aura été marqué. — L'apport des pigeons ne sera exigé qu'en cas de contestation.

Art. 11. — Pour tous les amateurs, il sera accordé un bénéfice de parcours à faire à pied, par le chemin le plus direct, pour arriver aux bureaux de constatation (en rase campagne, à travers champs) à raison de trois minutes, par kilomètre. — On ne tiendra pas compte des fractions de kilomètre. — Les mesurages devront être faits par un géomètre et les certificats remis lors de l'inscription.

Art. 12. — Les résultats du concours seront affichés au local de la Société dès qu'ils auront été établis. — Les vainqueurs seront invités, par lettre, à assister à la distribution des prix dont la date leur sera annoncée.

Art. 13. — La Société se réserve le droit d'exclusion et n'assume aucune responsabilité pour les accidents, qui pourraient survenir à l'expédition.

Art. 14. — Tout cas, non prévu par le règlement sera jugé sans appel par la Commission de la Société, assistée de deux amateurs étrangers, participant au concours. — Renseignements télégraphiques, aux prix coûtants des dépêches.

Le grand Concours national d'ARGENTON sera précédé des Concours généraux suivants, offerts à tous les Amateurs de l'agglomération bruxelloise :

SAINT-QUENTIN

Lâcher, Dimanche 28 Mai ; empreintes, Samedi 27 Mai, de midi à 2 heures ; par série de trois pigeons, non désignés ; mise, fr. 1-50 par pigeon ; retenue pour frais, 35 centimes ; un prix par six séries. Poule à 50 centimes.

PARIS

Un beau Prix d'honneur, consistant en une jolie Pendule dorée, sera offert à l'amateur qui fera constater, le premier, deux séries volant au même colombier.

Lâcher, Dimanche 4 Juin ; empreintes, Samedi 3 Juin, de midi à 2 heures, par série de deux pigeons, non désignés ; mise, fr. 2-5 par pigeon ; retenue pour frais, 65 centimes ; un prix par sept séries. Poule facultative à 50 centimes.

Comme premier Prix de poules, quel que soit le nombre des inscriptions, il sera offert une belle Pendule dorée. — La retenue ne sera que de 25 francs. — Les prix à former de l'excédant des versements seront de 10 francs.

ORLÉANS

Un beau Prix d'honneur, consistant en une jolie Pendule dorée, sera offert à l'amateur qui, le premier, fera constater ses deux pigeons inscrits.

Lâcher, Dimanche 11 Juin ; empreintes, Vendredi 9 Juin, de midi à 2 heures ; par pigeon mise, fr. 3-50 par pigeon ; retenue pour frais, 90 centimes ; un prix par sept pigeons. Poule facultative à 50 centimes.

Comme premier Prix de poules, quel que soit le nombre des inscriptions, il sera offert une belle Pendule dorée. — La retenue ne sera que de 25 francs. — Les prix à former de l'excédant des versements seront de 10 francs.

RÈGLEMENT :

1° Les articles 9, 13 et 14 du concours national ci-dessus sont applicables aux concours généraux. — Les réunions des constatateurs auront lieu, pour le concours de Saint-Quentin, à 5 heures 1/2 du matin — pour Paris, à 6 heures — et pour Orléans, à 7 heures 1/2.

2° Pour égaliser les bénéfices ou pertes de temps, sur les différentes distances des communes agglomérées, au lieu des lâchers. St-Gilles et Anderlecht perdront deux minutes. — Molenbeek (Sud), limité au nouveau boulevard Léopold II. Bruxelles, Ixelles et quartier Léopold, perdront une minute. Les parties des territoires de Laeken et Schaerbeek, situées d'une part, au delà de l'avenue de la Reine ; et d'autre part, au delà du canal de Willebroeck gagneront une minute. — Enfin, seront assimilés à St-Josse-ten-Noode, les territoires de Laeken, Schaerbeek, Etterbeek, non compris dans les désignations précédentes.

3° Distribution des prix le Jeudi suivant chaque concours — à 9 heures du soir.

Portées d'entrainement et Tarifs pour pigeons supplémentaires

MISE EN PANIERS.		Pour les amateurs faisant partie d'une Société colombophile.	Pour ceux ne faisant partie d'aucune Société. Par pigeon.
HAL...... Jeudi 18 Mai	5 1/2 à 6 1/2 h. mat.	0.04	0.06 c.
BRAINE... Sam. 20	» » » »	0.05	0.07 »
QUIÉVRAIN. Mer. 24	» » » »	0.12	0.15 »
ST-QUENTIN Sam. 27	12 à 2 h. soir.	0.22	0.25 »
PARIS.... » 3 juin	» » »	0.35	0.40 »
ORLEANS.. Vend. 9	» » »	0.60	0 75 »
ARGENTON. » 2 juil.	6 12 mat.	1. »	1.25 »

N.B. — On exigera un certificat du président de la Société, et celle-ci doit être établie depuis 6 mois au moins.

N. B. La Société est fédérée pour le convoyage à la *Fédération Colombophile bruxelloise* — Le concours fédéral a lieu à Tours, le 25 Juin.—Le **Grand Concours national d'Argenton, le 2 Juillet**, est la meilleure étape, comme entrainement au concours de Bruxelles. — Langon, fin Juillet.

Fait en séances des 6 Avril et 4 Mai 1876.

Pour la Commission :

Les Secrétaires,	*Le Président,*	*Le Trésorier,*
N. DELCROIX et **F. DUCHATEAU.**	**E. DECOSTER.**	**J. BONNEVIE**

Pour tous renseignements, s'adresser à M. Em. DECOSTER, 19, rue du Progrès, à Bruxelles (Nord.)

Du classement des pigeons dans les concours d'après la vitesse propre.

Jusqu'en 1869, la vitesse des pigeons participant aux concours avait été établie d'après le temps employé à parcourir la distance qui séparait le lieu du lâcher des localités où étaient situés leurs colombiers ; et, *quelle que fût la vitesse acquise par le pigeon*, une augmentation ou un abandon d'un nombre de minutes proportionné à la distance parcourue, *mais déterminé d'avance*, se fit au détriment ou au profit des concurrents, selon que la localité où étaient situés leurs colombiers, fût rapprochée ou éloignée du lieu du départ.

En 1869, un colombophile allemand, M. Schmerfeld, démontra nettement les défectuosités de ce système et la nécessité d'une réforme ; car, en effet, dans le classement des vainqueurs, on ne tint absolument aucun compte, dans le calcul de compensation des inégalités des distances parcourues par les concurrents, de la vitesse plus ou moins grande qu'ils avaient déployée.

A la suite de ces critiques aussi logiques que sévères, M. Schmerfeld proposa à ses collègues de substituer au système défectueux et suranné alors en usage le système du classement des vainqueurs d'après leur vitesse propre ; et sa théorie nouvelle, qu'on n'aurait dû accepter que sous bénéfice d'inventaire, fut adoptée sans examen et mise en pratique, en Allemagne, avec une légèreté toute française.

De l'Allemagne, elle fut introduite en Belgique et en France avec la même légèreté, tellement on est convaincu aujourd'hui que les Allemands sont infaillibles et que tout ce qu'ils font *doit être* parfait et bon à imiter.

A distance, cette innovation semble, en effet, être un modèle de perfection qui traite tous les concurrents sur un pied de parfaite égalité ; mais, lorsqu'on s'en rapproche pour l'examiner de près, on s'aperçoit bien vite que ce nouveau système s'éloigne tout autant de la perfection que celui qui vient d'être voué à l'abandon, et que son application aux concours, qui ne clôturent pas le même jour, est aussi fausse qu'inéquitable.

Voici, tout d'abord, ce que l'on entend par le classement des vainqueurs d'après la vitesse propre : étant donné que le soleil se lève le 21 juin à 3 heures du matin et se couche à 9 heures du soir, la durée du *jour du vol* du pigeon sera de 18 heures ou de $18^h \times 60' = 1,080$ minutes. (Les heures de nuit ne sont pas comptées, attendu que le pigeon ne vole pas la nuit.) Supposons maintenant qu'un pigeon appartenant au colombier A, situé à 1,080 kilomètres, ou à 1,080,000 mètres du lieu du lâcher, ait été lancé à 3 heures du matin et soit arrivé à son pigeonnier à 9 heures du soir, ce pigeon ayant franchi une distance de 1,080 kilomètres ou 1,080,000 mètres en 1,080 minutes (18 heures) aura marché avec une vitesse moyenne de :

$1,080,000 : 1,080' = 1,000$ mètres par minute. Or, sa vitesse propre a été de 1,000 mètres par minute.

Supposons ensuite qu'un second pigeon participant au même concours, mais dont le colombier B est plus éloigné de 10 kilomètres ou de 10,000 mètres du lieu du lâcher que le pigeonnier A, rentre à son colombier à 9 h. 15' du soir, c'est-à-dire 15 minutes plus tard que le premier arrivé, il est évident que c'est le premier arrivé qui sera déclaré vainqueur, par la raison bien simple que le pigeon du colombier A a parcouru une distance de 1,080,000 mètres avec une vitesse de 1,000 mètres par minute, tandis que le pigeon du colombier B, dont le pigeonnier n'était que de 10,000 mètres plus éloigné du lieu du départ, a mis 15 minutes pour franchir cet excédant de distance, ou 5 minutes de trop.

Jusqu'ici le système du classement des vainqueurs d'après la vitesse propre est parfait et ne laisse absolument rien à désirer ; mais il n'en est plus de même si les concours restent ouverts pendant plusieurs jours, comme il arrive fréquemment quand le temps est orageux, ou qu'il se produit une perturbation atmosphérique quelconque qui bouleverse la stratification normale des couches aériennes et empêche momentanément le pigeon de s'orienter dans l'espace.

Supposons donc que les deux pigeons dont je parle plus haut aient été lâchés dans ces conditions et que les deux concurrents, au lieu de rentrer au colombier le jour même du lâcher, n'y rentrent que le lendemain, dans le même ordre, aux mêmes heures respectives, savoir :

Le premier, appartenant au colombier A, à 9 heures du soir;

Le second, appartenant au colombier B, à 9 heures 15 minutes.

Eh bien, en appliquant le système de classement d'après la vitesse propre, ce sera maintenant le second qui sera proclamé vainqueur, tandis qu'hier les deux concurrents rentrant au pigeonnier aux mêmes heures respectives, c'était le premier qui était vainqueur.

La raison en est facile à expliquer : hier, le premier pigeon, appartenant au colombier A, avait franchi 1,080,000 mètres en 1,080 minutes, ce qui, *en divisant la distance par le temps employé à la parcourir*, établit sa vitesse moyenne à 1,000 mètres par minute. Dans cette situation, il n'était acquis au second pigeon, appartenant au colombier B, qui avait parcouru une distance de 10,000 mètres de plus, qu'une bonification proportionnée à l'excédant de distance parcourue, *basée sur la vitesse propre d'une minute par 1,000 mètres*, ce qui, pour les *dix mille* mètres d'excédant, portait la bonification totale à *dix minutes* seulement.

Or, les pigeons n'arrivant que le lendemain, avaient mis *deux fois autant de temps que la veille*, pour franchir la *même distance*. Il en découle, qu'au lieu d'avoir marché avec une vitesse moyenne de 1,000 mètres par minute, ils avaient mis *deux minutes* pour parcourir la même distance. En conséquence, le second pigeon, dont le colombier était plus éloigné de 10,000 mètres, acquiert une bonification *deux fois aussi grande*, ou *deux minutes* au lieu *d'une*, par chaque 1,000 mètres d'excédant, ou 20 *minutes* pour les dix mille mètres qu'il a eu à parcourir de plus que le premier arrivé ; tandis que la veille il n'avait acquis que 10 *minutes,* parce qu'alors les pigeons avaient marché avec le double de vitesse.

Il résulte de l'ensemble de ces appréciations que l'application du classement des vainqueurs d'après la vitesse propre n'est pas équitable *en toutes occasions*, et, si l'on n'y apporte des modifications, il est fatalement voué à tomber en désuétude dans un temps peu éloigné, parce que ce système part d'une idée qui n'est pas logique.

Cette théorie nouvelle peut être appliquée sans inconvénient aux concours dont tous les concurrents qui y participent, ont leurs colombiers situés dans la même localité ; mais, lorsqu'il y a des inégalités de distances à parcourir, son application devient absolument fausse, pour ne pas dire non équitable, dès que le concours traîne en longueur, c'est-à-dire quand tous les prix ne sont pas gagnés le jour même du lâcher et que le concours reste ouvert durant plusieurs jours.

Dans ce dernier cas, le classement d'après la vitesse propre ne devrait être appliqué que le premier jour, et les retardataires du lendemain devraient être traités d'après l'ancien système, ou pour m'expliquer plus catégoriquement, le nombre de minutes à ajouter ou à retrancher devrait, dès le second jour et jours suivants, être calculé d'après une base déterminée et équitable ; car il n'est pas admissible que le pigeon, dont le colombier est situé dans une localité plus éloignée du lieu du lâcher que celle de son concurrent, ait droit à une bonification ascendante en raison de la diminution progressive de la vitesse propre. D'après ce système, il est accordé une bonification de 2 minutes par kilomètre d'excédant de distance parcourue, si le concours dure deux jours ; 4 minutes par kilomètre, si le concours dure 4 jours ; 8 minutes par kilomètre, si le concours dure 8 jours, etc., etc. Ou l'inverse quand, au contraire, les colombiers sont plus rapprochés du lieu du départ. Or, on sait que le pigeon, quand il n'y a plus que quelques kilomètres qui le séparent de son colombier, redouble d'efforts et marche avec une vitesse moyenne d'au moins un kilomètre par minute. — De cette façon ce sont les vaincus qui, le plus souvent, sont proclamés les vainqueurs.

LA VERMINE

Les poux (*lipeurus bacillus*), les acares assassins (*dermanyssus columbæ*), les puces (*pulex columbæ*) et les tiques (*argas reflexus*) sont le fléau des pigeons.

Le *Pou baguette* (Feather Louse) (*lipeurus bacillus*) n'est pas dangereux; il indique seulement l'état valétudinaire de l'oiseau. Il habite surtout entre les barbes des grandes pennes des ailes et de la queue.

Le meilleur moyen d'en débarrasser les pigeons, c'est de tremper les rémiges de leurs ailes et les pennes de leur queue dans de l'eau *bouillante*, de répéter cette opération chaque matin pendant

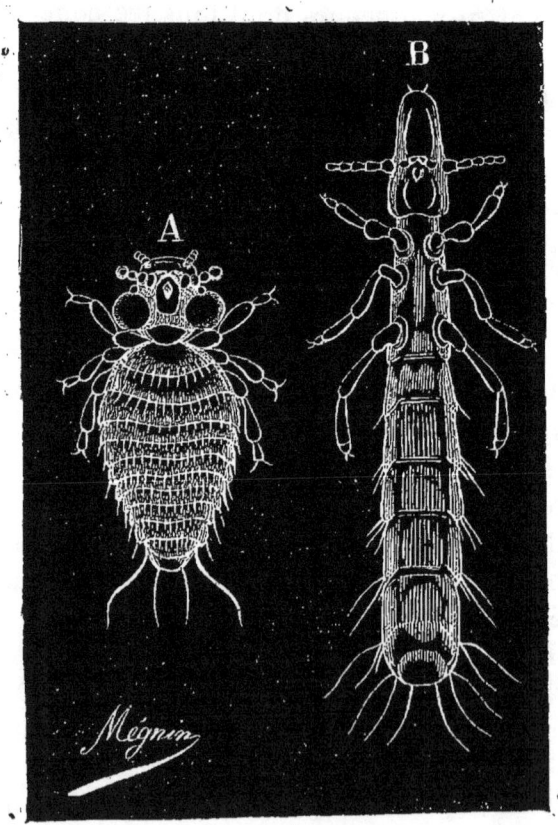

A. Phyloptère compars.
B. Pou baguette grossi.

quelques jours, jusqu'à complète disparition des poux; puis de modifier le régime.

L'*Acare assassin* (dermanyssus columbæ) est un petit insecte rougeâtre, infime arachnide, très-actif et d'une effrayante vivacité. Il se multiplie avec une prodigieuse rapidité et fait le désespoir de l'éleveur. Il aime la chaleur et l'obscurité, et c'est principalement pendant la nuit qu'il exerce ses ravages. Le jour, il se cache sous les boulins et dans les fissures des portes et des parois.

Lorsqu'un colombier est envahi par ces parasites, le seul moyen de les détruire c'est de badigeonner le pigeonnier de fond en comble au lait de chaux vive, et puis *d'y faire des fumigations de soufre :* tous les autres remèdes sont inefficaces.

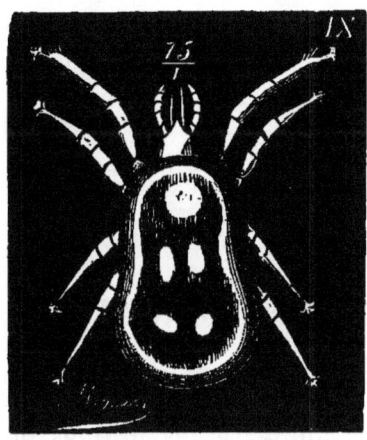
Acare assassin grossi.

La *Puce* (pulex columbæ) du pigeon est plus petite que celle de l'homme, dont elle se distingue par ses antennes saillantes qui la rendent comme cornue.

Quand elle fait élection de domicile dans un colombier, elle s'y multiplie rapidement et devient un véritable fléau, tant pour les pigeons que pour la personne qui les soigne. Le meilleur insecticide que je connaisse pour détruire promptement ce suceur de sang, ce sont encore les fumigations de soufre (voir chapitre *la Tenue du colombier*).

La *tique* (argus reflexus) est aussi un parasite, de la grosseur d'une petite punaise, qui suce le sang à la façon de la tique des chiens; elle n'attaque les pigeons que pour se repaître ; elle habite les anfractuosités des colombiers où elle pond.

On la détruit par les mêmes soins et les mêmes moyens déjà indiqués pour les dermanysses.

Les pigeons voyageurs s'infectent le plus souvent dans les loges de voyage, au contact de pigeons atteints de vermine, et c'est ainsi que les dermanysses envahissent quelquefois le colombier le mieux tenu.

Pendant la saison de la reproduction, quand le badigeonnage au lait de chaux et les fumigations de soufre ne sont pas praticables, le meilleur moyen pour éloigner et détruire la vermine, c'est de semer de la fleur de soufre ou de la poudre de pyrèthre (insecticide Vicat) sous les boulins qui contiennent des pigeonneaux ou des œufs.

LES MALADIES

Toutes les maladies sont plus ou moins contagieuses, et lorsqu'un pigeon boude, a les plumes hérissées, ne mange plus, se pelotonne dans un coin, il faut l'enlever immédiatement du colombier et l'enfermer seul dans une cage où l'on peut l'observer et lui accorder quelques soins spéciaux ; car on ne sait jamais s'il ne recélerait pas les germes de quelque maladie contagieuse, et le laisser en contact avec les autres pigeons serait s'exposer à les perdre tous.

Les pigeons, dit le docteur Pelletan, malgré leur rusticité et les soins qu'on leur donne, sont, comme tous les êtres vivants, quelquefois malades. Vouloir les guérir est, malheureusement, le plus souvent inutile, il faut l'avouer. Dans la grande majorité des cas, le meilleur remède et le plus général est la chaleur augmentée encore, au besoin, par quelques gouttes de vin chaud. On ramène ainsi l'activité digestive quelquefois arrêtée par un refroidissement, lorsque le jabot est rempli de graines qui, absorbées très-sèches se gonflent outre mesure, et menacent l'oiseau d'asphyxie.

Les maladies des pigeons, dit le docteur Chapuis, sont peu connues et les remèdes à leur opposer le sont moins encore.

La conclusion à déduire de ces opinions, c'est que le pigeon, dès qu'il manifeste les premiers symptômes d'abattement et de maladie, doit être immédiatement isolé et transporté dans un lieu bien chaud et bien aéré; et, si la chaleur, une bonne nourriture et les remèdes prescrits par les vétérinaires, ne le remettent pas au bout de huit à dix jours, il est à peu près certain qu'il mourra.

Les remèdes préventifs sont les meilleurs; dans un colombier bien aéré et tenu dans de bonnes conditions hygiéniques, il est très-rare que des épidémies se déclarent.

Sans compétence médicale, mais désirant néanmoins venir en aide, autant que possible, aux amateurs qui ont des pigeons malades, j'ai réuni dans un recueil les remèdes prescrits par les praticiens les plus distingués qui ont écrit sur les maladies des pigeons, de manière à ne laisser au lecteur que l'embarras du choix des remèdes qui lui inspirent le plus de confiance.

Maladies de l'appareil digestif.

La folliculite œsophagienne.
(LA POURRITURE DU JABOT)

Cette affection est encore appelée vulgairement : *le lait répandu;* elle se développe dans l'œsophage des pigeons à la suite de la privation de leurs petits, immédiatement après leur éclosion.

Nous savons que les pigeons dégorgent dans le bec de leurs petits une bouillie, appelée vulgairement : *la pâtée*, ayant beaucoup d'analogie avec le lait des mammifères. Si l'on enlève aux pigeons leurs œufs deux ou trois jours avant l'éclosion, ou si on leur enlève leurs petits deux ou trois jours après leur naissance, le liquide laiteux sécrété par la muqueuse œsophagienne, ne trouvant pas à s'utiliser, détermine un engorgement des follicules sécréteurs, qui va quelquefois jusqu'à la suppuration et la mort.

Remède préconisé par le docteur Pelletan : le meilleur remède, lorsqu'il en est temps encore, consiste à donner aux malades d'autres nourrissons. Mais souvent la maladie ne revêt pas une forme aussi grave, et semble n'être qu'une indigestion causée par l'inflammation de la membrane de l'œsophage. On peut alors la traiter par la chaleur, par les excitants, une boisson salée, au besoin avec 20 centigrammes d'aloès dissous dans un peu d'eau-de-vie. Enfin on séquestre l'oiseau pour le nourrir pendant quelques jours d'orge cuite et de l'eau tenant un peu de salpêtre en dissolution.

Quelquefois, dans l'inflammation des cryptes muqueux de l'œsophage et du jabot, la suppuration, au lieu de s'établir dans les follicules, revêt la forme d'abcès qui apparaissent surtout sous les ailes. On dit alors que le pigeon est *ladre*. On le guérit en perçant les abcès et en lavant les plaies à l'alcool camphré.

Remède préconisé par Boitard et Corbié : Il existe deux moyens de traitement pour guérir cette maladie. Le premier est toujours le meilleur, parce qu'il s'applique aussitôt qu'elle commence, et qu'il en arrête les progrès. Il consiste à donner aux pigeons, dont la couvée à manqué, un pigeonneau étranger à nourrir. Cette substitution doit être faite avec adresse, le soir, pendant leur sommeil, car, s'ils s'en aperçoivent, il est possible que, loin d'en prendre soin et de l'élever, ils le jettent en bas du nid après l'avoir tué à coup de bec ; cela arrive principalement lorsqu'on leur en donne deux ; ainsi l'on aura la précaution de ne leur en offrir qu'un, d'abord pour cette raison puis pour ne pas mettre la paire à laquelle on le prend dans le cas d'être attaquée de la même maladie que l'on veut guérir dans les autres. Il n'est pas toujours indispensable d'avoir à leur donner un petit né le même jour que leur incubation aurait dû finir; il serait d'un jour ou deux plus vieux, que cela n'influerait en rien sur leur manière de le recevoir.

Si l'on n'avait pas de pigeonneau à leur faire adopter, il faudrait essayer un autre traitement. On les enlèverait du colombier pour les porter dans une loge ou un appareilloir séparé. Là, on les condamnerait à une diète rigoureuse, que l'on entretiendrait tant que l'on sentirait avec le doigt, au bas de leur œsophage, une partie dure ou une grosseur occasionnée par inflammation et tuméfaction des glandes lactées. Pendant ce temps d'abstinence, on ne leur donnerait que de l'eau dans laquelle on aurait versé quelques gouttes de vinaigre.

Si la maladie avait fait des progrès et que le dépôt formé parût sous la forme de tumeur, on l'ouvrirait avec un instrument tranchant; on en extrairait le pus ou l'humeur coagulée, et l'on brûlerait toute la surface de la plaie avec la pierre infernale. Quelques personnes se contentent de la faire ronger par le sel; mais cette méthode est beaucoup plus longue, et l'oiseau souffre davantage.

Il arrive parfois que des pigeonneaux meurent au bout de quelques jours; les parents n'en sont pas moins susceptibles d'éprouver une maladie, quoique les exemples en soient moins fréquents. L'amateur veillera sur eux avec d'autant plus de sollicitude qu'ils auront nourri moins longtemps. Aux premiers symptômes de langueur, il leur donnera à élever un pigeonneau du même âge que ceux qu'ils auront perdus.

Stomatite aphtheuse.

M. le vétérinaire Bénion dit : « Pour celui qui n'approfondit point, il y a une ressemblance apparente entre le muguet jaune et la stomatite aphtheuse, tant sous le rapport des symptômes généraux que sous celui des désordres locaux. La stomatite aphtheuse est essentiellement contagieuse, se développe invariablement sur les oiseaux adultes et ne produit jamais l'*oidium albicans :* trois caractères complétement opposés à ceux du muguet qui n'est point contagieux, qui ne frappe que les jeunes sujets, et enfin qui détermine toujours la venue de végétaux parasites. »

Ce qui est certain, c'est la propriété contagieuse de cette affection. Le poulet et le pigeon malades introduits dans un poulailler ou un colombier peuvent parfaitement transmettre leur mal à leurs camarades de captivité, par le contact et les embrassades amoureuses. Il en est de même des petits oiseaux de volière.

Les *symptômes* généraux apparaissent les premiers : tristesse, ailes tombantes, pennage terne et hérissé, inappétence, tels sont les signes qui caractérisent le début; je veux cependant en signaler un autre inconnu de la plupart des éleveurs. L'immobilité constante qui force le pigeon à demeurer sans mouvement dans un coin. Ceci se passe le premier jour.

Le second la muqueuse buccale devient pâle, des aphthes apparaissent sur la langue, au palais, à la commissure du bec, parfois dans l'arrière-bouche, les vésicules sont à parois minces et renferment un liquide incolore ; elles s'ouvrent pour donner issue à cette sérosité; les bords s'élargissent et de petites ulcérations se forment à la place qu'elles occupaient.

Le troisième, je tiens énormément à préciser, la digestion s'arrête quelquefois, et le jabot reste plein; les animaux meurent le lendemain, au plus tard, si l'on n'est venu les secourir.

Les aphthes sont peu dangereux par eux-mêmes, les *complications d'inflammation aphtheuse* de la trachée et des bronches, qui sortent de l'œsophage et du jabot, sont bien plus à craindre, car généralement la mort provient de ces phlegmasies plutôt que de celle de la bouche. Le *pronostic* est toujours mauvais dans ce dernier cas.

La *médication* comporte, avant tout, la séquestration rigoureuse des malades, c'est le seul moyen d'entraver le cours du mal.

Comme moyen curatif, M Lebas emploie le vin blanc en gargarismes et en breuvages : les premiers agissent comme astringent tonique ; les seconds, à la dose d'une demi-cuillerée à bouche, trois fois par jour, stimulent l'estomac et favorisent la digestion ; la saignée lui a donné de bons résultats. D'autres personnes lavent l'intérieur du bec avec du vinaigre affaibli ou avec de l'oxymel simple.

Il est parfois indispensable d'avoir recours à des moyens plus énergiques pour combattre les aphthes, voici une bonne formule :

  Acide chlorhydrique.......... 8 grammes
  Miel....................... 60   —

La simplicité du traitement et la contention facile des malades ne permettent aucune excuse en faveur des propriétaires insouciants ou maladroits.

La nourriture doit être composée de boissons fraîches et acidulées, et de pâtées molles et rafraîchissantes.

Le muguet jaune ou le chancre.

J'ai eu occasion de constater un grand nombre de cas de cette terrible affection chez des pigeonneaux provenant de parents *enfermés ;* mais je ne l'ai jamais constatée chez des pigeons adultes ni chez des pigeonneaux provenant de parents qui jouissaient de leur liberté.

En 1875, tous les pigeonnaux, sans exception aucune, nés au jardin d'Acclimatation, de pigeons voyageurs *enfermés*, sont morts du muguet jaune.

Les mêmes accidents se sont présentés chez moi dans une volière réservée exclusivement à des pigeons reproducteurs que je tenais *enfermés ;* tandis que je n'ai eu lieu de constater aucun cas dans mon colombier d'où les pigeons sortaient à volonté.

Je suis disposé à croire que cette maladie est occasionnée par la privation de certains éléments de nutrition dont les parents ne trouvent pas à se pourvoir, quand ils sont enfermés, ou bien que l'oiseau, s'ennuyant dans sa captivité, avale de la chaux, des fragments d'enduits de ciment et d'autres matières nuisibles à sa santé qui favorisent l'explosion du mal.

Au jardin d'Acclimatation, comme chez moi, les pigeons recevaient une alimentation variée de façon à réveiller et à exciter constamment leur appétit; ils étaient nourris de féverolles, de vesces, de pois jarat et de maïs; de temps en temps, ils recevaient, comme supplément, une ration de gros blé; ils avaient toujours du sel à leur portée, et, malgré tous ces soins, les cas de muguet jaune suivis de décès se sont élevés à plus de cinq cents !

J'ai eu recours à tous les remèdes prescrits par les savants vétérinaires qui ont écrit sur les maladies des pigeons ; mais je ne suis pas parvenu à en guérir un seul, ce qui prouve, une fois de plus, que c'est perdre son temps et se créer volontairement des ennuis que d'essayer de guérir un pigeon malade.

Au reste, tout pigeonneau atteint de maladie doit être réformé ; car, sous l'influence d'une affection sérieuse, il souffre dans son développement et ne forme jamais qu'un sujet médiocre.

Ce que je puis affirmer, c'est que jamais aucun des pigeonneaux atteints du muguet n'a communiqué l'affection aux parents qui le nourrissaient, ni aux autres jeunes. Je suis donc enclin à croire que la maladie n'est pas contagieuse.

Le docteur Chapuis décrit la maladie de la manière suivante : arrivée à un certain degré, l'affection se caractérise par le développement sur la muqueuse du bec et de l'œsophage, de productions jaunâtres ; isolées d'abord, elles grandissent rapidement, se touchent par leurs bords, et finissent par faire saillie de chaque côté, à la commissure du bec. En même temps le pigeon bave ; une sanie fétide, filante, colorée par de petit flocons jaunâtres, lui découle constamment du bec, et souille les plumes de la gorge.

Si l'on ouvre le bec, aussi loin que l'œil pénètre, l'œsophage est tapissé de ces productions ; elles existent dans le jabot et plus ou moins loin dans les intestins ; elles sont parfois si abondantes, qu'elles se détachent et forment, en parcourant les intestins, de petites boules arrondies plus ou moins durcies, et qui sont rejetées avec les excréments. On conçoit facilement que dans un tel état, le pigeon ne résiste pas longtemps : la *digestion est suspendue,* le mal augmente avec la faiblesse, et l'oiseau ne tarde pas à périr.

Le signe caractéristique de la maladie, cette sorte de végétation jaune, n'est pas toujours visible ; elle peut se développer à l'intérieur et entraîner la mort du pigeon très-rapidement, sans qu'elle ait eu le temps de faire son apparition à l'intérieur du bec.

Les auteurs regardent cette maladie comme contagieuse, et Boitard et Corbié lui assignent comme cause une fausse mue.

M. le vétérinaire Mégnin dit : La vraie cause étant un champignon microscopique du genre *oidium*, qui pullule à la façon de celui du muguet des enfants, ceux qui regardent cette affection comme contagieuse ont raison.

M. le vétérinaire Bénion, dans son traité de l'élevage et des maladies des oiseaux de basse-cour, dit au contraire : Le muguet jaune ne frappe que les jeunes sujets, et n'est point contagieux.

Traitement préconisé par M. le docteur Chapuis.

Il faut prendre une penne de l'aile ou de la queue, la tremper dans une solution d'alun, ou bien encore dans une faible solution de nitrate d'argent et la plonger hardiment dans l'œsophage en lui imprimant un mouvement de rotation. En réitérant la même opération tous les jours, les reproductions cesseront de paraître. Malheureusement, dans la *majorité des cas*, le mal est plus profond et ne peut être atteint par ce procédé. Il sera utile, en ce cas, de purger les pigeons, soit en leur administrant, à chacun, deux ou trois pilules de rhubarbe, soit en dissolvant une cuillerée à café de sel anglais dans un litre d'eau qu'on versera dans leur abreuvoir ; au bout de trois ou quatre jours tous les pigeons auront bu et on peut leur rendre de l'eau pure. Le surlendemain, cette légère purgation sera reprise. Comme nourriture on leur donnera la moitié de leur ration habituelle d'une bonne qualité de vesces et quelques poignées de graines de navettes. S'ils ont manqué du sel ordinaire, on s'empressera d'en mettre à leur portée ; un peu de verdure fraîche et hachée menu, comme du mouron, de l'ortie, de la salade et surtout de l'oseille, complétera le traitement.

Le Polype.

Le Polype, disent Boitard et Corbié, est une excroissance de chair qui leur vient accidentellement dans le gosier, qui croît promptement et les étouffe.

Traitement. Aussitôt qu'il commence à paraître, il faut le couper avec des ciseaux à pointes fines, et brûler sa racine avec du nitrate d'argent ou pierre infernale. Si l'excroissance venait, c'est que l'opération a été mal faite et on peut la recommencer ; mais si elle reparaît une troisième fois, l'oiseau est perdu.

Indigestions.

L'*Indigestion*. Il y a deux sortes d'indigestions, l'une c'est l'indigestion ingluviale simple, et l'autre, c'est l'indigestion ingluviale avec surcharge d'aliments.

L'*Indigestion ingluviale simple* résulte d'aliments nuisibles que le pigeon a avalés et qu'il ne peut pas digérer.

Le meilleur traitement c'est d'administrer à l'oiseau malade quelques cuillerées à café de rhum pour activer la digestion.

Le pigeon se débarrasse, du reste, assez facilement, par les vomissements, de ces substances; et il est bien rare que l'indigestion ait des suites fatales.

L'Indigestion ingluviale avec surcharge d'aliments résulte d'une trop grande quantité de nourriture que le pigeon a avalée et qui cause une tension violente du jabot.

M. Pichon, quand il est appelé au début de la maladie, lorsque les aliments sont relativement mous et le jabot pas trop dilaté, malaxe cet organe, afin d'assouplir les matières qu'il renferme; puis il ramène ces matières de bas en haut avec la main, et facilite leur sortie en provoquant le vomissement à l'aide d'un doigt introduit dans le bec. Trois ou quatre manœuvres semblables suffisent pour amener la déplétion de l'organe et le soulagement immédiat du pigeon.

Le traitement est complété par l'administration de quelques cuillerées à café d'eau vineuse, destinée à tonifier le gésier et à prévenir une nouvelle indigestion.

Le vétérinaire Bénion dit que le seul traitement efficace est, neuf fois sur dix, l'ouverture du jabot avec un instrument tranchant; plus on hésite, plus on retarde, et plus on augmente les chances d'insuccès. Le retard volontaire est presque coupable, vu la simplicité de l'opération et la rapidité de la guérison.

Après avoir arraché, ou ce qui vaut mieux, coupé les

plumes sur une certaine étendue, on fend le jabot d'un seul coup de bistouri, en faisant l'ouverture assez grande pour permettre l'introduction du doigt ou de pinces, afin de faire sortir les substances ingérées. Une fois la poche débarrassée de son contenu, on lave l'intérieur avec de l'eau vineuse tiède ou une infusion légère de plantes aromatiques, au moyen d'une ou de plusieurs injections. Une simple suture en surget suffit pour fermer l'ouverture qui se cicatrisera promptement.

Le docteur Chapuis dit : Dans la plupart des cas, l'oiseau ne peut être soulagé que par une opération. Cette dernière consiste à fendre la peau et la muqueuse du jabot, dans un point plus rapproché de la partie supérieure que de l'inférieure; on extrait aussi bien que possible les aliments et l'on ferme l'ouverture au moyen d'une aiguille et d'un fil de soie; il faut avoir soin, pour exécuter cette suture de piquer de dedans en dehors, de la muqueuse vers la peau; par cette précaution la guérison est plus rapide, des plumes ne se trouvent pas prises entre les bords de la plaie, ce qui empêcherait la cicatrisation. On a vu que l'incision, faite au moyen de bons ciseaux aigus ou d'un bistouri, devait se trouver sur la partie supérieure du jabot, c'est dans le but d'éviter l'écoulement de l'eau par la plaie, lorsque le pigeon viendra à boire.

Pour fermer l'ouverture on rejoint les deux lèvres de la plaie, on les applique l'une sur l'autre, bord à bord et on les coud ensemble.

La Diarrhée.

C'est le plus souvent la mauvaise nourriture, des vesces moisies, des graines germées, des colimaçons, des escargots, etc., que les pigeons vont ramasser aux champs, qui provoquent la diarrhée.

Si la maladie provient de la mauvaise qualité de la nourriture, il faut changer de régime.

Boitard et Corbié disent : Le dévoiement est presque toujours la suite d'une mauvaise nourriture. S'il provient de graines échauffantes, ce qui est plus rare mais aussi plus dangereux, il faut mettre l'oiseau à l'orge pure ; mais, s'il provient au contraire d'une mauvaise qualité de vesces, ou de blé, etc., on guérira facilement l'animal en lui donnant de bon grain. Si le dévoiement était devenu chronique et tenace, on lui ferait prendre un peu de sel, et on ne lui ferait boire que de l'eau d'alun.

Le docteur Pelletan dit : La diarrhée revêt plusieurs formes et sa gravité est très-différente. Souvent elle ne provient que d'un régime trop rafraîchissant, on la guérit facilement en changeant ce régime. Souvent aussi elle est causée par l'usage de graines avariées et moisies. On y remédie avec de l'orge cuite, des pâtées adoucissantes de pommes de terre mêlées de feuilles de bette.

Quelquefois la persistance des temps humides et la récolte que font les pigeons dans les champs, de graines germées sur le sol, amènent des *diarrhées épizootiques* auxquelles on remédie en ne donnant aux pigeons que quelques heures de liberté, dans la soirée, et en les soumettant à un régime fortifiant : vesces, féverolles, etc., eau salée.

Il est préférable en ce cas de tenir les pigeons enfermés pendant quelques jours.

La Diarrhée vermineuse.

Je n'ai jamais rencontré ce cas, ni chez moi, ni ailleurs.

Le docteur Pelictan la désigne comme une maladie commune, grave, promptement mortelle même, et qui revêt le plus souvent la forme épizootique.

Cette maladie, comme toutes celles qui proviennent du développement de vers dans l'économie, se produit chez les oiseaux en proie à la cachexie lymphatique due au manque d'air pur et de lumière, à une atmosphère chaude et humide, à un régime uniforme et débilitant.

On la reconnaît à la physionomie du pigeon, qu'on voit mou, languissant, sans appétit, les plumes ternes, hérissées, les ailes et la queue traînantes, salies, les pennes cassées par le bout ; la maigreur devient extrême et la diarrhée résiste au changement de régime.

A l'autopsie, on trouve le tube intestinal très-enflammé, rempli, ainsi que les voies aériennes, d'une mucosité qui renferme une myriade de petits vers (helminthes du genre *crinon*).

Pour guérir cette affection, on peut faire usage des biscuits vermifuges qu'on donne aux enfants. Les pigeons en sont très-friands, et deux jours de ce régime suffisent pour tuer les vers. On peut encore leur donner des vesces macérées pendant quelques heures dans une décoction refroidie d'absinthe.

M. le professeur Baillet désigne plusieurs espèces d'helminthes, dont les principales sont :

Les *ascarides ;*

Les *spiroptères ;*

Les *trichosomiens ;*

Les *distomes ;*

Les *ténias.*

M. Bénion dit : Chez les volailles, l'intestin n'est pas seul attaqué ; les trois estomacs, c'est-à-dire le jabot, le ventricule succenturié et le gésier, servent quelquefois d'habitation aux parasites, ainsi que nous l'avons tous plus ou moins observé. Mais, d'une part, ces organes sont généralement plutôt visités, parcourus, si je puis m'exprimer ainsi, qu'occupés d'une façon normale et constante ; d'un autre côté, c'est le plus souvent, par suite du plus grand nombre de vers, ou d'une erreur de direction que l'immigration a lieu dans les cavités stomacales ; enfin, comme les dommages sont toujours fort restreints dans ces derniers organes, il en résulte que je n'ai pas vu ici une altération proprement dite à l'estomac.

Histoire naturelle. — Chacun des trois ordres principaux qui forment l'ensemble des helminthes fournit son contingent aux espèces qui nous occupent. Les ascarides, les spiroptères, les trichosomiens appartiennent à l'ordre *des nématoïdes ;* les distomes et les monostomes à celui des *trématodes ;* enfin les ténias à celui des *cestoïdes*.

En recherchant l'habitat des nématoïdes, nous trouvons les ieux d'élection des espèces suivantes :

ASCARIDES....
- *Ascaris inflexa.* — Intestin grêle de la poule.
- *Ascaris gibbosa.* — Intestin de la poule.
- *Ascaris maculosa.* — Intestin du *pigeon.*
- *Ascaris perspicillum.* — Intestin grêle du dindon.
- *Heterakis vesicularis.* — Cæcum des gallinacés.
- *Heterakis dispar.* — Cæcum des oies grasses.
- *Ascaris* {*inflexa* / *crassa*} Espèce du canard domestique.

SPIROPTÈRES..
- *Spiroptera Hamulata.* — Gésier des gallinacés.
- *Spiroptera tricolor.* — Œsophage et ventricule succenturié des canards.
- *Spiroptera uncinata.* — Œsophage de l'oie.

TRICHOSOMIENS
- *Trichosoma brevicolle.* — Cæcum des palmipèdes.
- *Trichosoma longicolle.* — Intestin des gallinacés.
- *Calodium tenue.* — Gros intestin du *pigeon*.

Pour les *trématodes*, nous trouvons les résultats suivants :

MONOSTOMES..
- *Monostoma mutabile.* — Intestin des palmipèdes.
- *Monostoma verrucosum.* — Cæcum et rectum des palmipèdes.
- *Monostoma attenuatum.* — Cæcum des canards.
- *Monostoma caryophillinum.* — Intestin des canards.

DISTOMES......
- *Distoma lineare.* — Gros intestin des poulets.
- *Distoma dilatatum.* — Cæcum et rectum des poulets.
- *Distoma ovatum.* — Rectum des gallinacés et des palmipèdes.
- *Distoma oxycephalum.* —Intestin du canard.

Pour les *cestoïdes :*

TÉNIAS. .....
- *Tænia infundibuliformis.*
- *Tænia malleus.........* } Intestin des gallinacés et des palmipèdes.
- *Tænia proglottina.* — Duodenum des poules.
- *Tænia exilis.* — Intestin des poules.
- *Tænia crassula.* — Intestin du *pigeon.*
- *Tænia æquabilis.* — Intestin du cygne.

Les *nématoïdes* ont le corps allongé et filiforme ; ils sont munis d'un tube digestif à deux ouvertures. La bouche est terminale, l'œsophage lui fait suite ; l'intestin s'étend généralement de son origine à l'anus, qui est placé en avant de la queue. La distribution des fluides nourriciers s'effectue par l'intermédiaire du système cavitaire général. Le système nerveux est représenté par deux paires de petits ganglions situés sur les parois latérales de l'œsophage; de ces ganglions émanent deux cordons nerveux qui se distribuent dans tout le corps. Les sexes sont toujours séparés. Les œufs sont très-nombreux, de forme ovoïde ou sphéroïde, et organisés de telle sorte, que les phases de l'évolution de l'embryon se passent dans l'intérieur. On n'observe dans cet ordre rien qui ressemble à la génération alternante. Les germes nématoïdes, au moment où ils sortent de l'œuf ont déjà la forme générale qui appartient aux animaux de leur ordre. De même que les autres vers qui habitent dans les organes des animaux supérieurs, ils proviennent du dehors. Le plus ordinairement c'est avec les aliments et les boissons que les œufs sont portés dans l'organisme.

Les *trématodes* sont des vers mous, inarticulés, allongés ou discoïdes, dont le tube digestif manque presque toujours d'anus et dont les sexes sont réunis dans un même individu. Il existe chez ces helminthes une ou plusieurs ventouses s'ouvrant dans des régions différentes du corps, et prises par les anciens helminthologistes pour de véritables bouches ; ce qui fait qu'on a nommé les principaux genres de cet ordre : *monostomes, distomes, polystomes*, etc. La bouche est ordinairement située au fond d'une ventouse antérieure ; elle est suivie d'un œsophage qui aboutit dans un intestin à deux branches, et dont les divisions se terminent en cæcum. La distribution du fluide nourricier se fait comme chez les nématoïdes. Le système nerveux se compose aussi de deux ganglions antérieurs situés de chaque côté de l'œsophage, et de deux cordons nerveux principaux, desquels émanent les rameaux destinés aux différents organes. La reproduction n'est pas la même chez tous les trématodes ; chez les distomaires, elle a lieu par voie alternante. Jusqu'à présent on ne sait pas d'une manière positive comment l'embryon pénètre dans l'organisme des animaux. Pour les distomaires, l'éclosion de l'œuf a lieu dans l'eau ; l'embryon infusiforme et cilié, mis en liberté au milieu du liquide, se meut à l'aide de ses cils vibratiles, afin de rencontrer les êtres organisés, chez lesquels il doit trouver les conditions indispensables à son développement ultérieur. On comprend alors que les individus de l'ordre des trématodes doivent surtout se rencontrer chez les vertébrés qui vivent dans l'eau ou au voisinage des eaux. Plus des deux tiers des espèces sont parasites des poissons, des batraciens, des oiseaux palmipèdes et de quelques mammifères, le mouton, par exemple, que le pacage retient dans les endroits humides. Il est probable que c'est avec les boissons que les trématodes pénètrent dans les organes des animaux qui font l'objet de cette étude.

Les *cestoïdes* se distinguent des autres helminthes par leur corps multi-articulé, précédé d'une tête pourvue de crochets et de ventouses. Dans l'état où ils sont le mieux connus, les vers du genre *ténia* se présentent sous forme de bandelettes aplaties et formées par un nombre variable d'anneaux articulés les uns à la suite des autres. L'appareil digestif est représenté par deux longs tubes qui, situés sur les deux côtés du corps, s'étendent d'un anneau à l'autre depuis la tête jusqu'à l'extrémité postérieure. L'appareil circulatoire consiste en quatre tubes très-grêles et rapprochés de la ligne médiane ; ils descendent parallèlement des premiers jusqu'aux derniers anneaux et fournissent de nombreuses bouches qui s'anastomosent entre elles. Les *ténias* présentent tout à la fois des organes mâles et des organes femelles ; mais c'est en arrière de la tête que l'on commence à apercevoir les premiers vestiges de ces organes, certains anneaux possèdent des organes sexuels indépendants de ceux des anneaux voisins, d'autres fois il arrive que les anneaux sont unisexués. A l'époque de la génération, les organes mâles s'atrophient, et les ovaires contiennent une énorme quantité d'œufs qui sortent avec le proglottis, c'est-à-dire les anneaux détachés et libres qui les renferment et qui les disséminent partout après s'être désorganisés. Le ténia passe en premier lieu par la forme *embryonnaire;* on appelle ainsi l'œuf tout formé qui s'est développé dans le proglottis et qui est expulsé avec ce proglottis du corps de l'animal atteint du ténia. Qu'un animal avale cet œuf, bientôt les sucs digestifs dissoudront son enveloppe et l'embryon deviendra libre. Il ne demeure pas longtemps dans le tube digestif; il se crée un chemin au travers des tissus et s'enkyste dans le lieu qu'il a choisi : c'est l'état *larvé* ou *vésiculeux*, le *cysticerque*. Mais si l'helminthe est porté dans le tube digestif d'un animal, il y devient ver rubané, c'est l'*état parfait, le ténia*.

Maladies de l'appareil respiratoire

La Phthisie ou la Consomption.

(LE RALEMENT ET L'ASTHME)

Les vétérinaires savent très-peu de chose sur la phthisie chez les pigeons.

Les symptômes sont les mêmes que dans toutes les affections du système respiratoire : manque d'énergie, amaigrissement progressif, et puis la mort.

La cause de la maladie est difficile à déterminer et l'affection est incurable.

Si le sujet malade est un oiseau d'élite on pourrait essayer l'huile de foie de morue.

M. Flourens a fait des observations sur de jeunes canards et des poulets qu'il avait tenus enfermés dans une basse-cour froide et humide. Les poumons, dit-il, étaient dans différents états d'inflammation et de suppuration. Généralement le larynx, toute la trachée artère et les bronches étaient pleins d'une tumeur purulente, d'un gris sale, couleur de boue et d'une odeur fétide. Les poumons sur certains points étaient gorgés de sang, et là, leurs tissus ramollis et comme putréfiés avaient une couleur de lie de vin.

M. le vétérinaire Mégnin dit : la phthisie et les autres affections de l'appareil respiratoire du pigeon, bronchite, angine, ont pour symptôme commun et presque constant le râlement, que presque tous les auteurs ont décrit comme une maladie et qui n'est qu'un *symptôme* causé par une accumulation de mucosités dans la gorge ou la trachée.

Les mêmes auteurs ont décrit, ajoute M. Mégnin, sous le nom d'asthme, une difficulté de la respiration qui n'est qu'un *symptôme*, et non une maladie spéciale comme ils le croient;

cette difficulté de la respiration accompagne soit la phthisie, soit l'épuisement causé par les excès génésiques ou les fatigues de l'élevage. On combat l'asthme en combattant ses causes, c'est-à-dire l'épuisement ou les affections de l'appareil respiratoire.

L'Emphysème.

On désigne sous le nom *d'emphysème* cet état dans lequel, grâce à la disposition particulière de l'appareil respiratoire du pigeon, l'air s'infiltre entre la peau et les muscles et détermine un boursouflement général. On en a facilement raison en piquant la peau avec une aiguille, de manière à donner issue à l'air introduit.

Le Coryza contagieux

M. Tegetmeier dit : Le coryza contagieux ou roupie (*the roup*) est une maladie qui affecte les membranes muqueuses qui tapissent l'intérieur du bec et les fosses nasales. Cette affection offre une grande analogie avec le rhume de cerveau ou *l'influenza*.

Les symptômes sont : une matière purulente qui sort des yeux, des orifices nasaux, et répand une odeur fétide. Je n'hésite pas à affirmer, dit M. Tegetmeier, que l'affection arrivée à ce degré est contagieuse et que l'oiseau malade peut communiquer la maladie à tout un colombier par le fait seul d'aller boire à l'abreuvoir commun dont il souille l'eau.

M. Tegetmeier attribue la cause de cette affection au froid et à l'humidité, et ajoute que c'est souvent en voyage, dans les stations de chemin de fer, où ils sont exposés à toutes sortes d'intempéries, que les pigeons contractent la maladie.

Il faut d'abord isoler le sujet malade et l'enfermer dans un lieu chaud et bien aéré. Il arrive fréquemment que la chaleur suffit pour les guérir. Dans des cas graves, dit M. Tegetmeier, nous nous sommes servi avec succès du baume de copahu (altération de *capaïba*, nom vernaculaire de ces arbres), qu'on tire par incision d'un arbre du Brésil appelé *copaïer*, et qui est un remède spécifique contre les affections des membranes muqueuses. Le moyen le plus facile c'est de se procurer chez les pharmaciens des pilules de copahu et de les faire avaler le soir par l'oiseau malade. Dans des cas avancés on pourrait bassiner les yeux avec de l'eau de pluie ou de l'eau distillée contenant 5 grains de nitrate d'argent par once d'eau. — Pendant toute la durée du traitement, le pigeon doit rester enfermé dans une place chaude et on doit lui donner une nourriture stimulante, comme du chènevis, etc.

L'Angine couenneuse.

L'*angine couenneuse*, dit M. Reynal, est plutôt l'expression locale *d'un état morbide général* qu'une affection pure et simple de la muqueuse des voies respiratoires et digestives. Ce qui le prouve d'une manière bien évidente, c'est que le produit pathologique qui la caractérise rencontre dans toutes les portions de l'organisme où s'opère un travail morbide quelconque, sur la conjonctive, la cornée, sur les plaies cutanées, sur la muqueuse de l'œsophage, de l'intestin ; partout ces fausses membranes sont identiques aux fausses membranes qui recouvrent la muqueuse de la langue et du pharynx.

Les *symptômes* sont à peu près les mêmes que dans toutes les maladies : tristesse, inappétence, somnolence, etc., gêne de la respiration, râle grave très-distinct et caractéristique. A ce moment, on remarque par places sur la langue, à la commissure du bec et dans le fond du palais de fausses membranes épaisses, d'un blanc jaunâtre et qui adhèrent assez intimement aux parties sous-jacentes ; quelquefois elles se détachent facilement ; au-dessous, la muqueuse est intacte et seulement rouge et injectée ; sur quelques points, elle présente des ulcérations miliaires qui, réunies, forment un ulcère à surface granuleuse et saignante ; les narines sont obstruées par des mucosités concrètes qui rendent la respiration difficile ; l'inflammation se propage tantôt du côté du larynx et de la trachée, tantôt du côté de l'œsophage et de l'intestin.

Dans l'un et l'autre cas, la mort survient dans le court espace de vingt-quatre heures par asphyxie ou à la suite d'un flux diarrhéique presque continu.

La contagion est admise par la plupart des médecins, des vétérinaires et des propriétaires, et il est prudent d'isoler les oiseaux malades, aussitôt qu'on aperçoit les premiers symptômes de l'angine.

Les *lésions morbides* existent sur la muqueuse de la langue, du pharynx et du larynx, de la trachée, de l'œsophage de l'intestin grêle où l'on trouve une fausse membrane blanchâtre ou jaunâtre, résistante et épaisse. Ici elle adhère intimement, là elle est flottante sur ses bords, plus loin elle se détache avec assez de facilité ; la muqueuse est rouge, injectée, ecchymosée et conserve son épaisseur normale ; chez quelques sujets, elle est ulcérée, détruite en partie et saignante ; chez d'autres, on trouve dans l'intérieur du larynx de fausses membranes canaliculées, plus épaisses, plus résistantes et ayant la forme du larynx dans lequel elles existent. Ces fausses membranes sont presque entièrement constituées par de la fibrine.

Traitement. Les moyens thérapeutiques les mieux indiqués et qui donnent les résultats les meilleurs, sont l'emploi des sels alcalins, le carbonate de soude, le sulfate de soude ou de magnésie dissous dans les boissons ou administrés en breuvages ; l'enlèvement des fausses membranes, accessibles à l'instrument, qui obstruent souvent les voies respiratoires et digestives; la cautérisation de la muqueuse de la langue, du larynx et du pharynx avec l'azotate d'argent, l'eau de Rabel, l'acide chlorhydrique.

Maladies de l'appareil génital.

L'Avalure.

L'avalure, dit le docteur Pelletan, est une hernie de l'oviducte avec catarrhe. Elle est incurable, mais n'altère pas, en général, la santé de l'oiseau. Elle ne paraît même pas porter une grave atteinte à sa fécondité.

M. Bénion, dans son traité de l'élevage et des maladies des animaux et oiseaux de basse-cour et des oiseaux d'agrément, cite également l'avis du docteur Pelletan.

La Harde.

La harde. Épithète donnée aux œufs privés de coquille, que les pigeons pondent quelquefois, soit parce qu'ils sortent de l'oviducte avant l'époque, par suite d'épuisement, soit parce que l'oiseau manque de la matière dont se forme la coquille.

Si le cas est accidentel, on doit mettre à la portée de la femelle affectée de harde, du gravier, des écailles d'œufs, des cendres et du sel; si les cas se représentent, c'est que la femelle a un vice de conformation de l'oviducte et dès lors il n'y a qu'à la réformer, car la maladie est incurable.

C'est principalement vers la fin de la saison de la reproduction que les pigeons pondent des œufs hardés, et le seul remède c'est le repos jusqu'au printemps suivant.

Arrêt de l'œuf dans l'oviducte.

J'ai une poule faisane qui ne pond presque jamais sans qu'on ne doive l'aider : presque toujours l'œuf s'arrête dans l'oviducte et la pauvre bête a beau faire des efforts, elle ne parvient pas à l'expulser.

Lorsque je m'en aperçois, je prends ma poule et j'expulse par la force l'œuf arrêté dans l'oviducte, en le pressant de la main d'avant en arrière. C'est, je crois, le seul remède efficace ; mais il faut agir promptement, sans hésitation, car le moindre retard peut entraîner la mort.

J'ai soulagé de la même façon une femelle de cardinal rouge et une coline de la Californie. Toutes les deux étaient à bout de forces et se sont rétablies instantanément après l'expulsion de l'œuf.

Je crois qu'il faut attribuer la cause de cette affection à l'état valétudinaire de l'oiseau ou à la réclusion, car je n'ai jamais constaté un cas chez des oiseaux jouissant de leur liberté.

Maladies de l'appareil nerveux.

L'Apoplexie.

L'apoplexie, dit le docteur Pelletan, est quelquefois foudroyante ; souvent aussi elle est partielle et n'affecte qu'un côté du cerveau, déterminant ce qu'on appelle *le torticolis*, à cause de la torsion du cou qui en résulte. Si l'oiseau n'est pas mort, il faut se hâter de pratiquer une saignée sous l'aile. On aidera l'effet par des lotions froides sur la tête, et des bains de pied chauds jusqu'à mi-jambe.

Cette maladie est due à un régime trop excitant, à des chaleurs trop prolongées ou à des excès amoureux.

Remède du docteur Chapuis : il faut se hâter de lui couper immédiatement un ongle de chaque patte, assez près de sa base, pour qu'il s'en écoule du sang ; on plonge ensuite les pattes dans de l'eau tiède pour en faciliter l'écoulement. C'est la seule chose qu'il y ait à faire en ce moment ; le plus souvent le pigeon meurt ; s'il résiste on le tiendra à la diète, on lui donnera seulement de l'eau pure.

Le docteur Pelletan est d'avis que l'amputation d'un doigt de pied ne détermine pas une évacuation sanguine assez abondante ni assez rapide et qu'il faut se hâter de pratiquer une saignée sous l'aile, c'est aussi l'avis de M. le vétérinaire Mégnin.

L'Epilepsie.

L'*épilepsie*, dit le vétérinaire Bénion, est une névrose chronique et intermittente, caractérisée par des accès convulsifs et par l'abolition complète du sentiment et de l'intelligence.

L'épilepsie est idiopathique ou symptomatique, c'est-à-dire que son existence n'est pas liée à celle d'une autre maladie, ou bien qu'elle est le symptôme d'une autre altération causant une douleur assez vive pour exercer une action en retour sur les centres nerveux et provoquer sympathiquement des accès épileptiformes. Chez les oiseaux, l'épilepsie symptomatique paraît régner aussi souvent, sinon plus, que la première variété.

M. Irasbot, professeur de clinique à l'école vétérinaire d'Alfort, attribue la cause de cette maladie à la frayeur.

M. Irasbot cite, dans le traité des maladies des animaux de M. Bénion, un cas d'épilepsie fort intéressant chez un moineau que le savant professeur avait vu tomber d'un arbre dans le parc de l'École d'Alfort, par suite du mal caduc.

Dans le commencement de son emprisonnement, raconte

M. Irasbot, on provoquait chez ce petit animal, les accès presque à volonté. Un simple battement de mains ou même la seule présence de l'observateur près du coin où il était renfermé, les déterminait aussitôt.

D'abord, il poussait des cris aigus comparables à ceux que font entendre la plupart des oiseaux en s'envolant, lorsqu'ils sont effrayés ; puis il exécutait presque en même temps des battements rapides et désordonnés des ailes et des pattes, tombait tantôt sur un côté, tantôt sur l'autre ; quelquefois même il se renversait littéralement sur le dos et agitait violemment ses membres ; montrait des roulements d'yeux, des torsions complètes du cou, des mouvements cloniques du bec, etc., etc.; enfin il était en proie à toutes les convulsions que l'on constate chez tous les animaux épileptiques, à quelque espèce qu'ils appartiennent.

Cette phase hyperesthétique et hypersthénique durait de trente secondes à une ou deux minutes, et était remplacée par une seconde phase caractérisée par un collapsus général, pendant lequel le pauvret était complètement insensible et bsolument inerte. Le relâchement si remarquable dont il s'agit et qui m'a paru en quelque sorte plus profond et plus prolongé que dans beaucoup d'autres espèces, ne disparaissait guère qu'après dix ou quinze minutes. Ce temps écoulé, le sujet reprenait graduellement l'usage de ses sens. Il essayait d'abord de se remettre debout, en s'étayant antérieurement avec son bec et latéralement avec ses ailes demi-tendues. Enfin, après avoir titubé et trébuché pendant quelques instants, il reprenait sa position bipédale régulière et il n'y paraissait plus jusqu'à nouvel accès.

Cependant, si, dans ce moment, quelqu'un s'approchait de lui ou si un bruit quelconque l'excitait, il cherchait à s'envoler et retombait aussitôt sous le coup d'une crise nouvelle tout à fait semblable à la première. Je l'ai vu, dans ces conditions, éprouver trois secousses successives dans la même matinée.

Plus tard, il devint de moins en moins impressionnable,

et au bout de quelque temps il prit sa volée, sans la moindre irrégularité dans ses mouvements, et laissa, par cette fugue, mon étude inachevée.

Le traitement, dit le vétérinaire Bénion, en usage chez l'homme et chez les animaux d'un ordre supérieur, consiste dans l'administration de la valériane, de l'ammoniaque, de l'éther, du camphre, du cyanure de fer et du potassium, de l'assa fœtida, etc.; mais M. Bénion ne pense pas qu'on puisse employer bien fructueusement ces substances chez les oiseaux, et n'en conseille pas l'emploi, à moins qu'on n'ait à soigner un sujet de prix. Pour les oiseaux ordinaires, il vaut mieux les réformer.

Le bromure de potassium est ce qui réussit le mieux, dit le vétérinaire Mégnin, la dose serait de 2 ou 3 centigrammes pour le pigeon.

Maladies de la peau.

Les verrues, sorte de petites tumeurs dures, mamelonnées, qui se produisent à la surface de la peau et spécialement sur les caroncules nasales, sur les membranes charnues autour des yeux, sur les pattes et autour du bec.

Traitement. On les détache à l'aide d'un couteau, et, après le détachement, on a recours à la pierre infernale pour cautériser les plaies.

Les blessures. Lorsque les pigeons ont été atteints d'un coup de feu, ou ont été blessés par le bec ou par les serres d'un oiseau de proie, il suffit de couper les plumes autour des chairs meurtries, de laver la plaie à l'eau froide et de laisser agir ensuite la nature.

Il arrive cependant qu'il se manifeste des gonflements et que des complications surgissent, c'est que des plombs sont restés logés dans les chairs; il faut, en ce cas, rouvrir la plaie d'un coup de bistouri et extraire les plombs.

La petite Vérole.

La petite vérole. Maladie fréquente dans les pays chauds, rare dans les contrées froides ou tempérées, dit M. Alexis Espanet. Elle est épidémique et consiste en une éruption de boutons coniques sur toute la peau. Elle tue rarement ; mais cette maladie sévit quelquefois en épizootie meurtrière. La propreté est un moyen préservatif ; on donne une nourriture rafraîchissante, des tisanes légèrement dégourdies, confectionnées avec des infusions de bourrache ou de sureau, et contenant un peu de sel de nitre en dissolution, qu'on leur administre s'ils ne veulent pas boire ; on entretient dans le pigeonnier une douce chaleur, une trop grande ne valant rien, et on laisse agir la nature quand le mal est déclaré.

La contagion, dit M. Bénion, trouve ici sa place naturelle. Si l'on est mal renseigné au sujet de l'origine de la picotte et sur son extension aux divers animaux, on est un peu mieux éclairé sur sa propriété contagieuse, toujours visible en l'absence de spontanéité saisissable. La petite vérole des animaux de basse-cour attaque ordinairement tout le troupeau sur lequel elle s'abat. C'est là une preuve en faveur de la contagion.

Les causes de la variole spontanée sont inconnues.

Maladies diverses.

La Congélation des Pattes.

M. Bénion dit que, pendant les grands froids, les doigts des pigeons sont exposés à être gelés. — Les parties attaquées noircissent, se mortifient et se séparent des parties vivantes ; la partie gangrenée demande quelquefois deux mois pour se détacher. La boiterie est intense et la marche extrêmement pénible.

Le traitement consiste à amputer les parties gelées aussitôt que la délimitation s'accuse, et à graisser la plaie avec de la pommade camphrée.

Il vaudrait mieux éviter ces opérations en tenant chaudement les colombiers, et en n'exposant pas les pigeons aux froids rigoureux.

L'Arthérite
(MALADIE DE L'AILE)

Cette affection, dit le docteur Chapuis, se déclare tout à coup au milieu des apparences d'une bonne santé ; elle se fixe dans une patte et le pigeon boite, ou bien dans une aile et la frappe d'impuissance ; il arrive parfois que le pigeon ne peut s'élever à un demi-mètre de hauteur.

En recherchant le siége du mal, on trouve un endroit où la chaleur est plus intense, la rougeur plus vive, où les artérioles battent avec force ; en peu de temps survient de l'engorgement, puis une tumeur dure, tendue, se dessine de plus en plus, et peut atteindre la grosseur d'un œuf de pigeon. Elle n'est pas exactement limitée, comme le serait un kyste ; aussi, lorsqu'on vient à l'ouvrir, on y trouve une humeur transparente, jaunâtre, qui entoure les os, les tendons et se poursuit dans les parties environnantes ; plus tard, cette humeur se condense et devient opaque ; elle paraît adhérer à l'os et s'enlève avec difficulté.

Cette tumeur a son siége le plus ordinaire aux articulations ou au moins vers l'extrémité articulaire des os longs. Elle se voit plus fréquemment à l'aile qu'à la patte, et la tumeur est plus volumineuse à la première qu'à la seconde. Il arrive un moment où l'aile est tout à fait hors de service et traîne à terre.

Lorsque la maladie est abandonnée à elle-même, elle peut

guérir spontanément ; l'aile reprend peu à peu ses mouvements et se rétablit plus ou moins bien ; si le mal a siégé à la patte, le pigeon reste souvent boiteux.

Mais il arrive bien souvent que le mal fait des progrès, le pigeon languit quelque temps et finit par succomber.

On a tenté une foule de moyens pour guérir cette affection : on a appliqué des sangsues sur la tumeur, on y a passé des sétons, on l'a incisée et cautérisée.

Nous croyons que, quand le mal est arrivé à un certain degré, il est impossible de le guérir ; il faut se hâter d'agir dès que les premiers symptômes se déclarent : plusieurs amateurs assurent avoir arrêté le mal par des lotions journalières avec l'alcool camphré, avec l'eau de Cologne ou l'eau ammoniacale. Le docteur Chapuis ajoute qu'il a réussi à guérir un pigeon d'élite, avec cette dernière eau combinée avec l'usage de pilules purgatives.

Au banquet de Gand offert par la société Union et Liberté, le 23 janvier 1876, M. Silvain Wittouck-Vergote, de Hulste, l'un des colombophiles les plus distingués de la Belgique, donna les renseignements suivants sur cette affection :

« Je n'avais jamais eu de pigeons atteints de la maladie de l'aile, quand, vers le mois d'octobre dernier, je remarquai qu'un de mes volatiles avait l'aile traînante, était triste et se tenait blotti dans un coin du pigeonnier.

Recherchant le siége du mal, je constatai au-dessous et dans les articulations de l'aile, une chaleur plus prononcée et un tremblement nerveux accompagné d'un vif battement des petites artères.

Il y avait absence de tumeur et d'engorgement. Le pigeon avait accompli une mue parfaite et avait joui jusqu'alors d'une excellente santé : c'était un jeune très-bien venu, du mois d'avril, qui n'avait fait que les étapes de Clermont et de Paris, et qui avait remporté un prix à chacun de ces concours.

La cause n'était donc pas attribuable à un excès de fatigue, ni à la nourriture, qui avait été saine et consistante. Les soins hygiéniques n'avaient pas fait défaut non plus à mon pigeonnier qui est bien aéré et spacieux, et il n'y avait pas eu le moindre épuisement chez ce volatile, puisqu'il n'avait élevé qu'un seul petit.

Quelle était la cause du mal qui avait amené la paralysie d'une aile ?

Me fondant sur cette vérité incontestable que les facultés physiques et morales se transmettent par la génération, et sachant que la mère de mon sujet malade avait eu plusieurs fois la maladie de l'aile, je n'hésitai pas un instant à croire à l'hérédité de cette cruelle affection.

Voici ce qui me confirma dans mon opinion :

Un mois après la constatation du cas de maladie dont je viens de vous entretenir, la sœur du malade gagna à son tour le même mal, avec des symptômes tout à fait identiques.

Un ami (d'Harlebeke) qui, pas plus que moi, n'avait eu jusqu'alors de pigeons atteints de cette affection, avait reçu deux petits du fils de la même femelle dont provenaient mes sujets malades, et ces petits gagnèrent également la maladie de l'aile !

Il était dès lors évident qu'il y avait transmission héréditaire. En effet, si cette maladie ne se transmettait pas par la génération, elle n'eût pas attaqué exclusivement les quatre jeunes de la même mère qui se trouvaient dans deux pigeonniers différents, peuplés chacun de plus de 50 pigeons.

L'ami et colombophile distingué de Gand, qui a eu l'amabilité de me donner la femelle dont il s'agit, m'a affirmé qu'il a eu aussi deux jeunes de la même femelle, qui, après avoir excessivement bien voyagé, furent atteints de la maladie de l'aile. »

En présence de ces faits exacts et concordants, le doute n'est plus admissible. Mais, si l'hérédité est ici la cause, je crois qu'il est une foule d'autres causes qui engendrent le mal qui nous occupe, et notamment, les suivantes :

Les fatigues de voyage, l'affaiblissement général, provenant de la mauvaise nourriture, *les pontes trop souvent répétées, l'excès d'élevage, l'accouplement prématuré, le défaut d'air, la malpropreté, l'agitation nerveuse*, causée par la frayeur, enfin, *le froid et l'humidité.*

Je pourrais citer un grand nombre de faits à l'appui de mes assertions.

Plus d'une fois, des amateurs m'ont fait voir d'excellents voyageurs mis hors de service, parce que, étant rentrés, par un mauvais temps, de voyages lointains, ils étaient frappés de paralysie.

J'ai vu aussi des pigeons, tant mâles que femelles, devenus paralytiques pour n'avoir, durant deux ans, cessé d'élever des jeunes, tantôt chez un amateur, tantôt chez l'autre.

Les excès génésiques conduisent inévitablement à l'épuisement et, par suite, à la paralysie. J'ai reçu, un jour, une femelle de bonne race qui avait été tenue renfermée, pendant plus d'un an, dans un pigeonnier mal aéré et humide ; ce volatile avait gagné une cachexie et une paralysie dans les ailes, il ne pouvait s'élever à deux pieds de hauteur.

Relativement à la frayeur des pigeons, un ami m'a raconté ce qui suit :

« Au mois d'août 1855, il trouva à son pigeonnier 18 femelles atteintes de paralysie. — Avant cette époque, il n'avait pas connu la maladie de l'aile. Il attribua le mal à la frayeur que ses pigeons avaient éprouvée à la vue d'un énorme rat qui s'était introduit dans le pigeonnier. Ce rongeur, après avoir fait quelques ravages parmi les volatiles, fut trouvé, plus tard, tué par un chat. — J'incline à croire, que la surexcitation nerveuse que la frayeur peut occasionner, pourrait, dans cette occurence, avoir été la cause déterminante de la maladie.

Au mois de novembre de l'an passé, pour séparer un mâle de sa femelle, je plaçai cette dernière dans ma volière ; quelques jours après la séparation, le temps devint froid et pluvieux. Étonné de voir ma prisonnière immobile et triste, je la pris en main et constatai, avec surprise, que les ailes étaient raides et le mouvement presque paralysé.

Quelques mots maintenant sur la partie thérapeutique. — Le traitement suivant m'a donné les meilleurs résulats :

J'avais entendu préconiser la saignée, dans ces cas de maladie, et, comme mon premier sujet atteint était un mâle très-fort, je voulus en faire l'essai ; mais, au lieu de couper l'ongle et la première phalange d'un orteil, comme on me l'avait enseigné, j'eus soin de ne pratiquer qu'une incision à l'orteil du milieu de chacun des pieds, en dessous de l'ongle, au moyen d'un bistouri.

L'évacuation sanguine étant peu abondante et peu rapide, — pour la faciliter — je plongeai les pattes dans un bain d'eau tiède ; malgré cette précaution, l'écoulement du sang ne tarda pas à s'arrêter.

Ensuite, je plaçai le malade dans un pigeonnier sec et lui administrai des purgatifs ; d'abord 2 pilules d'aloès, quelques jours après, 2 pilules de rhubarbe (à 20 centigrammes).

Du jour de la déclaration de l'affection, je fis emploi de la liqueur résolutive du pharmacien M. J. Garnier, recommandée par MM. Brunin frères, et, quinze jours plus tard le malade était totalement guéri.

Ce volatile a actuellement une puissance d'aile, comme si jamais il n'y avait eu paralysie de ce membre.

Quant à sa sœur et à la femelle qui avait perdu presque tout mouvement d'aile, sous l'influence du froid humide, j'ai réussi à guérir ces deux pigeons, qui me paraissaient d'une santé plus débile, en leur donnant une nourriture saine et variée, en chargeant leur abreuvoir d'eau ferrugineuse et en faisant emploi, pendant quelques jours, de la liqueur résolutive susdite. »

La fausse Mue.

La fausse mue, disent Boitard et Corbié, est une mue qui a été entravée dans sa marche par une ou plusieurs circonstances particulières que l'on ne peut prévoir. Toutes les fois que la mue n'est pas générale, il y a fausse mue, et il en résulte des accidents très-graves. Ordinairement l'oiseau auquel cela arrive, reste toute l'année dans un état de langueur et finit par périr. Elle est moins dangereuse lorsqu'elle n'a produit que quelques plumes venues à contre-sens et non terminées ; mais l'oiseau n'en souffre pas moins assez longtemps. Quelquefois, dans un colombier négligé, un oiseau meurt faute d'avoir pu se débarrasser de trois ou quatre grandes plumes de l'aile ; mais l'amateur soigneux s'aperçoit bien vite de cet accident et y porte un remède facile : il ne s'agit que de l'en défaire en les arrachant, avec l'attention de ne pas les rompre ni déchirer les chairs qui adhèrent autour du tuyau.

La captivité est une cause qui rend souvent la mue dangereuse ; le défaut d'activité et d'exercice la fait dégénérer en une maladie cruelle, qu'ils supportent plus ou moins longtemps, mais qui finit toujours par les faire périr. Elle se présente avec différents symptômes que nous allons décrire : 1º on s'aperçoit d'abord d'une grande difficulté que l'oiseau éprouve pour respirer ; à chaque aspiration, sa queue fait un battement de haut en bas, et sa poitrine un mouvement convulsif : ces symptômes augmentent avec une telle rapidité, que, du soir au lendemain, l'animal est dans un état désespéré ; il périt ainsi au bout d'un certain laps de temps ; 2º un oiseau joint quelquefois d'autres caractères symptomatiques à ceux-ci : son bec reste à demi ouvert, et une humeur visqueuse paraît à l'intérieur ; bientôt elle se durcit, prend une couleur jaunâtre, et annonce alors l'existence d'un chancre à la gorge ; 3º d'autres caractères peuvent encore s'accumuler avant la mort, tels que les ailes pendantes, les plumes hérissées, et la recherche des coins les plus obscurs du colombier.

La maladie annoncée des deux premières manières n'est pas toujours incurable ; quand un jeune oiseau en est atteint au premier degré, en le tenant à un régime sévère, c'est-à-dire, en ne le nourrissant que d'orge pure, et ne le désaltérant qu'avec de l'eau dans laquelle on a fait dissoudre un peu d'alun, en lui donnant un peu de sel, on peut espérer de le sauver. Aussitôt que le mal diminue d'intensité, on doit l'abandonner à lui-même : à la longue il guérira radicalement. Le mal parvenu au second degré, on lui appliquera le traitement que nous avons décrit pour le *muguet;* mais, s'il présente les symptômes du troisième degré, il est perdu sans ressource, à moins que la nature ne fasse un effort sur lequel on ne doit pas compter.

Assez souvent un pigeon reste toute sa vie invalide et languissant à la suite d'une mauvaise mue, parce que le mal n'est pas assez fort pour le faire périr; mais que, cependant, son tempérament est assez affaibli pour que la maladie reparaisse tous les ans à la même époque, et avec la même gravité. Cet oiseau ne sera jamais bon à rien, et l'amateur qui ne voudra pas perdre du grain et de la place le réformera de son colombier.

L'Ophthalmie ou Conjonctivité des pigeons.

Dans l'ophthalmie simple, l'œil est d'abord larmoyant, les paupières sont infiltrées de sérosité, à demi fermées; toute la tête est chaude et brûlante, et l'animal semble la tenir très-élevée; il reste presque immobile dans la même place.

Le plus souvent cette maladie se complique de taies dont les couches albumineuses, qui croissent et se multiplient les unes sur les autres, grossissent le globe de l'œil, couvrent les paupières et font paraître ces organes au dehors de leur orbite; d'autres fois, la cornée lucide blanchit, s'ulcère à son centre et donne lieu à un écoulement séro-purulent qui, en s'écoulant, corrode et dénude les parties. D'autres fois encore, il se forme des abcès autour des paupières. Ces abcès, d'une nature particulière, sont souvent très-profonds, fluctuants; ils ne contiennent qu'une matière séreuse, liquide et peu abondante. Cette sérosité est répandue dans les mailles du tissu cellulaire ; elle prend de la consistance, jaunit, devient fibreuse et se circonscrit dans une poche sous-cutanée qu'on ouvre. Cette matière ressemble assez à un petit paquet d'étoupes hachées qu'on est obligé de retirer au moyen d'un petit crochet.

Les causes de cette affection, simple ou compliquée, sont les temps humides et froids et aussi les coups de bec.

Il faut séparer les malades, et les tenir dans un lieu tempéré, à l'abri des vents et des courants d'air.

Les malades pris isolément, on leur lave deux à trois fois par jour la tête et le cou avec de l'eau sédative ; ce moyen suffit presque toujours pour obtenir la résolution de l'inflammation et des tumeurs chaudes commençantes qui se développent autour des yeux.

On pratique sur les sujets forts une saignée sous l'aile.

Si l'inflammation disparaît et que des tumeurs restent fluctuantes sans être douloureuses, on les frictionne deux ou trois fois par jour avec la pommade camphrée. Et si enfin on n'obtient pas la résolution par ce moyen, on en fait la ponction avec une lancette ; si la matière est dure, fibreuse, jaunâtre, on l'extrait avec un petit crochet en fer ; on panse la plaie avec un peu de teinture d'aloès.

M. le vétérinaire Montmarqué m'a guéri un carrier anglais atteint de conjonctivité, en lui bassinant les yeux dix à quinze fois par jour, avec de l'eau tiède, à l'aide d'une toute petite éponge fine, et en le tenant enfermé dans une cage près du feu. Il m'a aussi guéri des benthams argentés par le même traitement.

M. Tegetmeier recommande de bassiner les yeux avec de l'eau de pluie ou distillée renfermant 5 grains de nitrate d'argent par once d'eau, ou bien de frictionner les paupières avec une pommade composée de 5 grains de nitrate d'argent et d'une once de lard frais.

APPLICATION DE DIVERS REMÈDES

Saignée.

Pour saigner les pigeons, dit M. Gourdon, on a ordinairement recours à la saignée capillaire; mais on peut aussi, pour agir avec plus d'efficacité, pratiquer la phlébotomie. On saigne alors à la *jugulaire* ou à *l'humérale*, en ayant soin d'ailleurs de ne tirer que fort peu de sang, 5 à 8 grammes au plus dans l'espèce galline, plus ou moins dans les autres volatiles, suivant la taille; on pourrait leur en extraire davantage sans compromettre leur vie.

Les *jugulaires* sont très-roulantes sur les parties latérales du cou. On les ouvre vers la partie supérieure. On commence par arracher ou seulement écarter les plumes qui sont assez rares à cette partie et laissent apercevoir le vaisseau. On le fixe supérieurement et inférieurement avec le pouce et l'index de la main gauche; et quand le vaisseau est assez gonflé, on l'ouvre à la lancette. On ferme ensuite la petite plaie par un ou deux points de suture appliqués avec une très-petite aiguille et du fil de lin.

L'humérale, veine de dessous les ailes, commence à la face interne de l'articulation huméro-radicale, remonte en dedans du bras, croise la direction de l'humérus, arrive à la face postérieure de cet os et devient profonde en dessous et en arrière de l'articulation scapulo-humérale. Dans tout ce trajet, cette veine est facilement visible quand on relève l'aile, et d'un calibre égal; ce qui laisse une certaine latitude quant au lieu d'élection précis de la saignée. Toutefois il convient de choisir le point le plus près possible du corps.

Pour l'opération, un aide tient l'oiseau sur le dos, et l'opérateur étend de la main gauche l'aile à opérer; s'il y a lieu, ce qui n'est pas ordinairement, il arrache les plumes qui dérobent le vaisseau. Après cela, il fait gonfler la veine en appliquant le pouce en haut ou en arrière de l'humérus, ou bien, pour avoir plus de sang, en appliquant d'abord, comme le conseille Chabert, une ligature de 8 millimètres de largeur autour de l'articulation scapulo-humérale, et rendant l'aile à elle-même; quand il a donné au vaisseau le temps de se gonfler, il la reprend, ouvre la veine à la lancette, laisse écouler quelques grammes de sang, et ferme la saignée par un ou deux points de suture, comme à la jugulaire.

L'éjointage.

Lorsqu'il s'agit d'oiseaux exotiques qu'on veut conserver en liberté dans un parc, en leur retirant la faculté de fuir, c'est quand les jeunes oiseaux ont environ trois mois qu'il faut pratiquer cette opération qui a pour but de les empêcher de prendre leur vol.

Cependant, au Jardin d'Acclimatation, j'ai vu souvent éjointer des centaines d'oiseaux adultes par M. Plet, qui exécute cette opération avec une habileté remarquable, et les sujets aussitôt lâchés dans un parc ne paraissaient s'apercevoir de rien.

Aucun colombophile ne songera jamais à éjointer un pigeon voyageur dans le but de lui retirer la faculté de voler; mais il arrive assez fréquemment, et le cas s'est présenté chez M. le comte Klein, que, par suite d'un coup de feu reçu dans l'aile, l'inflammation s'y mette et qu'on soit obligé d'amputer une ou deux phalanges de l'aile pour sauver la vie à l'oiseau, qui peut encore servir pour la reproduction.

Cette opération délicate, mais fort simple, est très-bien décrite dans l'ouvrage de M. Mercier sur l'éducation des oiseaux; voici ce que dit cet auteur:

« Les grandes plumes des ailes sont appelées *rémiges*, mot

qui signifie rames. Les rémiges qui partent de la main, c'est-à-dire du carpe, du métacarpe et des doigts, sont au nombre de dix : on les nomme *rémiges primaires ;* en avant de celles-ci naissent les *rémiges bâtardes,* lesquelles sont fixées à l'os du pouce et forment dans le pli de l'aile une sorte d'appendice supplémentaire ; en arrière des rémiges primaires sont les *rémiges secondaires,* dont le nombre varie ; elles partent des os de l'avant-bras ; les pennes attachées à l'humérus sont moins fortes et portent le nom de *pennes scapulaires ;* les petites plumes qui recouvrent la base des rémiges se nomment tectrices.

« Il s'agit d'enlever *sept rémiges primaires*, et conséquemment de détacher de l'aile le métacarpe et les doigts ; pour cela, on passe la lame d'une paire de ciseaux bien tranchants sous le pouce qui supporte les deux ou trois rémiges bâtardes, qu'il faut épargner, et à un centimètre, près de l'articulation, couper vivement, puis immédiatement cautériser la plaie au moyen d'un morceau de nitrate d'argent ou avec un fer rouge.

« Avec le métacarpe et les doigts disparaissent les sept plus grandes rémiges primaires, les trois autres restent fixées sur le carpe, que l'on épargne, parce qu'il se trouve à l'articulation.

« Il est important que les ciseaux soient bien aiguisés, afin de ne pas briser les os en éclats, en voulant les couper.

« Les rémiges bâtardes du pouce sont ménagées pour cacher la plaie et pour la protéger contre les objets qui pourraient la heurter et briser la croûte qui se forme au bout des os coupés, en attendant la guérison..... »

Les Lavements.

Les lavements sont très-efficaces dans la constipation ; mais on doit agir avec précaution et employer de petites seringues proportionnées à la taille de l'oiseau.

Les Bains.

Le docteur Pelletan recommande les bains de pieds chauds comme dérivatifs, lorsque les oiseaux sont pris de vertige.

Le vétérinaire Bénion dit : Les bains médicamenteux jouent un certain rôle dans les maladies parasitaires, intestinales et génitales. Des auges, des terrines, des cuvettes, appropriées à l'espèce et à la taille du sujet, conviennent très-bien. Quand on retire l'animal de l'eau, on le sèche avec des linges, on le maintient pendant quelque temps devant le feu, ou au soleil pendant l'été, et on le remet ensuite au colombier. Lors des maladies précitées, les bains sont d'une très-grande efficacité. Bien avant Buchoz, c'est-à-dire vers le milieu du siècle dernier, les amateurs faisaient baigner leurs oiseaux malades et s'en trouvaient bien.

Les Injections.

L'*injection*, dit M. Bénion, c'est-à-dire l'introduction, avec l'aide d'une seringue, d'un liquide quelconque dans une cavité naturelle ou accidentelle est un excellent moyen de mettre les topiques en contact avec les parties situées profondément. Les injections d'eau tiède servent à nettoyer les fistules et les cavités nasales ; lors d'une épizootie de coryza contagieux qui dépeuplait la basse-cour de M. de Quatrebarbes, l'injection dit M. Bénion m'a rendu de bons services. Les injections émollientes et belladonisées sont aussi fort utiles dans l'arrêt de l'œuf dans l'oviducte et dans l'obstruction de cet organe.

Les Gargarismes.

On introduit dans le bec ou l'œsophage des pigeons un liquide quelconque pour débarrasser les cavités des impuretés qu'elles renferment, les cautériser. Pour cela on se sert, comme l'indique le célèbre docteur Chapuis, d'une plume de l'aile ou de la queue qu'on trempe dans une solution d'alun ou dans une faible solution de nitrate d'argent, et on la plonge hardiment dans l'œsophage en lui imprimant un mouvement de rotation.

MOYEN DE DÉTRUIRE LES CHATS

Nous ne sommes pas l'ennemi du chat, tant s'en faut; au contraire, nous croyons cet animal susceptible de beaucoup d'attachement pour ses maîtres, et, de tous les animaux domestiques, on peut dire que c'est le plus gai, le plus gracieux, celui qui, par ses tours et son agilité, charme le plus. Toujours propre et soigneux de sa personne, il bat les champs et court les toits sans laisser aucune trace de boue ou de poussière ; cependant, si le Chat est fort utile pour détruire les petits rongeurs, hôtes déprédateurs qui attaquent nos provisions, nos meubles et nos vêtements, il est fort gênant dans un colombier, une faisanderie ou une basse-cour où, faute de rongeurs, il mange les pigeonneaux, les poussins, voire même les volailles adultes quand elles ne sont pas de taille à lui résister. D'animal utile, il devient l'un des plus terribles ennemis des amateurs d'oiseaux et, dans ce cas, les piéges et le poison doivent être employés pour se débarrasser d'un voisin des plus importuns.

Les collets en fil de laiton réussissent généralement ; on place de petits morceaux de viande tout autour et surtout de chaque côté de l'anneau formé par le fil de cuivre, et pour éviter que le prudent gourmand ne fasse le tour du piége plutôt que de passer la tête dedans, on place devant l'appât une pierre, de façon qu'il lui soit plus facile de le prendre en passant la tête dans le nœud coulant plutôt qu'en faisant le tour.

Les boulettes empoisonnées avec de la strychnine tuent rapidement les chats. On sait que ces animaux ont l'odorat peu développé, et, malgré toutes les précautions qu'ils semblent prendre, il est facile, sur ce point, de les tromper. Toutefois, nous pouvons signaler un fait remarquable que nous avons constaté plusieurs fois pendant le siége de Paris, c'est que les chats ne mangent jamais leurs semblables, quelle que soit la sauce à laquelle ils aient été accommodés, et, si vous voulez être certain que le civet que l'on vous sert n'a pas un minet pour base, il vous suffira d'en présenter un morceau à un chat; même si c'est un animal sauvage qui est cuit, il n'en mangera pas. De même tous les chiens, et aussi ceux réduits à une maigre pitance journalière, refusaient de prendre ce que l'on vendait, à cette époque, sous le nom de chevreau de Paris, et qui n'était autre chose que du chien.

Mais revenons à nos vilains chats, que nous pouvons signaler comme les plus défiants des animaux ; aussi, quand ils ont failli être pris à un piége, jamais plus ils n'y retourneront, et s'en éloigneront tant et de si loin qu'il fera pour eux l'office d'un épouvantail. L'anecdote suivante le prouvera. Un amateur de pigeons avait un colombier qui, de temps en temps, était visité par le chat d'un de ses voisins, contre lequel il avait en vain essayé toutes sortes de piéges ; l'animal finissait toujours, soit par sa souplesse, soit par sa force, par déjouer les inventions les mieux combinées. Décidé à se débarrasser, par n'importe quel moyen, d'un dévastateur si impudent, notre amateur installe une planchette soutenue par un léger appui, l'amorce avec un pigeonneau, et, pour être sûr que le félin n'en sortira pas, il place sur la planchette un seau qu'il rend plus lourd en l'emplissant d'eau, et guette le maraudeur qui, attiré par si bonne chère, ne manque pas de venir et flairer tout autour ce succulent morceau ; il se décide et allonge doucement la patte ; l'édifice s'affaisse, le seau culbute, éclabousse de tous côtés, tombe en faisant un bruit épouvantable, et le fin matois, qui avait prestement retiré sa patte, se sauve à toutes jambes et tout trempé. Depuis, il regarde à distance le pigeonnier, mais du plus loin qu'il voit un seau, il croit à quelque machination et s'esquive prestement.

Cette vilaine bête s'en vient, à la faveur des ténèbres, rôder autour des pigeonniers, des poulaillers et des faisanderies, effraie le pauvre oiseau qui se jette le long des grillages, où il s'abîme la tête, quand il n'est pas accroché et déchiré par les griffes de l'infernal brigand.

Quand on est tourmenté par ces maraudeurs, il est bon de faire emplette d'un bon terrier, qui ait pour tâche de faire la garde aux abords du colombier et d'en écarter l'engeance maudite des pillards nocturnes. Encore faudra-t-il compter sans le sommeil, auquel le pauvre gardien peut se laisser surprendre tout aussi bien que son maître.

MOYEN DE DÉTRUIRE LES RATS

Les rats commettent souvent de si grands dommages dans les basses-cours et les faisanderies, que nous devons rechercher tous les moyens pour nous débarrasser de ces hôtes pillards et désastreux, que les naturalistes ont classés parmi les rongeurs, mais que leurs mœurs et leur amour de la viande permettraient de ranger parmi les carnassiers, et à côté des plus fins et des plus rusés.

Nous trouvons dans le *Journal des Campagnes* une recette qui nous paraît d'autant meilleure qu'elle peut être modifiée avec toute espèce de farine ou de graines pilées. On sait qu'un moyen qui a réussi une fois avec la gent trotte-menu est bientôt connu par cette dernière et évité ensuite avec le plus grand soin.

« Avez-vous le malheur d'être visité par quelques-uns de ces rongeurs féroces, qui, usant du droit de haute-dent sur tout ce qui vous appartient, s'en vont de la cave au grenier, prélevant, de ci et de là, dîmes et tributs que vous trouvez toujours trop forts ? Prenez deux assiettes que vous emplirez à demi, l'une de farine et l'autre d'eau, placez-les la nuit sur le passage des rats et attendez. Mais, allez-vous me dire, ce n'est pas fort ce que vous nous contez là ! Mes déprédateurs happeront ma farine, se désaltéreront ensuite, et, se riant de mon extrême bonhomie, ne manqueront pas de raconter l'histoire à tous les ratons des alentours, de sorte qu'au lieu de m'en débarrasser, je les verrai bel et bien accourir par centaine à la curée. — Parfaitement. Mais, dans la prévision de cette future visite, remplacez la farine pure, dans la première assiette, par un mélange composé de moitié farine et moitié plâtre passé au tamis, ajoutez-y même comme assaisonnement, un peu de sucre en poudre, renouvelez l'eau de la seconde et dormez tranquillement sur vos deux oreilles. Tous les rats qui auront pris part à ce festin n'y reviendront pas deux fois. Chez eux comme chez bien d'autres, lorsqu'on a bien mangé il faut boire, et le plâtre, mis en contact avec l'eau dans l'estomac de l'animal, y produit le même effet que dans l'auge du maçon ; la chaleur naturelle du corps en hâte ensuite la solidification, et il en résulte un arrêt des fonctions digestives qui amène inévitablement la mort. »

PIÉGE POUR PRENDRE LES OISEAUX DE PROIE

De tous les destructeurs de pigeons voyageurs, c'est l'oiseau de proie qui prélève la dîme la plus forte ; et je crois rendre service aux colombophiles en leur donnant la description d'un piége qui, expérimenté depuis longtemps en Allemagne, donne d'excellents résultats.

Le journal l'*Acclimatation* a publié dans son numéro 30 de 1876, page 307, une figure de ce piége qui est une double cage, dont l'une, placée en dessous, sert de prison à un animal vivant, lapin, pigeon, poulet, etc.; l'autre est un traquenard où le maraudeur emplumé viendra bien certainement se faire prendre.

Cette cage a environ 1 mètre sur chaque face ; elle est formée de quatre poteaux en chêne solides, et forme, comme nous l'avons dit, deux cages, dont l'une, celle du bas, est garnie d'un treillage assez fin pour ne pas permettre à un chat d'y passer la patte; des mailles de 1 centimètre remplissent parfaitement le but ; l'entrée est placée sur le côté. On donne à ce compartiment une hauteur d'environ 30 centimètres, le compartiment supérieur a donc une hauteur de 70 centimètres; les mailles qui le ferment peuvent être beaucoup plus larges, suffisantes seulement pour que le gourmand qui s'est laissé prendre ne puisse s'échapper.

Voici comment le piége doit être disposé : on place la cage dans une prairie au bord d'un bois ou dans une clairière, de façon qu'elle soit bien en vue, en ayant soin de mettre sous les quatre piliers qui forment les pieds des pierres plates afin d'éviter que l'humidité ne pourrisse ces supports; on met dans la cage du bas l'animal vivant qui doit servir d'appât, auquel il faut, bien entendu, donner tous les jours à boire et à manger. Au milieu de la cage supérieure est un bâton vertical, fixé dans une planche qui soutient la division entre les deux cages. Sur l'extrémité supérieure du bâton se place un cercle de tonneau enclosant une croix formée par deux bâtons; le point d'intersection de ces deux derniers, qui se trouve juste au centre du cercle, est placé sur l'extrémité du bâton vertical ; le couvercle est maintenu relevé par un autre bâton sur lequel il s'appuie par l'un de ses bords, et dont l'autre extrémité vient se poser juste en face du bâton fixe placé dans le compartiment supérieur.

On comprend dès lors le mécanisme du piége : l'oiseau de proie, après avoir tourné tout autour de la cage, s'être posé sur les bords et même sur le couvercle sans avoir rien vu changer ni bouger, si ce n'est le pauvre habitant du compartiment inférieur, qui tremble de tous ses membres et ne sait où chercher un refuge contre l'ennemi qui le convoite et le dévore des yeux, l'oiseau de proie, disons-nous, se décide enfin, s'enhardit et finit par se percher sur le bord du cercle. Alors, les choses changent de face : le cercle bascule, le bâton qui soutenait le couvercle, entraîné dans cette chute, laisse la cage se fermer, et notre gourmand se trouve capturé et emprisonné juste au-dessus de l'animal qu'il cherchait à prendre.

Je n'entrerai pas dans le détail des avantages que cet engin présente sur les piéges à poteaux ordinaires, je me contenterai de faire remarquer que, trop souvent, ceux-ci se bornent à couper une patte de l'oiseau qui s'envole; le but n'est pas atteint; tout au plus peut-on, dans ce cas, savourer sa vengeance, ce qui est une mince satisfaction, tandis qu'avec notre piége l'oiseau est pris vivant et bien pris ; on en peut faire ce que l'on veut.

On peut adapter aussi à ce piége une sonnette électrique qui correspond dans la maison du garde ou de toute autre personne chargée d'entretenir le piége ; on est ainsi averti de la prise du maraudeur.

TABLE DES MATIÈRES

Abreuvoir ou fontaine, 131.
Accouplements, 133.
Accouplements précoces, 137.
Accouplements consanguins, 145. Opinion de M. Huzard 145 ; de M. Bourgeois, 147. — Enquête par Darwin, 146. — Opinion de M. Brunin, 148 ; de M. Gits 148. — Opinion de la *Fanciers Gazette,* de Londres, 149.
Acte de génération (Influence des sexes dans l'), 138.
Acare assassin, 264.
Aduire, manière d'aduire les pigeons voyageurs, 125.
Aération des colombiers, 129.
Altitude du vol des pigeons voyageurs 196.
Allemagne (Initiative privée en), 115.
Allemagne, colombiers militaires, 87 et 111.
Aller et retour, voyages d'aller et retour, 225.
Anatomie d'un œuf, 155.
Angleterre, emploi de pigeons aux phares flottants, 83.
Angine couenneuse, 284.
Antiquité, usage du pigeon dans l'antiquité, 25.
Apoplexie, 288.
Arrêt de l'œuf dans l'oviducte, 287.
Arthérite ou maladie de l'aile, 293
Asthme, 282.
Autriche, colombiers militaires, 88.
Avalure, 286.
Arabes, emploi de pigeons par les Arabes au débarquement de saint Louis à Damiette, 33.

Bains, 304.
Bateaux garde-côtes, emploi du pigeon voyageur par les bateaux garde-côtes, en Espagne, 78.
Blessures, 291.
Boisson (voir nourriture), 173.
Boulins ou nids, 152.
Brutus, emploi de pigeons par Brutus au siége de Modène, 25.

Cage d'entrée du pigeonnier, 108.

Cases ou nichettes (description des), 104.

Champs, utilité de supprimer la nourriture au colombier et de faire battre les champs par les pigeons voyageurs, 186.

Chancre ou muguet jaune, 270.

Chiens, emploi de chiens facteurs pendant le siége de Paris; leur départ en ballon, 55.

Cloisons mobiles, leur emploi dans les colombiers, 101.

Classement des pigeons dans les concours, d'après la vitesse propre, 259.

Cliquettes, 109.

Colombier, description d'un colombier, 96.

Colombiers militaires postaux, 81. — Leur installation en Europe, 81 ; en Russie, 81; en Prusse, 87 et 111; en Italie, 88 ; en Angleterre, 88 ; en Autriche, 88 ; en Portugal, 89 ; en Espagne, 89 ; en Roumanie, 89 ; en France, 90 et 94.

Colombier militaire du jardin d'Acclimatation, 90.

Colombiers militaires postaux de France, 94. — Manière d'utiliser les pigeons en temps de guerre, 94. — Nécessité d'établir plusieurs colombiers dans une forteresse, 95. — Le colombier proprement dit, 96 ; son exposition, 96; choix des locaux, 97 ; nombre des pièces, 98. — Nécessité d'entraîner les pigeons dans toutes les directions en prévision de nouvelles guerres, 100. — Hauteur du colombier, 101. — Emploi de cloisons mobiles, 101. — Entrée des compartiments, 108. — Portes de communication, 103. — Cases, 104. — Nids, 105. — Perchoirs, 106. — Cage d'entrée, 108. — Happeaux ou cliquettes, 109. — Sol bétonné, 110. — Aération, 120. — Tenue du colombier, 127. — Ustensiles, 131.

Colombiers militaires postaux de Prusse, 111.

Consanguinité, mariages ou accouplements consanguins, 145. — Opinion de M. Huzard, 145 ; de M. Bourgeois, 147. — Enquête de Darwin, 146. — Opinion de M. A. Brunin, 148; de M. Gits, 148; de la *Fanciers Gazette*, de Londres, 149.

Concours, 229. — Programme de concours, 231. — Règlement de concours, 256.

Convoyage, 238.

Consomption ou phthisie, 282.

Congélation des pattes, 292.

Conjonctivite ou ophthalmie, 299.

Coryza contagieux, 283.
Couvaison, 156,
Croisements, 142.

Damiette, débarquement de saint Louis à Damiette, 33.
Dépêches photomicroscopiques de M. Dagron, 62.
Dépêches, manière de les attacher, 75.
Dégâts aux récoltes, les pigeons font-ils du mal? 192.
Diarrhée, 275.
Diarrhée vermineuse, 276.

Eau, voir nourriture, 173.
Eau ferrugineuse, manière de la faire, 173.
Égyptiens (emploi des pigeons par les), 25, 32, 38.
Éjointage, 302.
Emphysème, 283.
Entraînement, 174; — 1re année d'entraînement, 175; — 2e année 178; — 3e année, 180; — Plan d'ensemble, 181.
Épilepsie, 288.
Épuisette, 132.
Espagne, colombiers militaires, 78 et 89.
Expédition des pigeons par chemin de fer, 237.

Fontaine ou abreuvoir, 131.
Fumigation de soufre, 128.
France, colombiers militaires, 90 et 94.

Gargarismes, 305.
Grattoirs, 132.

Harlem, emploi de pigeons au siége de Harlem, 34.

Incubation, 156.
Instinct d'orientation, 197. — Calculs démontrant que le pigeon voyageur n'est pas guidé par la vue, 203. — Influence de l'électricité sur les facultés instinctives, 205. — Influence du brouillard, 206. — Influence des montagnes, 207. — Observations météorologiques de M. Gaston Tissandier, 209. — Influence des nappes d'eau, 211. — Influence des forêts, 212. — Influence de la neige, 215. —

Influence du froid, 216. — Influence des perturbations atmosphériques en général, 219. — Le pigeon sait s'orienter de tous les points cardinaux, 220.

Initiative privée en Allemagne, 115.

Initiative privée au point de vue de l'agrément, 116.

Iniative privée au point de vue stratégique, 118.

Injections, 304.

Indigestion, 274.

Italie, colombiers militaires, 88.

Lâchers, 238.

Lavements, 304.

Leyde, emploi de pigeons voyageurs au siége de Leyde, 35.

Loges ou paniers de voyage, 232.

Louis, débarquement de saint Louis à Damiette, 33.

Maladies, 265.

Maladies de l'appareil digestif 266. — La folliculite œsophagienne ou pourriture du jabot, 266. — Stomatite aphtheuse, 269. — Muguet jaune ou chancre, 270. — Polype, 273. — Indigestions, 274. — Diarrhée, 275. — Diarrhée vermineuse. 276.

Maladies de l'appareil respiratoire, 282. — Phthisie ou consomption, râlement et asthme, 282. — Emphysème, 283. — Coryza contagieux, 283. — Angine couenneuse, 284.

Maladies de l'appareil génital, 286. — Avalure, 286. — La Harde, 286. — Arrêt de l'œuf dans l'oviducte, 287.

Maladies de l'appareil nerveux, 288. — Apoplexie, 288. — Épilepsie, 288.

Maladies de la peau, 291. — Verrues, 291. — Blessures, 291. — Petite vérole, 291.

Maladies diverses, 292. — Congélation des Pattes, 292. — Arthérite, ou maladie de l'aile, 293. — Fausse mue, 297. — Ophthalmie ou conjonctivite, 299.

Maladie de l'aile ou arthérite, 293.

Manière d'aduire les pigeons voyageurs, 125.

Manière d'attacher les dépêches, 75. — Précautions à prendre pendant la mue, 75.

Manière de peupler un colombier, 121.

Marquage des pigeons, 77.

Marine d'Espagne (emploi du pigeon par la), 78.
Modène, emploi du pigeon au siége de Modène, 25.
Moyen de détruire les chats, 313.
Moyen de détruire les rats 308.
Moyen de détruire les oiseaux de proie, 309.
Mue, 163. — Marche de la mue, 167. — Nécessité d'arrêter la reproduction pendant la mue, 168. — Manière d'accélérer la mue ou de la faire recommencer en cas d'arrêt, 168. — Nourriture à donner aux pigeons pendant la mue, 169. — Manière de retarder la mue, 169.
Muguet jaune ou chancre, 270.

Nid et Ponte, 152.
Nourriture, 170. — Nombre des distributions par jour, 172. — Nécessité de varier la nourriture, 172. — Effet pernicieux des graines avariées, des vesces moisies, etc.
Nourriture à donner pendant la mue, 169.

Œuf, 153. — Description de l'œuf, 154. — Anatomie d'un œuf, 153. — Incubation, 156.
Opérations de sauvetage (emploi du pigeon aux), 81.
Ophthalmie ou conjonctivite, 229.
Organisation générale du pigeon, 4. — Circulation du sang, 5. — Respiration, 5. — Organes des sens, 6. — Appareil locomoteur, 6.
Orientation, le pigeon sait s'orienter de tous les points de l'horizon, 220.
Orientation (instinct d'), 197.

Paris, emploi des pigeons voyageurs au siége de Paris, 41.
Paniers, ou loges de voyage, 233. — Nécessité de séparer les mâles des femelles en voyage.
Perchoirs, 106 et 133.
Persans, emploi du pigeon par les Persans, 27 et 33.
Petite vérole, 291.
Phares flottants (emploi du pigeon sur les), 83.
Phthisie ou consomption, 282.
Piége pour prendre les oiseaux de proie, 309.
Pigeon (Histoire du), 1. — Son organisation, 4.

Pigeon voyageur belge, 9. — Son origine, 9. — Variétés, 9. — Race liégeoise, 10. — Race anversoise, 11. — Race mixte, 11. — Croisements avec le pigeon biset, 15 ; avec le carrier, 15; avec le messager persan, 16 ; avec le cravaté, 16 ; avec le pigeon volant, 17 — Croisements, selon M. Posenaer, avec le smerle ou cravaté de Liége, avec le carrier irlandais, avec le culbutant, 21.

Pigeonneaux, 158. — Manière d'empêcher la vermine d'attaquer les pigeonneaux, 161. — Age auquel ils manifestent leur sexe, 161. — Rapprochements prématurés, 161. — Manière de nourrir les pigeonneaux, 162. — Choix des sujets à conserver pour la reproduction 162, 163 et 164. — Manière d'empêcher la reproduction pendant l'hiver 163 et 164. — Sujets à éliminer de la reproduction, 165.

Polype, 273.

Ponte, 152.

Poste par pigeons voyageurs dans l'antiquité, 29.

Poste par pigeons pendant le siége de Paris, 41. — Voir siége de Paris.

Portes d'entrée des pigeonniers, 103.

Portugal, colombiers militaires en Portugal, 89.

Pou baguette, 263.

Programme et concours, 231.

Puces, 263.

Prusse, initiative privée, 115.

Prusse, colombiers militaires, 87 et 111.

Race anglaise, 15.
» anversoise, 11.
» liégeoise, 10.
» mixte, 11.
» persane, 16.

Râlement et asthme, 282.

Rats, moyen de les détruire, 305.

Règlement de concours, 256.

Roumanie, colombiers militaires, 89.

Russie, colombiers militaires, 81.

Saignée, 301.

Sauvetage, emploi du pigeon aux opérations de sauvetage, 81.

Séparation des mâles des femelles en voyage, 235.

Séparation des sexes pour empêcher la reproduction, 163 et 164.
Service de pigeons voyageurs sur les phares flottants, 83.
Siége de Harlem, 34.
Siége de Leyde, 35.
Siége de Modène, 25.
Siége de Paris, 41. — Départ en ballon de M. Van Rosebeke, membre de la Société colombophile l'*Espérance*, de Paris, 49 ; de M. Traclet 51 ; de M. Cassiers, 51 ; de M. Nobécourt, 53; de M. Thomas, 55. — Départ en ballon de M. Hurel, accompagné de cinq chiens bouviers, 55.— Administration de la poste aérienne, à Paris, 58 ; à Tours, 59. — Lâchers des pigeons du siége par MM. Cassiers, van Rosebeke, Traclet et Thomas, 59.— Dépêches photomicroscopiques de M. Dagron, 62. — Conclusion, 70. — Nombre de pigeons rentrés à Paris pendant le siége, 70.
Siége de Venise, 40.
Sifflets chinois pour préserver les pigeons des oiseaux de proie, 185.
Société de navigation à vapeur transatlantique (emploi des pigeons par la), 77.
Sociétés colombophiles, 245.
Sonneries électriques appliquées aux cages d'entrée, 244.
Soufre, fumigation de soufre pour tuer la vermine, 128.
Sport colombophile en Belgique 228.
Statuts d'une Société colombophile, 246.
Stomatite aphtheuse, 269.
Suppression de la nourriture au colombier, ou utilité de faire battre les champs par les pigeons voyageurs, 136.

Tenue du colombier, 127.
Tique (voir vermine), 263.
Trémie, 131.

Usage du pigeon dans l'antiquité et les temps modernes, 25 ; par Noé, 25 ; par les mariniers égyptiens, 25 ; par Brutus, au siége de Modène 25 ; par les gladiateurs, 26 ; par Fabius Pictor, 26 ; par les Persans, 27 et 33 ; en Syrie, en Arabie et en Égypte, 32 ; par les Arabes, lors du débarquement de saint Louis à Damiette, 33; par les Hollandais, au siége de Harlem, 34; par les mêmes, au siége de Leyde, 35; par les Égyptiens, 38 ; par M. de Rotschild, à Waterloo,

39 ; par les Belges, 39 ; par les Italiens, au siége de Venise, 40 ; par les Français, au siége de Paris. 41.

Ustensiles du Colombier, 131. — Fontaine ou abreuvoir, 131. — Trémie, 131. — Épuisette, 132. — Grattoir, 132. — Râteaux-perchoirs, 106 et 133.

Utilité de faire battre les champs par les pigeons voyageurs, 186. Font-ils du mal aux récoltes ? 192.

Venise, emploi de pigeons voyageurs au siége de Venise, 40.
Vérole, petite vérole, 291.
Vermine, 263. —
Verrues, 291. —
Vitesse propre, 259.
Voitures-volières militaires, 241.
Vol du pigeon, 196.
Volière-pigeonnier, 119.
Voyages d'aller et retour, 225.
Voyages, les mâles voyagent-ils mieux que les femelles? 223.

Waterloo, emploi de pigeons par M. de Rotschild à la bataille de Waterloo, 39.

TABLE DES GRAVURES

Acare assassin, 266.
Aile de pigeon, 8 et 166.
Boulin ou nid, 106.
Cage d'entrée, munie de cliquettes, 108.
Case ou nichette. 104.
Cloison mobile. 102.
Colombier militaire, 91.
Dépêche attachée à la queue d'un pigeon, 76.
Fontaine ou abreuvoir, 131.
Happeaux et cliquettes, 109.
Intérieur de colombier militaire, 92.

Intérieur de colombier d'amateur, 102.
Nid ou boulin, 106.
Œuf, 155.
Panier de voyage, 233.
Pigeon biset, 15.
    »   carrier persan, 1 et 16.
    »   cravaté, 17.
    »   voyageur belge, 4, 9, 10, 11, 12, 13 et 24.
    »   »   liégeois, 10.
    »   »   anversois, 11.
    »   turc, 20.
Pigeonneaux, 158.
Pigeonnier-volière, 3 et 121.
Plumes estampillées, 72.
Pou baguette grossi, 265.
Sifflet chinois pour effaroucher les oiseaux de proie, 185.
Tête de pigeon, 143.
    »   »   voyageur anversois, 11.
    »   »   biset sauvage, 15.
    »   »   court bec, 13.
    »   »   cravaté, de race pure, 22.
    »   »   carrier anglais, 22.
    »   »   culbutant, 23.
    »   »   voyageur belge, 24 et 122.
    »   »   »   race mixte, 12.
Tique grossie, 265.
Trappe à coulisse, 129.
Trémie à pédales, 132.
Volière à pigeons, 3.
    »   »   121.

L'ACCLIMATATION

JOURNAL AGRONOMIQUE HEBDOMADAIRE

Fondé en 1874

E. DEYROLLE, Directeur-Gérant.

Insère gratuitement les offres de vente et les demandes d'achats émanant de ses abonnés et concernant les animaux et les plantes. C'est l'intermédiaire gratuit des principaux établissements publics et de tous les amateurs.

Les **Colombophiles** pourront par cette publicité gratuite vendre directement à l'amiable leurs élèves.

Les **Amateurs d'acclimatation** y trouveront l'annonce de tous les arrivages, des offres, des demandes et des propositions d'échanges de toutes sortes d'animaux, des notices sur les mœurs de certaines espèces et sur les meilleurs procédés pour les conserver en captivité, des notes sur les oiseaux de passage, etc.

Pour les **Chasseurs,** nous indiquerons la façon d'élever le gibier et de le conserver dans les parcs; ils y verront des offres d'espèces indigènes ou exotiques pour repeupler leurs chasses; eux-mêmes pourront y demander les pièces qu'ils désirent se procurer, ainsi que les meutes et les chiens de toutes races; ils y trouveront le bulletin officiel de la *Société centrale des Chasseurs.*

Les **Agriculteurs,** qui pour leurs semences sont obligés à de si fréquents échanges, pourront y offrir et demander toutes les graines, y consigner tous les renseignements sur la culture, les machines, etc. Nous leur désignerons leurs grands ennemis, les petits insectes, et les moyens de les détruire.

Les **Horticulteurs** y rencontreront des *oblata* de plantes ou de graines et les adresses de nouveaux correspondants qui, depuis longtemps, étaient en mesure de leur procurer des raretés qu'ils ont recherchées en vain jusqu'ici; ils auront maintenant l'occasion d'entamer sans frais des relations suivies avec tous les pays du monde et pourront faire connaître à tous les plantes précieuses dont ils disposent.

ABONNEMENT ANNUEL

Pour la France, **7** francs. — Pour tous les pays compris dans l'union postale, **8** francs. — Pour toutes les autres contrées, **10** francs.